호모 커먼스

호모 커먼스

유전자에서
디지털까지
인류 빅 히스토리를 통한
공간의 미래

홍윤철 지음

포르체

차례

9장　디지털 공유지

10장　새로운 도시

공생과 공존, 그리고 공유성

로빈 후드는 잉글랜드의 셔우드 숲을 근거로 하여 리틀 존, 터크 수사 등을 비롯한 유쾌한 동료들과 함께 불의한 권력에 맞서 포악한 관리와 욕심 많은 귀족의 재산을 빼앗고 가난한 사람을 돕는 의적으로, 12세기 경부터 영국에 전해져 내려오는 의적 영웅 이야기다. 셔우드 숲에 살았던 로빈 후드와 그의 동료들에게 숲은 배타적이고 울타리로 가두어진 장소, 즉 왕이나 귀족의 사적 소유지가 아니라 모두의 공유지면서 개방지였고, 삶의 터전이었다.

숲은 사유지가 아니라 공유지여야 한다는 문제의식은 1217년 당시 열 살이었던 영국의 어린 국왕 헨리 3세가 커다란 양피지에 쓰인 두 개의 문서에 서명하는 역사적 사건으로 이어졌다. 물론 열 살 소년이 충분히 이해하고 서명하지는 못했겠으나, 이 두 개의 중요한 문서 중 하나는 마그나카르타Magna Carta로 알려진 자유대헌장이었고, 또 다른 하나는 카르타 데 포레스타Carta de Foresta로 알려진 삼림헌장이었다. 이 삼림헌 장은 삼림을 보호하고 생태 자원을 보존하자는 흔한 내용이 아니라 숲 과 같은 공유지에서 사람들이 협력적인 생활을 하도록 허용하는 '공유 화'에 관한 것이며, 공동 자원을 이용하고 관리하는 공유자들의 권리에 관한 것이었다.

공유지Commons라는 말은 공동체를 뜻하는 커뮨Commune에서 왔다. 따라서 공유지는 '공동체의 공유적 장소'라는 의미다. 공동체가 없으면 공유지는 없고, 또 공유지가 없으면 공동체의 실체는 사실상 없는 것이 다. 공유지는 공동체가 공동의 자원을 활용하여 경제 활동을 하는 대 상, 즉 이익을 얻을 수 있는 권리의 시각으로 볼 수도 있지만, 공유지를 물려준 선대부터 이를 다시 넘겨줄 후대에 이르기까지 좋은 상태로 보 존하고 관리해야 할 책임의 개념이 포함된다고 할 수도 있다. 그런 의미 에서 공유지는 자유시장경제의 논리가 제한 없이 적용되는 곳이 아니 라, 보다 큰 시각 즉 문화적 전통이나 사회 공동 자산의 유지 관리, 더 나아가 생태계 보존에 대한 시각으로 보아야 한다.

사실 시장 논리와 공유지 논리는 첨예하게 대립한다. 예를 들어 코 로나19 백신의 특허권은 개발자의 입장에서는 백신 개발을 촉진시키는 수단이므로 보장되어야 하는 것이지만 특허권으로 인해 비용이 올라가 면 가난한 국가에서는 백신 공급이 더뎌지는 결과를 초래한다. 결국 가난한 국가뿐 아니라 선진 국가에 사는 사람들 역시 피해를 볼 수 있기 때문에 코로나19 백신 특허권은 공익을 위하여 제한되어야 한다는 논리가 가능해진다. 이러한 논리의 대립을 피하고 상생의 방안을 찾았던 화이자는 국가별로 백신 가격을 차별화하여 중상위 소득 국가의 백신 가격은 고소득 국가 가격의 절반으로, 중하위 소득과 저소득 국가에는 원가에 공급하는 정책을 실시한 바 있다.

한편 코로나19 팬데믹은 개인과 집단의 권리와 의무, 개인의 자유와 정부 권력의 강제, 그리고 사익과 공익의 적절한 균형에 대해 잘 정리할 필요성이 있음을 드러냈다. 이는 근원적으로 '나는 무엇인가', '나의 권리는 어디까지인가'와 관련된 문제다. 과연 '나'는 무엇인가? 나는 생물학적인 존재로서 호모 사피엔스라는 인류 종에 속하고, 나를 구성하는 기본적인 특성은 호모 사피엔스 종이 가진 고유한 유전체에서 나오지만, 한편으로는 수많은 미생물 군집과 같이 공존하는 복합생물체라고도 할 수 있다. 이러한 과정에서 보면 나라는 존재의 본질적 측면은 공유적이다. 공유적 방식의 삶을 사는 인간, 즉 호모 커먼스에게 독점적으로 귀속되는 소유권이 존재할 수 있는 것인가?

문제는 모든 생물체에 해당되는 것이지만 사람은 더 특별하게 공유적인 삶을 산다. 인간은 태어나서 유아기와 소아기를 거칠 때까지 혼자서는 거의 살아갈 수 없는 존재다. 예를 들어, 태어나자마자 야생에 던

져진 갓난아이의 운명을 생각해 보라. 자신을 보살필 능력이 없어 추위와 배고픔으로 죽거나 야생의 포식자에 의해 희생될 확률이 매우 높다. 사실 혼자서 생존할 가능성은 없다고 할 수 있다. 갓난아이는 돌봄을 받고 양육되어야 성장하고, 사람들의 보살핌 속에서 발달한다.

태어나서 어느 정도 성장할 때까지는 타인에게 의존해야 하지만 성장한 이후에는 돌봄을 타인에게 베푼다. 예를 들어 결혼하여 자녀를 갖게 되면 자녀의 양육을 위해 자신을 희생하면서까지 아이를 돌본다. 이때 나의 이익을 생각해서 이러한 행동을 하거나, 어렸을 때 받았던 돌봄을 갚는다는 생각으로 자신의 손해를 감수하는 것이 아니다. 이익과 손해의 계산 이전에 인간은 타인과 더불어 사는 공유적 존재라는 것이 내면적으로 각인되어 있다. 그렇기에 '나'라는 존재, 혹은 '내 것' 또는 '나만의 것'이라는 나에 대한, 그리고 나의 독점적 소유권의 개념에 명확하지 않은 부분이 생긴다. 나의 출생과 성장, 그리고 삶이 갖고 있는 공유적인 측면을 부정할 수 없기 때문이다.

공유적인 삶의 측면은 나를 넘어 공동체로 확산되며, 더 나아가 나와 공동체의 생존 기반이 되는 생태계로 연결된다는 점을 이해하고 현재의 문제들을 바라볼 필요가 있다. 문명이 4차 산업혁명 시기라는 새로운 발전의 단계로 이행하였고, 기후 변화나 코로나19 팬데믹과 같은 전 지구적 문제들이 출현하고 있다. 하지만 오늘날 현실 세계에서 등장하고 있는 문제를 해결하고 사회적 담론을 만들어 나갈 지배적인 철학적 관점은 뚜렷하게 형성되지 않고 있다. 현재 문명의 실천적 현실에 부합하는 세계관의 부재는 여러 종류의 사회 및 환경 문제, 사회 체제의 위기, 도덕성의 타락뿐만 아니라 우리가 더불어 살고 있고, 또 앞으로 미래 세대가 더불어 살아가야 하는 생태계 파괴의 위협으로 다가서고 있다. 이러한 위기의 시대에 불을 밝혀 어디로 가야 할지 알려 주는 등대가 보이지 않는다는 점이 아쉽다.

이 책은 생태계와 인간의 공생과 공존, 그리고 공유성에 바탕을 둔 새로운 생각이 혼란스러운 세상에 길을 보여 주는 하나의 등대 역할을 할 수 있지 않을까 생각하면서 그동안 많은 사람과 토론했던 내용을 바탕으로 정리하였다. 무엇보다 새로운 세계관은 나를 포함한 생태계 구성 요소에 대한 관심으로부터 시작되어야 한다. 이러한 생각이 자연과 사회의 공진화라는 개념 위에서 오늘날의 문제를 해결해 나가기 위한 효과적인 전략을 찾는 하나의 방편이 되었으면 하는 바람이다.

HOMO COMMONS

12살이 되어 비로소 성인이 된 치유는 멀리 떨어진 바닷가에서 조개껍데기를
주워 와서 뾰족한 작은 돌칼로 구멍을 내고 질긴 풀잎으로 엮은 긴 줄에 넣어서
목걸이를 만들어 이웃 동굴에 사는 여자아이에게 주었다.

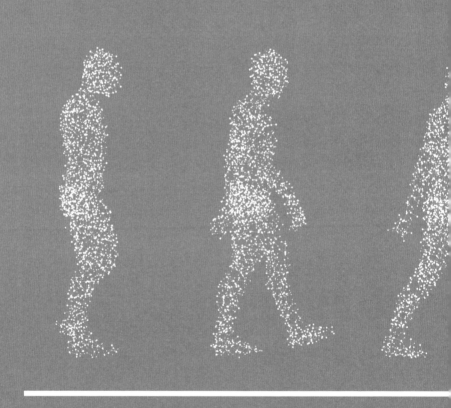

공감을 통한 연대

1
공유성의 기원

우주의 역사에서 인간의 위치는 어디쯤 있을까? 어쩌면 인간이라는 존재는 광대한 우주에서 깜박이는 반점 정도로 하찮은 존재일지 모른다. 우리가 사는 지구라는 행성의 약 46억 년 역사를 하루 24시간으로 비유하면 좀 더 이해가 쉽다. 지구가 탄생한 이후 첫 번째 생명체가 나타나는 데 약 4시간이 걸렸다. 처음의 생명체는 바다 밑에서 뜨거운 물을 계속 뿜어내는 열수 분출구 주위에서 탄생한 미세한 유기체였을 것이다. 이러한 유기체가 발전과 진화를 거쳐 태양으로부터 직접 에너지를 얻는 광합성을 시작하는 데까지 5시간이 더 걸렸다.

남조류라고도 불리는 시아노박테리아라는 세균이 이산화탄소를 흡수해 산소를 만드는 방식의 광합성을 하면서 오늘날의 지구 공기와 같이 대기에 산소가 풍부해졌던 때는 정오쯤이었다. 저녁 6시가 되어서야 생물체가 유성 생식을 할 수 있었고, 육지에 최초의 동물이 나타난 것은 밤 10시에 이르러서였다. 그리고 밤 11시에 공룡이 나타났지만 40분 후 갑작스럽게 나타난 다섯 번째 대량 멸종 시기에 사라져 갔다. 그로부터 20분 후에 포유류가 본격적으로 출현하여 번성하기 시작했고 마지막 1분, 지금으로부터 3백만 년 전에 호미닌Hominin 즉 인류 종이 나타났다. 호모 사피엔스는 그중에서도 마지막 30만 년 전에 출현하였다. 농업으로 문명의 시기에 들어선 것은 불과 0.2초 전이었다. 오늘날 기록으로 남아 있는 역사의 시간은 마지막 0.1초에 불과하다.

호모 사피엔스, 즉 인류는 지구 역사의 가장 마지막 순간에 나타났지만 지금은 지구의 운명에 가장 큰 영향력을 미치는 존재가 되었다. 이렇게 영향력을 가진 존재가 되었다는 사실에 감사하는 마음이 든다. 현재를 사는 우리의 노력이라기보다는 물려받은 유산이기 때문이다. 역사를 거슬러서 보면 인류 종과 침팬지는 6백만 년 전에 공통 조상에서 갈라졌다. 이후 인류 종은 나무숲을 떠나 걷기 시작했고 더 큰 무리를 지어 살기 시작했다. 사실 약 30만 년 전에 호모 사피엔스가 처음 나타났을 때 우리는 혼자가 아니었다. 적어도 지구상에 네안데르탈인이나 데니소바인처럼 다른 직립 사촌이 같이 살고 있었다.

한편 시간이 지나고 진화적 변화를 거치면서 인류 종의 뇌는 커졌다. 호모 사피엔스는 다른 영장류나 인류 종에 비해 큰 뇌를 가지게 되었다. 뇌의 상대적 크기를 보기 위해 범위를 더욱 넓혀 포유류의 기준으로 비교해 보면 우리의 뇌는 거의 비정상적이라고 할 만큼 크다. 이렇게 큰 뇌를 가졌기에 지구의 운명에 결정적인 영향을 미치는 존재가 된 것이다. 이에 더하여 발성만이 아니라 말을 할 수 있는 성대 구조를 갖게 되면서 인류는 다른 인류 종보다 우위에 설 수 있었다.

복잡한 추론 능력을 갖고 의사소통을 원활하게 할 수 있는 큰 뇌와 성대 구조를 가졌던 호모 사피엔스는 다른 직립 사촌들을 모두 사라지게 만들고 지구상의 유일한 인류 종으로 남게 되었다. 인간의 뇌는 인간을 유연하게 상황에 적응하도록 만들 만큼 매우 뛰어나다. 그래서 새로운 상황을 접할 때 과거의 경험을 조합하여 대응할 수 있는 능력과 더불어 새로운 상황 자체를 만들어 낼 수 있는 능력을 지니고 있다. 낯선 환경이나 기계를 만났을 때 어떤 사람은 조심스럽게, 또 다른 사람은 적극적으로 행동하면서 많은 실수를 겪고 때로는 손해를 보지만 얼마 지나지 않아 그 상황을 유리하게 이용할 수 있게 되는 것이다. 더 나아가 과거에 없던 새로운 상황도 만들어 나가는 능력을 갖추었다.

더욱 놀라운 것은 현재의 비극이나 불리한 여건을 미래의 발전을 위한 전주곡으로 활용할 수 있는 능력이 있다는 점이다. 비극적 상황 이후에 엄청난 발전을 이룬 경험은 개인과 가족뿐 아니라 국가라는 훨씬 큰 사회적 단위에서도 쉽게 찾아볼 수 있다. 가난의 굴레를 벗고 큰 성공을 거둔 입지전적인 인물이나 전쟁의 폐허를 딛고 일어서 새로운 사회를 만들어 낸 국가의 예는 수없이 많다. 우리의 뇌는 비극적 순간을 맞이했을 때도 자신과 옆자리의 사람을 돌아보게 되고, 진리를 깨닫는 듯한 우주적 일체감을 선사하기도 했다. 가장 비극적인 순간에도 나를 넘어선 우리를 바라보면서 충만감을 느낄 수 있는 이유는 인간이 한 명씩 독립된 개체가 아니라 공동체를 이루는 공유적 존재이기 때문이다. 나의 삶을 이루는 가장 핵심적인 부분들이 공동체 속에서 이어져 나갈 것이라는 믿음이 내재되어 있는 것이다. 이 믿음을 통해 포기하지 않고 미래의 발전을 위해서 노력했던 것이 놀라운 성공으로 이어졌다.

개인과 공동체는 어떤 관계길래 이러한 성공이 가능한 것일까? 왜 우리는 로빈슨 크루소와 같은 삶, 즉 어느 누구도 강제할 수 없고 완전한 자유를 누리는 삶을 이상적인 생활이라고 하지 않고 그러한 생활에서의 탈출을 갈망하는 것일까? 이에 대한 답을 얻기 위해서는 인류의 조상을 거쳐 현재까지 이어진 자연선택의 원리와 과정을 살펴봐야 한다. 진화의 선택 단위는 개체가 아니라 유전자일 가능성이 크다는 주장은 리처드 도킨스의 《이기적 유전자》에 의해 널리 알려진 바 있다.[1] 자손 탄생을 통해 다음 세대로 유전자를 전달하여 자신의 유전자를

---

[1]   리처드 도킨스, 《이기적 유전자》, 홍영남/이상임 역, 을유문화사, 2010

보존하려는 본능적 성향은 부모의 자식 사랑으로 나타난다. 이때 자식을 향한 사랑은 무조건적 수준이라 매우 이타적으로 행동하는 것을 종종 볼 수 있다. 유전자를 보존하려는 성향은 어떠한 욕구보다 크기 때문이다.

이러한 이타성이 자식뿐 아니라 형제자매 등 가까운 친족을 넘어서 공동체 사회로까지 확장되어 나타나는 근본적인 이유는 알려지지 않았다. 만약 유전자의 전달 방식이 자신의 유전자가 그대로 자손에 복제되어 내 유전자가 100% 전달되는 방식, 즉 자기 분열 혹은 자기 복제 방식이라면 유전자를 보존하려는 본능적 성향은 다른 개체의 유전자에 대한 관심으로 확산될 수가 없다. 그런데 인간을 포함한 포유류의 유전자 전달 방식은 암수의 짝짓기를 통한 교배이기 때문에 50% 정도의 자기 유전자를 직계 자식에게 전달한다. 또 그다음 세대에 전달할 때는 자기 유전자가 전달되는 비율이 25%로 줄어든다. 기본적으로 유전자 전달은 공동체를 구성하는 다른 사람과의 합작이 필요하고, 그 합작으로 자신의 유전자를 전달하는 것이다. 이때 직계 자식이 가장 높은 비율로 자신의 유전자를 전달받지만 형제자매나 가까운 친족도 자신이 가진 유전자를 근사한 비율로 갖게 되는 것이다.

그 이유는 자신의 유전자처럼 같은 부모로부터 유전자를 받은 형제자매와 같은 가까운 친족의 경우에는 이미 상당 수준의 유전자 공유가 있기 때문이다. 즉 형제자매와 유전자의 대부분을 공유하고 있기 때문에 형제자매의 자식 역시 자신의 직계 자식에게 전달하는 50% 유전자에 근사한 비율의 자기 유전자를 전달한 셈이 되는 것이다. 따라서 이러한 유전자 공유는 유전자를 보존하려는 성향이 직계 자식에게만 국한되지 않고 보다 큰 범위로 확장될 수 있는 기반이 된다. 사실 유전자의 전달이 100%가 아니라 직계 자식에게 50%가 전달되고, 가까운 친족에게 전달되는 게 그와 유사한 값을 갖는다면 자식 사랑이 가장 크다고 하여도 친족에게도 상당한 관심과 사랑을 나타내는 것은 자연스러운 일이다. 이러한 유전자의 공유가 공동체 형성의 가장 근본적인 동력인 것이다.

인간의 유전자, 즉 우리가 갖고 있는 유전자가 어디서 왔느냐고 묻는다면, 부모의 난자와 정자가 융합되어 만들어졌다고 대답할 것이다. 그러나 좀 더 긴 시간의 흐름 속에서 보면 실은 인간에게서 발견된 대부분의 유전자가 과거 언젠가 다른 종으로부터 전달되었다는 것이 많은 연구로 밝혀졌다. 진화론적인 시각으로 유전자의 공유를 본다면 인간은 전체적으로 유전 정보의 50% 이상을 식물 및 동물과 공유하고 있다. 동물과의 유전자 공유를 보면 초파리 같은 벌레와 61%를 공유하고, 소와는 약 80%를 공유한다. 인간과 가까운 유인원 중 원숭이와 DNA의 약 93%를 공유하고, 고릴라는 98.4%, 오랑우탄과 DNA의 96.9%를 공유한다. 인간과 가장 가깝다고 할 수 있는 보노보, 침팬지와는 DNA의 98.8%를 공유한다. 인간 사이의 DNA 공유가 99.9% 정도인 것을 감안하면 이러한 동물과의 유전자 공유는 상당한 수준이라고 할 수 있다.

유전자와 같은 유전 물질이 인간을 이루는 생물학적인 기초라고 한다면 인간은 호모 사피엔스로 출현했을 때 이미 다른 종과 생물학적인 기초의 상당 부분을 공유한 것이다. 지구라는 장소, 보다 작은 범위로는 우리가 사는 생활 환경도 다른 종과 공유하고 있다. 다시 말해 인간의 유전자, 생활 환경은 식물을 포함한 생물 종과의 공유를 기반으로 하기 때문에 지구상에 있는 다양한 종 중에서 인간만이 지구의 독점적인 소유권을 주장할 과학적 근거는 사실상 없다고 볼 수 있다.

2
이타적 행동의 보편성

유전자가 자연선택의 기반을 이룬다면 각 개체가 자신이 가진 유전자를 널리 퍼뜨리려고 할 때 반드시 자신의 유전자일 필요는 없다. 혈연적으로 가까운 형제와 자매 혹은 가까운 인척간에는 유전자의 구성이 비슷하다. 따라서 이들의 생존을 돕는다면 유전자의 입장에서 내 유전자의 생존을 돕는 행위와 마찬가지다. 결과적으로 공생은 내 유전자의 생존 가능성을 높이는 행위가 되므로 가까운 친족에 대해서도 이타적인 행동을 보일 수 있는 것이다. 그런데 여기에 그치지 않고 가까운 혈연관계가 아니더라도 자신에게 이익을 주거나 도움을 주고받는 존재들 사이에서도 이타성이 나타난다. 이를 호혜적 이타성Reciprocal altruism이라고 부르는데, 이는 반드시 혈연적인 관계가 아니어도 서로 도와서 생존 확률이나 이익을 높일 수 있을 때 나타난다.

호혜적 이타성으로 인해 공동체가 발전할 수 있었다. 이는 수렵채집 시대에 친족을 넘어 씨족 사회와 부족 사회를 이루는 기반이 되었고 더 확장되어 도시와 국가사회라는 공동체가 갖는 결속력의 근본적인 기반이 되었다. 유전자가 자연선택의 단위이기 때문에 유전자 전달이라는 목적을 이루기 위한 이기적인 성향은 개체의 이익을 넘어 유전자를 공유하고 있는 공동체의 생존과 번성을 가능하게 하는 것이다. 사실 이러한 이유로 남들에게 베풀지 않고 받기만 하는 이기적 개체들이 반드시 자연선택의 경쟁에서 유리한 것은 아니다. 언뜻 보기에는 그런 사람들이 이기적이라서 그 사회에서 성공하고 번성할 확률이 높을 것 같지만 실은 진화 과정에서 선택되지 않고 사라져 갈 확률이 높다. 자연선택의 단위는 개체가 아닌 유전자이기 때문이다. 반대로 남들을 이롭게 하면서 자신에게 불리한 행동을 하는 이타적 행위는 자연 선택 과정에서 곧 사라질 것 같지만 오히려 사라지지 않고 지속될 수 있다.

이러한 이타성은 인간 공동체만이 아니라 동물의 세계에서도 쉽게 관찰된다. 예를 들어, 톰슨가젤은 들개 무리가 쫓아올 때 전속력으로 도망가지 않고 뻣뻣한 걸음걸이로 튀어 오르며 도망간다. '경계 도약'이라고 부르는 이 행위는 사실 들개에게 잡아 먹히기 쉬운 행동인데, 다른 가젤 무리에게 위험을 알려 도망가도록 돕는 행위로 보인다. 이 경우 자신은 생존과 번식에 불리한 상황에 놓이지만 가젤 무리 전체에게는 이로운 행위라 전체의 생존과 번식에는 유리한 것이다.[2] 결국 공동체 전체의 생존과 번식에 유리한 유전자는 이러한 이타성을 갖고 있는 유전자다. 설혹 이 이타적 유전자를 가진 한 개체가 죽어서 자신의 직접적인 자손을 남기지 못한다고 하더라도 유전자를 공동으로 소유한 친족들은 생존할 확률이 높아짐으로써 유전자는 사라지지 않는 것이다.

이타성이 존재하는 또 다른 예를 들어 보자. 어떤 사람이 새벽에 옆집에서 불이 난 것을 발견하고 아파트에 사는 사람들이 대피할 수 있도록 계단을 오르내리며 집마다 초인종을 눌러 깨우는 행동을 했다는 뉴스가 보도된 적이 있다. 이때 자신은 연기에 질식해 죽을 확률이 높아지지만, 다른 이들을 돕지 않았다면 이웃들이 화재로 목숨을 잃었을 것이다. 자신과 혈연관계가 없는 낯선 사람들을 생명의 위협을 무릅쓰고 구한 것이기 때문에 이러한 희생적 행위는 매우 이타적인 것이다. 이타적 행동은 사회적으로 쉽게 전파된다. 선행이 알려져 퍼지게 되면 공동체 전체가 보다 안전해질 수 있고 그 이익을 전파자도 누리게 된다.

사실 이타적 행동은 묵언의 계약, 즉 사회적 계약의 한 형태라고 할 수 있다. 내가 먼저 도움을 주었기 때문에 누군가에게 도움받을 것을 기대할 수 있기 때문이다. 이 경우 먼저 도움을 받은 사람이 이후 같은

---

2   리처드 도킨스, 《이기적 유전자》, 홍영남/이상임 역, 을유문화사, 2010

상황에 처했을 때 도움을 주지 않으면 사기꾼 낙인이 찍혀 성공하거나 번성하기 어렵다. 물론 단기적으로는 사기꾼 전략이 이익을 얻는 경우를 흔히 볼 수 있다. 하지만 장기적으로는 도움을 주고 도움을 받는 호혜적 전략이 승리할 확률이 높다. 이것이 신약의 누가복음에서 예수가 "남에게 대접을 받고자 하는 대로 너희가 먼저 남을 대접하라"고 하였던 까닭이다. 《논어》의 위공령 편에서 공자가 "내가 원하지 않는 바를 남에게 행하지 말라"고 하였던 이유도 호혜성을 삶의 가장 중요한 원칙으로 보았기 때문이다.

그런데 호혜성을 넘어서도 이타적 행위가 있을 수 있다. 헌혈은 자신의 혈액을 자발적으로 기증하여 혈액이 필요한 사람들에게 제공하는 것이다. 헌혈자들은 자신의 시간을 들이고 주삿바늘을 꽂은 채 피를 뽑는 수고를 하지만 이에 대한 대가는 사실상 거의 없다. 이들은 대부분 나중에 자신이 혈액이 필요할 때 우대를 기대하면서 헌혈하는 것이 아니다. 또한 헌혈로 생명을 구하게 된 사람이 나중에 혈액 기증자에게 감사 표시를 할 수도 없다. 기증자들은 누가 혈액을 기증받았는지 알 수 없고, 환자들도 누가 혈액을 기증했는지를 알 방법이 없다. 헌혈을 하는 사람들은 대가 없이 타인을 돕기 위해 혈액을 기증하는 것이다. 이처럼 인간 사회에서 호혜적 이타성을 넘어 비호혜적 이타성까지 나타나는 이유를 생물학적인 동인으로만 설명하는 것은 불가능하다. 공동체 가치에 대한 사회문화적 인식이 생물학적으로 설명할 수 있는 이타성의 범위를 넘어서 확장된 것이다. 사람들은 낯선 사람에게 도움을 주기도 하고 협력하기도 하는 한편, 자신과 직접적인 관계는 없지만 다른 사람들에게 해를 끼친 사람들을 처벌하는 데 애를 쓰거나 비용을 지불하기도 한다. 이 역시 이타적인 행동이라고 할 수 있다.

문화마다 다소 차이가 있지만 이타적 행동은 인간의 보편적인 행동이다. 자신에게 직접적인 이득이 없는 이타적 행동이 어떻게 인간의 보편적 행동이 되었을까? 신경 영상 연구에 따르면 이타적 행동은 인지와 정서적 공감, 그리고 보상 처리와 관련된 뇌 영역을 활성화한다.[3] 또한 이타적 행동에 참여하면 기분을 좋게 만드는 호르몬인 도파민, 옥시토신, 세로토닌이 많이 나와 뇌가 자극되어 기분이 좋아진다. 심리학자 엘리자베스 던Elizabeth Dunn의 실험이 이를 증명한다. 그는 자신을 위해 돈을 쓰는 그룹과 다른 사람을 위해 돈을 쓰는 그룹으로 나누어 사람들을 무작위로 배정했는데, 다른 사람들에게 돈을 쓰도록 요청받은 그룹이 자신을 위해 돈을 쓰도록 요청받은 그룹보다 더 큰 행복을 느낀다는 사실을 보고했다.[4] 이 연구에 의하면 사람들은 이타적인 행동에 참여하는 것에 더 보람을 느끼기 때문에 대가를 기대하지 않고 행동할 수 있는 것이다. 어쩌면 이와 같은 인간의 이타적 성향은 생물

---

3   Michael Vlerick, 〈Explaining human altruism〉, Synthese, 2021; 199: 23952413

4   Dunn E.W, Aknin L.B, Norton M.I, 〈Spending money on others promotes happiness〉, Science, 2008; 319(5870): 1687–8

학적인 과정으로만 이루어진 자연선택의 결과보다는 엄격한 사회적 규범과 그 규범을 지키지 않는 사람들에 대한 가혹한 처벌이 특징인 사회적 환경에서 자연스럽게 내재된 성향일 수 있다.

사회계약설을 주장하였던 장 자크 루소 Jean Jacques Rousseau 는 문명 전의 원시 시대에 대해서 '서로를 알지 못하고 말도 주고받지 않으며 고립된 채' 각자 살아갔던 시기로, 또 토머스 홉스 Thomas Hobbes 는 '만인에 대한 만인의 투쟁'을 하였던 시기라고 설명했다. 하지만 오히려 반대로 유전자의 공유를 기반으로 가족부터 시작하여 작은 규모라도 공동체 사회를 이루고 서로 도우며 성장·발전했다고 보는 것이 더 타당할 것이다. 물론 유전자의 공유만으로 공동체 사회의 충분한 조건이 만들어지는 것은 아니다. 공동체 사회를 이루기 위해서는 옳고 그름의 원칙과 충동적 행동을 자제할 수 있는 사회적 행동에 대한 규범을 갖추어야 하기 때문이다. 즉 유전자를 보존하고 다음 세대로 안전하게 전달하려는 생물학적 동기와 이러한 유전자 보전과 전달이 이루어질 수 있는 환경을 만들기 위한 노력이 공동체 사회의 형성으로 나타난 것이다. 따라서 결국 인간이 공동체를 만들고 사회적 행동을 하는 근본적인 이유는 유전자 보존과 전달에 대한 생물학적 동인이 자리 잡고 있기 때문이라고 할 수 있다.

이처럼 생물학적 요인과 사회적 요인이 상호작용한다는 점을 염두에 두어야 한다. 그렇지 않고 둘 중 어느 하나로 인간 사회의 형성과 발전을 설명한다면 한계에 부딪힐 수밖에 없다. 특히 공동체와 개별 구성원의 사회적 관계를 설정할 때 이러한 이해가 없으면 지나치게 한쪽으로 치우친 공동체주의나 개인의 삶에 어떠한 제약도 없는 자유주의를 우리가 지향해야 할 이상향으로 설정하고 매우 관념적이거나 극단적인 주장을 하기가 쉽다. 개인과 공동체의 관계를 제대로 이해하기 위해서는 인간의 본성에 대한 생물학적 이해의 기반 위에 사회문화적 틀을 공동체 속에서 어떻게 형성시켜 나갔는지를 살펴보아야 한다.

3

공동체와 사기꾼 가리기

사기꾼의 역할이 공동체 형성에 어떤 영향을 미치는지 살펴볼 필요가 있다. 즉 개별적 인간의 생존 전략에서 보면 남에게 도움을 받되 남을 돕지 않음으로써 이익은 챙기고 위험을 줄이는 전략이다. 이는 최선의 전략처럼 보이기 때문에 쉽게 사라지지 않는다. 특히 어느 정도 시간이 지난 뒤에 '자신에게 도움을 주는 사람'과 '도움을 주지 않는 사람'으로 구분할 수 있을 때까지는 매우 효과적인 전략이라고 할 수 있다. 공동체에서 사기꾼 전략을 택한 사람을 파악할 때까지 시간이 걸리는 탓에 사기꾼 전략으로 손해를 보기까지는 어느 정도 시간이 소요된다. 그럼에도 결국 사기꾼이 밝혀지고, 사기꾼 전략을 취했던 사람은 공동체에서 추방된다. 이렇듯 사기꾼을 가리는 과정은 시간이 걸리지만 공동체의 생존과 번성을 위한 공동체의 윤리적·사법적 체계의 형성을 촉진시켜 문명의 발전을 가져왔다.

게임이론에서는 자신과 다른 참가자가 어떻게 행동하느냐에 따라 개인 또는 집단에 영향을 끼치도록 설정하여 각자 어떤 선택을 하는지 연구한다. 게임이론과 관련된 연구들에 의하면 자식을 구하기 위해 자신의 목숨을 위험에 빠뜨리는 전략을 쓰는 동물이 자연선택에서 불리할 것 같지만, 실제로는 이러한 전략들이 더 많은 유전자를 미래 세대에게 전달하기 때문에 오히려 유리하다. 사회적인 관계에서도 자신의 음식을 나누거나 남을 돕는 행위는 서로 갚는 상호작용을 통해 자연선택에서 유리한 위치를 차지할 수 있다. 다른 사람을 도와줌으로써 필요시에 도움을 기대할 수 있거나 적어도 도움을 준 사람으로부터 공격을 당하는 행위를 피할 수 있기 때문이다.

호혜적 이타성은 동물에게도 나타난다. 원숭이 무리를 관찰해 보면 원숭이가 서로의 털을 골라주고, 이웃의 약탈자가 어린 원숭이를 해치거나 음식을 빼앗아 갈 때 서로를 도와서 약탈자를 물리치거나 응징하는 일이 종종 관찰된다. 사기꾼 전략을 취했다면 털을 골라 주는 행위를 주고받거나 생명의 위협을 무릅쓰고 약탈자를 물리치는 일에 참여하지 않았을 것이다. 이 경우에도 사기꾼 전략을 쓰는 원숭이는 공동체 구성원에서 탈락되고 호혜적 이타성의 성향이 있는 원숭이들이 살아남아 집단을 이루고 공동체로 발전했다고 볼 수 있다.

이처럼 유전자 단위의 생존과 번영이라는 자연선택의 기본적인 메커니즘을 바탕으로 하여 호혜적 이타성이 공동체 형성의 기본 원리가 되어 사회를 유지하는 도덕 기반이 된 것이다. 공동체가 어떻게 형성되었는지에 대한 논의와 관련하여, 장 자크 루소나 존 로크가 주장하였던 사회계약설에 대해서 많은 학자가 실제로 공동체를 구성하는 당사자 간에 계약을 맺은 바가 없으므로 사회계약은 역사적 허구라고 주장하기도 한다. 객관적인 근거로, 공동체가 실체가 있는 사회계약에 의해 인위적으로 형성된 것이 아니라는 점은 분명하다. 그렇다면 사회계약 없이 어떻게 개체가 모여 집단을 이루고 사는 공동체 사회가 형성되었을까? 유전자에 각인된 생존의 법칙, 특히 호혜적 이타성이 공동체 형성의 실제적 원리로 작용했을 것으로 생각해 볼 수 있다.

호혜적 이타성은 공동체의 자연선택 과정에서 다른 개체와 협력적인 유전자가 비협력적인 유전자보다 선택되는 빈도가 증가할 때 확산되었을 것이다. 실제로 협력적인 행동이 자연선택 과정에서 어떠한 변화를 겪는지를 보기 위한 연구들이 수행되었다. 예를 들어, 벌이나 개미 같은 사회적 곤충이나 새, 포유류 등의 동물 사이에서 협력이 어떠한 사회적 이점을 주는지, 협력이 어떻게 조직되는지, 또 협력 시스템을 속이는 사기꾼을 어떻게 통제하는지를 밝히기 위한 연구들이다. 이러한 연구를 통해 사회적 행동, 특히 협력이 어떻게 진화해 왔는지 이해하는 데 도움이 되었지만 한편으로는 협력적 행동이 보편적이라기보다는 예외적이거나 특수한 현상이라는 것을 시사하기도 한다. 즉 곤충이나 동물의 세계에서 협력적인 사회적 행동은 먹이를 얻고 포식자를 피하려는 특수한 목적이 있는 경우에만 나타나는 일시적인 현상인 경우이고, 대부분은 다른 개체와 협조하기보다 스스로 생존해 가면서 자손을 생산하는 경우로 나타난다는 것이다.

그런데 미생물까지 확장하여 연구가 이루어지면서 곤충이나 동물의 세계에서 제한적으로 일어나고 있는 협력적 상호작용이 실은 매우 광범위하게 일어나는 현상이란 것이 관찰되었다. 박테리아나 아메바 같은 미생물은 단세포로 이루어져 있어 다세포 유기체의 내부에 있는 많은 기능을 가지지 못하기 때문에 이웃하고 있는 다른 미생물의 활동이나 주변 환경에 의존해야 한다. 이러한 조건을 극복하기 위해 어떤 미생물은 조화와 협력 체계를 통해 서로의 균형을 맞추고, 공동으로 먹이를 얻고 무리를 지어 행동하는 것으로 밝혀지고 있다.

그중 딕티오스테리움 디스코이둠Dictyostelium discoideum 아메바는 사회적 협력이 일어나는 방식과 사회적 사기꾼이 통제되는 현상을 이해하는 데 큰 도움을 준다. 이 아메바는 주로 토양과 낙엽의 상층에 서식하며 박테리아를 먹고 살아간다. 그런데 박테리아 먹이가 줄어들고 아메바 밀도가 늘어나면 개별적으로 살아가지 않고 서로 합쳐져 다세포로 이루어진 운동성 집합체를 형성하기 위해 응집하는 사회적인 단계에 들어간다. 이때 이 응집에 참여한 아메바의 약 5분의 1이 죽는다. 이들은 나머지 아메바가 집합체의 구성 세포가 되어 튼튼한 포자를 형성하도록 이를 지지하는 단단한 줄기가 되는 역할을 한다. 이 사회적 단계는 집합체로 형성되기 때문에 사회집단과 유사하다. 따라서 집합체 형성 과정에 경쟁과 자기 희생을 포함한 협력이 있다는 것을 알 수 있다. 이 과정에서도 내부 갈등이 나타난다. 집합체 형성 과정에서 항상 집합체가 잘 형성되는 것은 아니다. 비협력적인 세포들이 생겨 움직임이 느려지거나, 줄기가 약하게 형성되는 순탄하지 않은 협력 체계가 만들어지는 경우도 있다.[5] 그럼에도 불구하고 결국 집합체를 형성하여 일정한 시기를 지나게 된다. 이 아메바에서 관찰된 현상은 사회적 경쟁의 유전적 기반과 사기꾼 혹은 비협력적인 개체에 대한 통제 기전이 미생물 수준에서도 일어나는 생물체의 광범위한 현상임을 나타낸다.

---

5   Joan E. Strassmann, David C. Queller, 〈Evolution of cooperation and control of cheating in a social microbe〉, PNAS, 2011; 108 (supplement_2): 10855–10862

4
언어가 중요한 도구다

단순한 사회적 협력을 넘는 호혜적 이타성은 보다 높은 수준의 공동체를 이룰 수 있는 비교적 영리한 동물들에게만 나타난다. 그중에서도 인간은 진화 과정을 거치면서 두뇌가 점차 커졌고 이윽고 어떤 다른 동물도 이루지 못한 수준으로 이성적 사고 능력을 발전시켜 왔다. 이러한 사고 능력의 발전에는 인간의 언어가 매우 중요한 역할을 했을 것이다. 침팬지나 코끼리 혹은 돌고래 같은 동물도 그들만이 사용하는 언어가 있으며, 의사소통이 가능하다. 하지만 인간의 언어는 일상에서 벌어지는 무한한 사건뿐 아니라 과거와 미래까지 이야기할 수 있는 수준까지 발전했다.

과거와 미래에 대한 인식은 반성적 사고를 낳았고 반성적 사고는 여러 가지 선택지에서 생존 경쟁에서 유리한 선택을 할 수 있게 하여 공동체의 확산과 번성을 가져왔다. 그리고 한편으로는 다른 동물의 공동체에서는 볼 수 없는 윤리와 법의 체계를 갖추게 되었다. 사실 공동체의 사회문화적 체계가 형성될 수 있었던 가장 근본적인 이유는 유전자의 전달이라는 생물학적 동인이지만 이러한 동인은 대부분의 생물체가 가진 공동 메커니즘이기도 하다. 따라서 생물학적 동인이 오늘날 공동체의 사회문화적 체계를 이루는 기본적인 메커니즘이라고 설명하기에는 부족한 점이 있다.

두뇌의 발달과 언어의 발전, 그리고 반성적 사고 등 인간에게만 나타났던 현상, 즉 생물학적인 현상이라고만 할 수 없는 생물사회문화적 발전이 오늘날의 사회문화적 체계를 이룰 수 있었던 이유라고 설명하는 것이 더 타당할 것이다. 따라서 언어의 발달과 반성적 사고체계의 형성 등 생물사회문화적 발전이 공동체의 발전과 어떠한 관계가 있는지를 살펴볼 필요가 있다. 특히 언어는 공동체와 관련하여 인간의 특성을 가장 잘 나타낸다고 할 수 있다. 공동체의 형성과 발전의 토대가 되었던 윤리의식은 생물학적인 진화라기보다는 인간의 언어적 능력에서 발달된 인지 능력의 진화 결과로 보는 것이 더 타당하다.

예를 들어 네안데르탈인이 신체적으로 골격도 크고 인간에 못지않은 큰 두뇌를 가져 여러 면에서 호모 사피엔스보다 우수하였음에도 불구하고 성공적으로 공동체를 이루지 못하고 결국 사멸한 이유는 언어적 능력에서 호모 사피엔스보다 떨어졌기 때문이라고 할 수 있다. 네안데르탈인은 인간과 다른 발성 구조를 가졌고 후두의 위치와 혀의 모양이 침팬지에 가까운 것으로 분석되었다.[6] 이러한 이유로 발성이 언어의 형성으로 발전할 수 없었던 것이다. 언어는 생각이나 기술을 전수할 수 있는 사회적 학습의 도구다. 그런데 언어의 능력이 떨어지기 때문에 백만 년 이상의 시간이 흘러도 문화와 기술이 발전하지 못한 채 호모 사피엔스에게 밀려 3만 5천 년 전에 완전히 사라지게 되었다.

사실 네안데르탈인은 복잡한 석기를 만들고 불도 사용할 수 있는 능력을 갖고 있었다. 더욱이 추운 기후에서 살았기 때문에 옷을 만들어 입고 나무를 이용해 주거를 위한 서식처도 만들었다. 이러한 문화적 수준은 인류와 견줄 수 있는 수준이었지만 인간처럼 언어를 가질 수 없었기 때문에 문화의 계승과 발전이 매우 제한적이었다. 그런데 호모 사피엔스는 기도와 식도가 매우 근접하게 위치하고 후두가 목구멍 깊숙이 자리 잡게 되는 진화적 변화를 이루었다. 음식을 먹거나 음료를 마실 때 후두로 들이마시게 될 위험성은 있지만 말을 자유롭게 할 수 있는 능력을 얻었다. 이러한 언어 소통 능력 덕분에 반성적 사고에 바탕을 둔 문화의 전달과 계승이 가능해졌다. 30만 년 전쯤 등장한 호모

---

6   필립 리버만, 《언어의 탄생》, 김형엽 역, 글로벌콘텐츠, 2013

사피엔스가 인류 종을 평정하고 세상의 지배자로 등장한 매우 중요한 이유였다고 할 수 있다.

호모 사피엔스의 등장은 복잡한 언어적 능력을 갖춘 인류 종의 첫 등장이었고 20만 년 전부터는 본격적인 사회적 학습이 일어나기 시작하였다. 3만 년 전쯤에 만들어졌던 프랑스 남서쪽에 있는 라스코 동굴 벽화를 보면 언어의 등장 이후 얼마나 많은 변화가 생겼는지를 알 수 있다. 이러한 사회적 학습이 일어나기 위해서는 타인의 생각과 기술에 대한 습득이 관찰과 대화를 통해 일어나야 한다. 또 한편으로는 타인의 생각과 기술을 얻어 활용하는 것에 대한 허용이 있어야 한다. 이를 위해서는 언어를 바탕으로 한 소통이 필요하다. 이러한 공유적 문화가 싫었던 그룹은 소규모의 집단을 형성하고 고립 내지는 이주를 선택하여 소멸되거나 정체되었다. 반면에 공유적 문화를 받아들였던 그룹은 대규모 공동체를 만들어 나가는 데 성공하였다. 따라서 문명을 성공적으로 이루었던 공동체들은 모두 공유적 문화를 만들어 나갔고 언어는 이러한 문화 형성의 중요한 도구였다.

5
공감을 통한 연대

공감은 다른 사람이 겪는 경험을 보면서 이에 대한 인지와 함께 정서적 반응을 나타내는 개념이다. 공감을 하면 다른 사람을 이해하고 도우려는 마음이 생길 가능성이 커진다. 사실 공감은 도덕성의 기반을 이룬다. 맹자가 남을 측은해할 줄 아는 마음, 즉 '측은지심'을 윤리의 기초로 여긴 것도 같은 이유다. 다른 사람의 입장이 되어 보면 그 사람의 관점이나 필요, 또는 의도를 이해하는 데 도움이 된다. 따라서 공감능력은 성공적인 관계를 이루는 핵심 요소이기도 하다.

다른 사람의 감정을 같이 느끼는 공감은 관찰하는 사람과 관찰된 사람 사이에 생기는 유사한 신경생리학적 상태 또는 반응의 활성화를 특징으로 한다. 예를 들어, 고통을 느끼는 사람을 보면서 괴로움을 느끼지 않는 경우는 거의 없다. 그런데 고통을 느끼는 사람과 느낌을 공유하는 것이 직접적인 이익을 분명히 주는 것은 아니기 때문에 이러한 현상이 왜 생기는지 그 이유는 분명하지 않다. 어쩌면 어떤 신경학적인 메커니즘에 의하여 상대방을 관찰할 때 관찰자에게서 일어나는 느낌으로 상대방의 행동을 잘 이해할 수 있게 되면 복잡한 상황을 헤쳐 나가는 데 유리해지기 때문인지도 모른다.

신경생리학적 연구들에 따르면 다른 사람의 특정한 감정 또는 감각 자극을 인지할 때 관찰자의 뇌에서도 그 사람과 유사한 뇌 영역이 활성화된다.[7] 단순하게 다른 사람의 감정을 비슷하게 모방하는 것이 아니라 실제 당사자처럼 느끼는 것이다. 이러한 미러링 Mirroring 현상은 관찰자가 시뮬레이션을 통해 행위자의 행동과 상태를 어느 정도 해독할 수 있는 능력을 갖기 때문에 나타나는 현상일 수 있다. 이러한 감정의 공유 현상은 신경생리학적 현상이라고 할 수 있지만 이렇게 상대방을 이해하는 능력을 갖춘 경우는 그렇지 못한 경우에 비해 자연선택이나 사회적 경쟁에서 유리해질 것은 분명하다.

행위자가 겪는 감정적 반응과 유사한 감정적 반응이 관찰자에게 생

---

7   Mafessoni F, Lachmann M, 〈The complexity of understanding others as the evolutionary origin of empathy and emotional contagion〉, Sci Rep, 2019; 9: 5794

길 때 진정한 협력이 발생하며, 관찰자는 자신의 인지된 고통을 완화하기 위해 행위자를 돕는다. 그리고 이러한 행위가 종종 이타적 행위로 나타나기도 한다. 이 공감 능력은 원래 다른 사람의 마음 읽기를 위해 진화한 신경학적인 메커니즘이 생존을 위한 간접적인 이익을 가져다줌으로써 진화했을 가능성이 있다. 따라서 공감 능력은 자연선택을 통해 얻은 특별한 발명품이고 진화의 산물이라고 할 수 있다.

서로의 감정을 공유하지 못하거나 더 나아가 이해하고 느끼지 못한다면 공동의 작업을 할 수 없다. 특히 사냥이나 전쟁처럼 생명을 담보로 하는 위험성이 큰 공동의 작업을 할 수 없을 뿐 아니라 삶의 기반을 공유하는 공동체를 이룰 수 없다. 멋진 건축물을 지을 수도 없고 멀리 있는 부족을 공격해서 노예로 삼을 수도 없다. 시나 긴 이야기와 같은 문학 작품도 가능하지 않았을 것이다. 이러한 작품은 관객의 감정을 움직여 호응을 얻기 위한 목적을 갖기 때문이다. 감정이 공유되지 못하면 인간의 생활은 알파에서 오메가까지 가능하지 않다. 이 관점에서 본다면 감정의 공유는 인간을 인간답게 만들었고, 또 오늘날의 현대 문명을 이룬 기반이다. 감정의 공유는 사람과 사람 사이의 직접적인 공유도 있지만 시간과 장소를 떠나 문명화된 방식으로 남겨지기도 한다. 대표적으로는 문학이나 예술 등이 있지만 건축물과 도시의 형태로 나타나기도 한다.

감정의 공유는 공동의 위험 요인에 대처할 때 매우 효과적인 생존 전략으로 이어진다. 예를 들어 갑작스러운 공격을 받게 되는 위급한 순간에 강렬한 공포를 느껴 위협으로부터 벗어나려는 동시에 한편으로는 서로 뭉쳐서 싸우려 한다. 전염병이 크게 유행할 때 질병에 걸린 사람을 피하는 것보다 사람들을 돌보는 일이 더 흔하게 일어난다. 감정의 공유가 연대 의식으로 성장하고 개인의 감정을 넘어 공동체의 안전으로 이어지기 때문이다. 갑작스러운 공격에 도망가는 사람이나 전염병 유행 시기에 혼자만의 안전을 찾는 사람들이 대다수라면 그 공동체는 위협적인 상황에서 붕괴된다. 결과적으로 감정의 공유는 공동체 생존 전략의 가장 기본이 된다고도 할 수 있다.

'나'라는 존재감은 나 자신과의 관계나 타인과의 관계를 통해 일정한 정체성을 느끼는 것에서 비롯된다. 대개는 이러한 정체성에 대한 인식과 함께 '나'라는 존재의 안전감을 느낀다. 정체성의 인식이나 안전감을 느끼지 못하면 세상에 내가 존재하는 이유를 찾지 못하고 나를 둘러싼 세상을 부정적인 시각으로 볼 수밖에 없다. 이 경우 어떤 발전적이거나 긍정적인 행위도 할 수 없는 무능력 상태에 빠지게 된다. 결국 나의 존재감은 나 자신 혹은 타인과의 관계를 바라보는 시각에서 만들어진다. 이러한 시각이 나타나는 이유는 감정의 공유적인 매개가 있고 이를 바탕으로 사람들 사이의 관계가 만들어지기 때문이다.

감정의 공유는 '사회성'이라는 특성으로 나타난다. 사실 사회성은 인간만이 가진 특성이라기보다는 벌이나 개미 같은 곤충에서도 볼 수 있는 현상이다. 포유류의 경우 시간이 지나면서 발전되어 온 진화의 결과다. 사회성이 포유류의 생존과 번식을 촉진시키는 형태로 선택된 것이다. 그중 인간은 사회성이 가장 발달한 포유류인데, 타인과의 감정 공유를 통하여 유대를 강화시키고, 이를 통해 오늘날의 사회를 만들었기 때문이다. 이러한 유대는 협력적 관계를 만들어 내고 협력을 만들어 낸 사람은 그렇지 못한 사람보다 우위에 설 수 있게 된다. 자연선택의 과정을 통해 인간의 뇌에 구조적인 변화가 나타났고 인간은 지구에서 가장 성공적인 종이 될 수 있었다.[8]

공감은 사람들로 하여금 다른 사람을 돕도록 마음의 준비를 하게 만드는 복잡한 과정이라고도 할 수 있다. 공감은 타인에 대한 이해를 바탕으로 타인의 사회적 고통이나 쾌감과 같은 경험과 정서적으로 일치시키려는 신경계의 메커니즘을 거친다. 타인이 어떤 경험을 하고 있는지, 어떤 도움이나 위안을 필요로 하는지를 이해하고 타인의 감정을 공유하며, 타인을 위해 행동하려는 동기를 유발한다. 그리하여 타인의 고통을 감소시키려고 하거나 또는 타인의 행복을 같이 축하하려는 마음이 생긴다. 타인에게 또는 타인과 자신의 관계에 이로운 방향으로 행동할 수 있게 이끄는 것이다. 이러한 공감 능력은 사회적 뇌가 갖는 기능 중 가장 높은 단계라고 할 수도 있으며 공동체를 높은 수준으로 발

---

8   매튜 리버만, 《사회적 뇌 인류 성공의 비밀》, 최호영 역, 시공사, 2015

전하도록 이끌어 주는 힘이다.

그런데 공감 능력은 사람 사이에서만 일어나는 것은 아니다. 하루가 끝날 때 지는 석양을 보면서 평화로움을 느끼거나 축구 경기를 보다가 골이 터질 때 나오는 함성 속에서 나를 넘어서 확장된 우리를 느끼고 더 넓은 세계의 구조에 자신을 얽는 역할을 한다. 사실 우리 자신과 우리 주변에 있는 사물 사이의 구분은 흔히 생각하는 것만큼 뚜렷하지 않다. 감정 공유 능력을 보면 인간은 '나'라는 자아와 '나'를 제외한 세계를 동시에 지니고 있다. 자아가 '나' 자신의 몸 안에 있고 우리의 마음이 뇌에서 비롯된다는 상식이 충분치 않은 개념일지도 모른다. 나의 자아는 타인과의 공감을 넘어서 자연 세계로까지 연결되어 있고 이러한 공감이 자연과 환경을 돌보고자 하는 마음을 갖게 하는 것이다.

도시의 빌딩 숲이 아니라 자연의 숲과 덤불이 둘러싼 아담한 집에서 살고 있는 치유는 종종 숲과 떨어져서 지낼 때 엄마 품을 떠난 갓난아이의 느낌을 받는다.

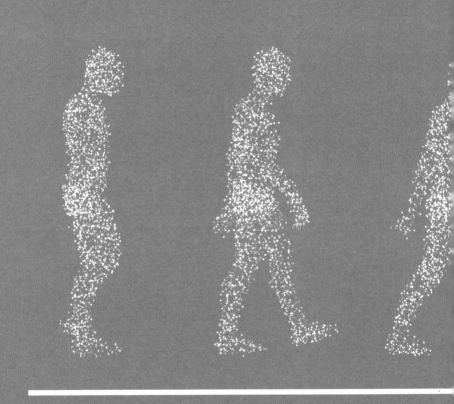

2장

생태계와의 공존과 공유

1
자연과 문화의 공존

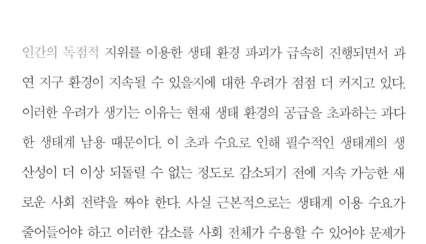

인간의 독점적 지위를 이용한 생태 환경 파괴가 급속히 진행되면서 과연 지구 환경이 지속될 수 있을지에 대한 우려가 점점 더 커지고 있다. 이러한 우려가 생기는 이유는 현재 생태 환경의 공급을 초과하는 과다한 생태계 남용 때문이다. 이 초과 수요로 인해 필수적인 생태계의 생산성이 더 이상 되돌릴 수 없는 정도로 감소되기 전에 지속 가능한 새로운 사회 전략을 짜야 한다. 사실 근본적으로는 생태계 이용 수요가 줄어들어야 하고 이러한 감소를 사회 전체가 수용할 수 있어야 문제가 해결될 수 있다. 현재 지속 가능성과 관련된 논의 대부분은 석탄이나 석유 같은 재생 불가능한 자원의 고갈에 초점을 맞추었지만 삼림 벌

채, 침식 및 염분화로 인한 농경지의 손실, 어족 자원의 고갈 등 재생 가능한 자원 역시 계속 소실되고 있어 생태계의 복원력은 현재 커다란 위기를 맞이하고 있다.

자연과 문화 사이에는 상호 피드백이 존재하며, 자연과 문화 중 어느 하나의 변화는 종종 다른 하나의 변화로 이어진다. 예를 들어 우리의 지식은 그 기반이 되는 생태계와 함께 발전하고 심화된다. 그리고 우리가 사용하는 언어에는 생태계 구성 요소를 설명하는 단어들이 포함된다. 하지만 식물이나 동물을 잃으면 그것을 설명하는 데 사용된 단어 역시 사라져 간다. 예를 들어 모리셔스 섬에 살았던 도도새는 천적이 없어 아무것도 무서워하지 않았다. 사람을 보고도 도망가지 않은 탓에 사람에게 발견된 이후 곧 사라져 갔고, 이제는 완전히 멸종되었다. 아마 도도새라는 단어도 점차 사라지게 될 것이다. 이처럼 자연환경은 인간의 행위에 변화를 겪고, 자연환경의 변화는 인간 사회의 문화적 과정과 활동, 그리고 신념 체계가 발달하는 조건의 변화를 이룬다. 자연과 문화는 서로 밀접하게 연결되어 있어 서로를 분리해서 생각할 수 있는 것이 아니다.

이러한 자연과 문화의 밀접한 연결은 자연 자원에 의존도가 높은 전통적인 사회에서 잘 나타난다. 반면에 서구화된 현대 사회는 자연과 문화를 대립적인 시각으로 바라보고 자연을 개조의 대상이나 더 나아가 파괴와 정복의 대상으로 보는 경향이 있다. 우리의 유전자는 오랜 수렵채집 시기를 거치고 또 농경 사회로 전환된 이후에도 상당히 오랫동안 자연에서 먹거리를 얻고 자연과 더불어 살아오면서 적응했다. 따라서 모든 인간은 현재의 문화에 상관없이 자연과 연결이 되어 있으며, 자연을 파괴와 정복의 대상으로 인식하는 것은 결국 우리가 가진 유전자 속성에 어긋나는 셈이다.

인간이 문화를 만들어 가면서 인간 서식지 부근의 식물과 동물을 선택하고 지형 개발을 통하여 전체 자연 경관을 바꾸어 갔다. 또 이를 통해 생물 다양성에 상당한 영향을 미쳐 왔다. 이러한 변화로 인류 역사가 발전해 왔으며, 문화가 만들어졌다고 볼 수 있다. 고고학적 발굴을 통해 과거 인간의 생활을 살펴보면 이전에 원시 상태라고 생각했던 많은 서식지도 사실 자연 자원에 의존하고 있다. 또 한편으로는 자연 경관을 변화시키며 살았던 조상들의 생활을 나타내는 경우도 종종 볼 수 있다. 예를 들어, 그리스에서는 농업이 도입된 후 500~1000년이 지나자 토양 침식에 의하여 자연 경관이 변화되는 현상이 나타났다.[1] 몽골고원처럼 춥고 메마른 기후와 토양으로 인해 곡식 생산이 거의 불가능했던 지역에서는 건조 초원을 활용하는 목축의 형태가 일찍부터 생활의 기반이 되었다.

---

[1]   Van Andel T.H, Zangger E, Demitrack A, 〈Land Use and Soil Erosion in Prehistoric and Historical Greece〉, Journal of Field Archaeology, 1990; 17(4): 379396 https://doi.org/10.2307/530002

자연을 변경시키거나 자연의 영향을 받으면서 생태학적 다양성을 가진 자연에 대한 지식이 전파되어 사회 내에 축적되고 자연과 문화의 연결 고리가 만들어진다. 이러한 지식은 자연과 인간의 상호작용을 형성하고, 생태계에 대한 이해를 증진시켜 지속 가능한 생태계 관리를 가능하게 한다. 이를 통해 자연과 인간은 적대적인 위치에서 함께 공존하는 관계로 바뀔 수 있다. 생태학적 지식은 또한 사회적 규범과 규정의 바탕이 되고, 이는 자연환경에 대한 인간의 올바른 상호작용을 유도한다.

이러한 규범이나 규정이 없으면 인간 사회에 이익이 되는 생태계의 다양성을 유지하기 어렵다. 그런데 무제한적인 경쟁을 통해 경제 성장을 강조하는 신자유주의 경제에서는 문화와 생태계의 회복력을 모두 위태롭게 하는 예상치 못한 사회경제적 변화를 초래할 수 있다. 이 변화 중 대표적인 것이 오늘날 우리가 경험하고 있는 기후 변화와 팬데믹 현상이며, 이는 결국 인간의 안전과 건강에 큰 피해를 준다. 자연과 사회의 연계성을 높이고 자연과의 친화력을 높이게 되면 건강과 웰빙을 향상시키지만, 이러한 연계성의 단절은 안전과 건강 수준을 떨어뜨리고 생태계와의 공존성을 잃어버리게 하여 존재의 불안을 야기할 수 있다. 이를 회복하기 위해서는 생태계 다양성을 지키고 문화의 지속 가능한 발전을 추구하는 새로운 접근이 필요하다.

2
경쟁과 공존

바다에서 사는 콘보루타 로스코펜시스Convoluta roscofensis라는 편형동물에는 광합성 조류인 플라티모나스platymonas 세포들이 가득 들어차 있어서 초록색을 띤다. 이 편형동물은 투명한 몸을 가졌기 때문에 햇빛이 비치면 플라티모나스 조류들이 활동하고 자라면서 광합성으로 만들어진 산물들을 조류 세포 밖으로 내보낸다. 이 산물들은 편형동물의 먹이가 되고, 조류는 편형동물의 폐기물인 요산을 자신의 양분으로 쓴다. 서로가 완벽하게 공생을 하면서 바다에서 살아가는 것이다.[2]

---

[2]   린 마굴리스, 《공생자 행성》, 이한음 역, 사이언스북스, 2007

자연은 생존 경쟁이 치열해서 피로 붉게 물든 경쟁 사회라고 할 수도 있다. 그런데 어떻게 공존이 존재할까? 개체 간, 그리고 종 간의 경쟁이 자연선택을 바탕으로 한 진화의 기본 원리인데 어떤 종이 다른 종과 경쟁하지 않고 공존하는 이유는 무엇일까? 해당 종들이 유사하지 않아 서로 거의 경쟁하거나 또는 아주 유사하여 경쟁이 있음에도 어느 쪽도 우위를 점할 수 없어 오랜 기간 동안 공존하기 때문이라는 설명이 있다.[3]

경쟁은 먹거리나 보금자리와 같이 성장과 번식에 필수적인 자원이 부족할 때마다 발생한다. 누군가가 자원을 획득하면 그것은 그 자원에 대한 다른 개체의 접근을 차단하는 것과 마찬가지다. 따라서 경쟁은 같은 자원이 필요한 개체나 종 간에 부정적인 영향을 미치는 관계성이다. 그런데 흥미롭게도 제한된 자원을 어느 정도 비슷하게 사용하는 여러 종의 개체군이 같은 지역에서 오랫동안 경쟁을 지속하면 공존의 전략이 발생한다. 경쟁만이 아니라 공존도 자연선택을 위한 중요한 전략일 수 있다는 것을 의미한다. 이처럼 환경에 대한 각 종의 반응과 그들 사이의 상호작용으로 종의 다양성이 유지되어 왔다.

경쟁과 공존 전략은 종 내, 종 간의 상호작용을 통해 종의 다양성

3   Malin L. Pinskya, 〈Species coexistence through competition and rapid evolution〉, PNAS, 2019; 116(7): 24072409

을 조절하기 때문에 진화론적인 의미에서뿐만 아니라 생태학적인 의미에서도 중요하다. 현재의 생태계에도 이러한 경쟁과 공존하고 이는 인간 사회 내에서만이 아니라 인간과 다른 종 간에도 나타나는 현상이다. 공존 전략이 존재하는 이유는 다음과 같다. 주어진 환경에 서식하는 여러 종이 있을 때 서식 환경을 이용하는 양상이 완전히 겹치면 경쟁에 의해 그 환경에서 성장하고 번식하는 종은 하나로 정리되는 경우가 있다. 하지만 서식 환경을 이용하는 양상이 기능적으로 다르다면 경쟁으로 상대방을 물리치는 것이 아니라 상대방과 공존하는 전략을 택한다.

결국 경쟁과 공존의 전략 중 어떤 전략을 쓰게 되는지는 서식 환경과 밀접한 관련이 있다. 서식 환경이 바뀌면 서로 경쟁하던 관계도 공존의 관계로 바뀌거나 반대로 공존의 관계에서 경쟁의 관계로 바뀔 수 있다. 기후 변화로 기온이 오르면서 서식 환경이 바뀌면 생물적 요인이나 비생물적 요인 역시 변화되기 때문에 종의 경쟁과 공존 전략 역시 영향을 받게 된다. 예를 들어, 고산지대에 서식하는 동물과 그보다는 고도가 낮은 지역에 서식하는 동물의 경우 기온이 높아지면서 고산지대에 사는 동물은 서식 환경이 악화되는 것을 경험하고 고도가 낮은 지역에 사는 동물은 고도가 높은 지역으로 서식지를 옮기게 된다. 서로 다른 서식지에서 경쟁과 관계없이 살던 동물들이 환경이 나빠진 서식지에서 같이 살면서 누가 더 생존에 적합한지 경쟁하는 조건이 된 것이다. 그렇지만 시간이 지나면서 이러한 경쟁 관계도 기능적 분화가 생기게 되고 공존의 관계로 변해갈 수 있다.

지구 생태계 안에서 일어나는 각 종들에 의한 경쟁과 공존의 상호 작용을 통해 종의 다양성이 유지된다. 한편 각 종들이 갖고 있는 특유의 반응들은 그 종의 생명 전략, 종 내 변이와 관련된 요인, 그리고 공간과 시간의 환경 변이로부터 발생할 수 있다. 지구상에 있는 다양한 생물체는 최초의 생물체로부터 자연선택의 압력을 받으면서 다양하게 분화된 것이다. 그런데 다양한 생물체로 이루어진 생태계는 단지 다양성을 가진 채 서로 독립적으로 살아가는 개체들로 이루어진 것이 아니라 서로 영향을 주고받으며 상호작용하고 또 공존하는 공동체라고 할 수 있다. 생태계 자체가 진화하는 생물체와 같은 것이다.

예를 들어 곤충을 먹이로 하는 새와 곤충의 관계를 보자. 곤충은 새에게 먹히지 않으려는 자연선택의 압력을 받으며 주변 색으로 위장하거나 맛이 없어지고, 독을 품게 된다. 가능한 새에게 먹히지 않고 후손에게 유전자를 전달하기 위해 온갖 방법을 만들어 내며 변화해 나간다. 곤충을 먹거나 어린 새끼 새에게 가져다 주어야 하는 새는 곤충을 잘 찾아내고 곤충의 독을 대사하여 안전하게 영양분을 섭취할 수 있는 능력을 갖추는 방향으로 함께 변화해 나간다. 새와 곤충은 서로에게 자연선택의 압력을 이루면서 변화해 가고, 서로는 이 변화 속에서 공존하는 것이다. 이 관계는 단지 새와 곤충에 국한된 것이 아니라 곤충은 식물군에, 새는 다른 먹이사슬에 끊임없이 연결되어 있다. 이러한 복합체가 생태계이며 이 안에 인류도 하나의 구성원으로서 공존하고 있는 것이다.

—— 3 ——
생태계의 일원으로 사는 방법

생태계의 공존 체계에 가장 큰 영향을 주고 있는 생물체는 바로 인간이다. 단지 다른 생물체에만 영향을 주는 것이 아니라 무생물, 즉 공기나 물, 그리고 지형 등 지구 환경 전체에 강력한 영향을 준다. 이미 인간에 의해 공기의 성분이 바뀌고, 미세먼지와 화학물질이 늘어났다. 또한 바다와 강이 오염되어 수생태 환경이 바뀌었으며 벌목과 개발로 숲이 없어지는 등 엄청난 변화가 나타났다. 생물체에는 서식 환경을 교란함으로써 영향을 주기도 하지만 직접적으로 사냥과 어획, 그리고 선택 교배에 의한 가축 생산 등으로 상당한 변화를 가져왔다. 특히 최근에는 산업 활동에 의해 이산화탄소 같은 기후 변화 가스를 배출함으로써 지구온난화를 초래하고 있다. 인간이 지구 환경에 미치는 이러한 영향이 일방적인 것은 아니다. 무생물과 생물, 동물과 식물, 포식자와 피식자, 숙주와 기생생물 등 지구상의 모든 종은 서로가 서로에게 영향을 주는 상호작용의 관계고 그 전체가 생태계를 이루고 있기 때문이다. 인간이 가져오는 변화는 다시 엄청난 자연선택의 압력으로 작용하여 생태계 전반에 영향을 줄 것이며, 인간도 그러한 영향에서 예외일 수는 없다.

생태계는 개별적인 유기체로 구성되어 있지만 자세히 보면 상호작용하는 생물들로 구성된 전체 시스템이다. 우리의 삶을 돌아보면 재배하는 작물이나 화분에 심은 관엽 식물, 혹은 가축이나 반려동물과 상호작용이 없는 세상을 그리기는 어려울 것이다. 이 상호작용은 작물을 재배하는 농토나 도시 녹지 또는 공원에서 일어날 수 있는데 눈으로 보고 손으로 만지거나, 냄새를 맡거나, 소리를 들으면서 상호작용을 한다. 인간과 자연의 상호작용으로 인한 결과는 인간과 자연의 관점에서 보았을 때 긍정적인 효과만 있는 것이 아니라 부정적인 효과도 있을 수 있다. 예를 들어, 자연에 친근감을 가진 사람은 숲을 방문하는 동안 편안함을 느끼는 긍정적인 상호작용을 할 수 있고, 자연이 무섭거나 안전하지 않다고 여기는 사람은 불편함이나 불안을 느끼는 부정적인 상호작용을 겪을 수 있다. 과학이나 정책의 주요 과제는 인간과 자연 모두에 대한 부정적인 결과를 최소화하면서 자연과 인간의 긍정적인 상호작용을 최대화하는 방법을 찾는 것이다.

이러한 상호작용과 생태계 진화에 대한 인간의 영향 및 잠재적 결과를 고려할 때, 우리는 인간의 '친구'와 '적'에 대한 개념을 다시 정리하고 상호작용하는 방식을 이해할 필요가 있다. 우리가 일반적으로 인간의 적이라고 생각하는 잡초, 해충 그리고 병원균의 경우에는 대개 제초제, 살충제, 항생제와 같은 다양한 제거 방법을 사용하여 이들의 영향을 줄이려 한다. 그런데 인간과 적 사이의 직접적인 상호작용은 다양한 연쇄적 결과를 초래할 수 있다. 적이 아닌 다른 종에게까지 영향을 미치는 경우다. 예를 들어 해충을 제거하기 위해 뿌린 살충제는 원래 제거하려고 했던 해충뿐 아니라 주변에 같이 살고 있는 여러 생물체에 영향을 주어서 다양한 변이를 초래하게 되고, 이는 예상하지 못한 결과와 함께 인간에게 커다란 피해를 줄 수 있다.[4]

우리는 해로운 종을 제거하고, 멸종 위기에 처한 종의 적응 능력을 향상시키기 위해 어떤 행동을 취한다. 하지만 생태계는 서로 복잡하게 얽히고 상호의존적인 관계라 '친구'와 '적'이라는 구분이 항상 명확하지 않다. 친구일 수도 있고 적일 수도 있는 관계는 인간과 대장 내 세균의 관계에서도 볼 수 있다. 일부 병원성 세균을 제외하면 대부분 대장 내 세균은 섬유질 소화를 돕고 이를 통해 영양소를 공급해 준다. 하지만

4　　Jansen M, Coors A, Vanoverbeke J, Schepens M, De Voogt P, De Schamphelaere KAC, De Meester L, 〈Experimental evolution reveals high insecticide tolerance in Daphnia inhabiting farmland ponds〉, Evol, Appl, 2015; 8: 442453

대장 점막이 손상되거나 대장 내 세균과 면역체계의 균형이 깨지는 경우 병을 일으키지 않는 대장 내 세균도 염증 반응을 일으키고 심하면 혈액 내에 들어가 감염을 일으킬 수 있다.

인간은 종의 진화에 직접적인 영향을 주어 생태계를 구성하는 여러 종의 개체군 구조를 변화시키기도 한다. 예를 들어, 인간이 초래한 기후 변화와 같은 환경 변화는 많은 개체군을 부적응 상태로 만들고 개체군 크기를 줄여 잠재적인 소멸 또는 멸종을 초래할 수 있다. 한편으로 이러한 부적응은 또한 자연선택 과정을 촉진시켜서 보다 적합한 개체를 증가시키는 진화를 초래해 이전과는 다른 개체군 구조를 만들어 내기도 한다. 그러나 항상 이렇게 성공적인 진화 과정이 일어나는 것은 아니다. 진화가 일어나려면 충분한 적응력을 가진 유전 변이가 생겨야 하기 때문이다. 따라서 인간이 초래한 환경 변화가 상당한 변이를 통해서 자연선택될 수 있는 경우에만 그 종의 생존력을 유지할 수 있고, 그렇지 못하면 감소되거나 사라질 수 있다. 이처럼 인간의 활동은 생태계 전체에 새로운 환경이나 자원에 대한 적응을 요구하는 상당히 강력한 자연선택 압력을 형성한다.

인간의 영향은 생태계 수준에서 생태학적 과정을 변화시키는 것뿐 아니라 인간 자신에게도 매우 큰 영향을 미칠 수 있다. 예를 들어 제초제, 살충제, 항생제와 같은 화학물질이나 농산물의 영양 함량 또는 병원체 저항성과 같은 유기체 특성은 우리의 건강에 잠재적으로 상당한 영향을 줄 수 있다. 주된 사료로 옥수수를 사용해 사육된 가축을 섭취하면 자연환경에서 방목으로 키워진 가축 육류보다 오메가6가 훨씬 많이 함유되어 있어 심혈관질환의 위험성을 증가시킨다. 어류 양식에 대량으로 사용되는 항생제는 사람에게 지속적으로 흡수되어 실제 항생제가 필요한 감염증이 있을 때 항생제의 효과를 떨어뜨리거나 전혀 듣지 않는 결과를 초래할 수 있다.

이처럼 인간은 재배나 목축을 통해 생태계에서 식물종과 동물종의 구성과 규모를 변화시키고 해로운 종이나 외래 침입종을 확산시키기도 한다. 이 변화들은 생물 다양성을 보존하려는 노력을 상쇄시키고 더 나아가 공기나 수질 오염, 탄소 배출 증가 등 생태계에 악영향을 주기도 한다. 인간이 생태계에 미친 영향은 생물 다양성 교란, 영양소 순환, 생산성 변화, 미생물의 항생제 감수성 변화 등을 통해 다시 인간 사회에 거꾸로 영향을 미친다. 따라서 이러한 피드백이 나쁜 방향으로 작용하는 것을 막고, 좋은 방향으로 사회적 영향을 미치도록 생태계의 변화를 유도하는 것이 바람직하다. 이를 위해 인간의 건강과 웰빙은 생태계가 건강해야만 확보될 수 있다는 인식을 갖고, 자연에 대한 사람들의 태도와 행동을 변화시켜서 생물 다양성을 확보하려는 노력이 매우 중요하다. 인간이 생태계의 일원으로서 안전하고 건강하게 살아가기 위해서는 인간이 미친 영향과 그 피드백의 관계 속에서 생태계 전체가 안정적으로 진화해 나가는 조건이 형성되어야만 한다.

4

고비용이 드는 뇌 성장의 비밀

5억 5천만 년 전, 바다의 바닥에는 트리코플락스Trichoplax라는 생긴 둥글고 넓은, 납작한 생물체가 있었을 것으로 추정된다. 이 초기의 생물체를 트리코플락스로 유추해 보면 이는 아메바처럼 하나의 세포만으로 구성된 생물체가 아니다. 세포들이 서로 모여서 하나의 다세포 생물체를 이룬 모습이지만 아직 세포들이 서로 크게 다르지 않고 기관의 분화도 생기지 않은 상태라고 할 수 있다. 아메바도 무언가를 섭식하여 영양소를 취하며 살아가는 것과 마찬가지로 원시 다세포 생물체도 바다의 바닥과 접하는 아랫면에는 먹이가 될 만한 것을 섭식할 수 있는 구조가 생겨 입이 되고, 이를 먹고 남은 찌꺼기를 배출하는 구조가 생거서 항문이 됨으로써 소화기관의 기본 구조를 갖추게 되었을 것이다.

먹이가 될 만한 것과 그렇지 않은 것을 가려내며 먹이가 될 만한 것을 찾아다니기 위해서는 감각과 운동기능을 갖추어야 하기 때문에 신경기관들이 필요하게 되었다. 우선 이 신경기관들은 다세포 생물체의 측면에 있는 작은 돌기처럼 생긴 섬모들을 움직여 이 생물체가 이동할 수 있도록 했을 것이다. 이렇게 운동신경 체계가 만들어졌으며, 먹을 것과 그렇지 않은 것을 구분하는 감각을 갖추게 되었다. 또한 운동과 감각기능을 통합적으로 수행하기 위해 신경 체계라는 의사소통 수단이 필요하게 되었다. 즉 운동신경 체계와 감각신경 체계가 통합적으로 연결되어 하나의 신경 체계를 이루게 된 것이다. 그리고 신경 체계는 신경이 서로 연결된 신경망과 이들 사이의 정보 전달을 위해 신호를 보내는 신호전달물질로 이루어진다. 이러한 기본 체계가 사람을 포함하여 그 이후에 진화된 동물의 신경 체계의 틀이 되었다고 할 수 있다.

인간의 신경 체계는 처음부터 연결망 구조와 신호전달물질을 바탕으로 만들어졌으며, 처음부터 소화기관과 더불어 만들어진 최초의 기관이다. 따라서 뇌로 대표되는 신경기관과 장으로 대표되는 소화기관은 생물체 진화의 역사에서 가장 처음 등장한 기관일 뿐 아니라 같이 진화해 오면서 매우 밀접하게 연결되어 있다. 신경 체계 형성에 대한 진화론적 이해, 특히 신경계가 소화기관의 기능과 역할과 매우 밀접하게 발달했다는 점과 함께 연결망 구조와 신호전달물질로 신경 작용이 이루어지기 시작했다는 점은 뇌를 이해하는 데 매우 중요하다.

　뇌는 감각이나 운동 작용의 중추이기도 하지만 생각이 형성되고 기억이 저장되는 곳이다. 지금까지의 뇌과학은 뇌의 국소 부위를 망가뜨리거나 자극해서 그 부위의 작용을 이해하는 방식으로 진행되었다. 이러한 실험적 연구를 통해 뇌를 보다 잘 이해할 수 있게 되었지만, 여전히 생각의 형성 과정은 분명하게 밝혀지지 않고 있다. 그 비밀을 이해하기 위해서는 다세포 동물이 처음 나타났을 때부터 연결망 구조를 바탕으로 신호를 전달하면서 그 기능이 발전했던 뇌 진화의 역사를 바라보는 것이 중요하다. 생각은 뇌의 어떤 특정한 부위에서 나오는 것이 아니라 연결망에서의 신호 전달을 통해 만들어지는 현상임을 나타내기 때문이다.

　장의 크기는 뇌 크기와 함께 공진화해 온 것으로 밝혀졌다. 뇌와 장의 크기 변화가 진화적으로 서로 영향을 주면서 일어난 현상을 '값비싼 조직 가설expensive-tissue hypothesis'로 설명하기도 한다. 뇌는 그 역할이 중요한 만큼 값비싼 조직이기 때문에 더 많은 에너지를 비용으로 지불해야 한다는 것이다. 즉 큰 뇌에 필요한 높은 에너지 소비를 위해서는 장과 같은 다른 에너지 소비 기관의 축소가 필요하다.[5] 그런데 뇌

5　　Aiello L.C, Wheeler P, 〈The expensive-tissue hypothesis: The brain and the digestive system in human and primate evolution〉, Curr, Anthropol, 1995; 36: 199221

와 장은 진화의 초기부터 서로 연결되어 있었기 때문에 에너지를 많이 사용하는 뇌 크기가 커지는 현상과 에너지를 많이 만들어 내야 하는 장이 작아지는 현상이 동시에 일어났다고 보기에는 논리적으로 맞지 않는다.

뇌와 장의 직접적인 관계에서 이를 설명하려면 음식 섭취를 늘리는 것과 동시에 소화 기능의 향상을 통해 장이 작아짐에도 불구하고 뇌의 더 큰 대사 요구 사항을 충족할 수 있어야 한다. 그런데 뇌에 대한 에너지 투자를 증가시켜 에너지 자원을 뇌에 집중해서 쓰게 되면 장의 기능 향상을 이루기가 어려울 뿐 아니라 신체 성장 전체를 방해할 수도 있다. 그렇다면 어떻게 에너지를 효율적으로 만들어 내야 장에 투자하지 않으면서 더 많은 에너지를 뇌에 투자할 수 있었던 것일까? 이러한 모순적인 가설을 테스트하기 위해 뇌 크기와 장 크기 사이에 뚜렷한 음의 상관 관계가 있는 구피 물고기를 이용한 연구에서 뇌 크기가 다른 종류들을 대상으로 하여 섭식 성향, 소화 효율, 그리고 성장률 등을 조사했다. 그 결과 큰 뇌를 가졌다고 해서 반드시 더 효율적인 소화 시스템을 가지는 것은 아니라고 나타났다.[6]

장과 뇌 크기 간 균형의 모순적인 관계를 설명하기 위해서는 장에

---

6   Kotrschal A, Corral-Lopez A, Szidat S, Kolm N, 〈The effect of brain size evolution on feeding propensity, digestive efficiency, and juvenile growth〉, Evolution, 2015; 69: 30133020

서 만들어지는 에너지의 내용과 효율을 높이기 위한 다른 요인이 작용했어야 한다. 그런데 이 비밀스러운 중재는 장내 미생물군이 그 개체에 필요한 에너지 대사의 요구 사항을 충족함으로써 가능해진 것으로 밝혀지고 있다. 장에 서식하는 미생물군은 장으로 들어오는 음식에서 에너지 추출을 하여 직접적으로 에너지를 제공하기도 하고, 부티레이트 Butylate 처럼 짧은사슬의 지방산을 만들어 내어 전체적인 에너지와 영양 공급의 상당 부분을 맡으며 대사 조절 작용에 기여하기도 한다. 이때 짧은사슬의 지방산은 뇌 건강에도 매우 유익한 역할을 하는 것으로 밝혀졌다.[7] 뇌와 장의 공진화는 장내 미생물이 진화에 같이 참여하면서 이루어진 것임을 알 수 있다. 장내 미생물군은 에너지 대사와 영양 공급에 참여함으로써 뇌가 커지는 것을 가능하게 하여 오늘날 우리가 인간으로 진화할 수 있었던 데에 숨은 공로자인 것이다.

---

[7]   Tremaroli V, Bäckhed F, 〈Functional interactions between the gut microbiota and host metabolism〉, Nature, 2012; 489: 242249

5

사회적 뇌와 공감 능력

뇌는 신경 조직의 지휘망으로 유기체의 내부와 외부 환경을 모니터링하고 자극에 대한 생리적이고 행동적인 반응을 유도하는 역할을 한다. 뇌는 현재의 경험을 바탕으로 미래의 성과를 만들어 나가는 역할을 하는데, 특히 대뇌피질은 경험의 저장, 검색, 그리고 처리를 전문으로 한다. 고등 영장류 사이에서 대뇌피질의 확장은 이 기능에 대한 투자다. 즉 대뇌피질의 용량 증가는 상당한 에너지를 필요로 하는데 이곳에 에너지를 사용한다는 것은 현재보다 미래에 투자를 한다는 의미다. 특히 인간의 뇌는 아주 특별한데 학습, 기억, 그리고 저장된 정보의 처리와 관련된 신경 조직을 발달시키고 유지하는 데 상당한 비용을 사용하는 방향으로 자연선택의 힘이 작용했다. 인간의 경우 생후 첫해에 뇌의 유지와 성장 지원에 기본 에너지 소비의 약 65%를 사용하는 것을 보면 미래의 삶에 엄청난 투자를 하는 것을 알 수 있다.[8]

이 투자는 수렵 활동에서 그 결과가 잘 나타난다. 수렵은 매우 기술 집약적인 먹이 찾기 활동인데, 단순히 매복하거나 은신하고 추적 기술을 사용하는 다른 동물의 사냥과는 질적으로 다르다. 인간 사냥꾼은 사냥의 탐색 단계와 사냥 대상과의 조우 단계에서 상황에 맞는 결정을 내리기 위해 풍부한 정보를 사용한다. 또한 이 사냥에는 상당히 넓은 공간 영역을 포함한다. 예를 들어, 35세 이상의 남아메리카 아체 Ache족 남성은 일생 동안 거의 12,000km^{2}의 열대 우림에서 사냥을 하는 반면 수컷 침팬지는 약 10km^{2}에서만 활동을 한다. 또한 수렵 활동의 생산성을 사냥 시간당 얻은 칼로리로 보면 20세에서 35세까지 4배로 증가하며 30대 중반에 최고조에 달한다.[9]

이러한 수렵 활동을 가능하게 만든 것이 '사회적 뇌'다. 사회적 뇌는 복잡한 사회적 환경과 관계를 효과적으로 탐색하고 조정하는 초석이다. 영유아기를 거치고 성숙하면서 갖추어진 사회적 뇌의 능력은 공감,

---

8   Holliday M.A ⟨in Human Growth⟩, eds. Falker F&Tanner J.M Plenum, New York. 1978; Vol. 2: 117139

9   Hillard S Kaplan and Arthur J Robson, ⟨The emergence of humans: The coevolution of intelligence and longevity with intergenerational transfers⟩, PNAS, 2002; 99(15): 1022110226

도덕, 정의와 같은 근본적인 인간 본성의 바탕을 이룬다. 이런 능력을 기반으로 하여 사회적 뇌는 사회생활의 밑바탕을 형성하면서 다른 사람들과의 상호작용과 협력을 촉진한다. 특히 다른 사람과의 감정적 공유, 즉 공감 능력은 도덕과 정의의 기반을 이루는 구성 요소로서 독특한 기여를 한다. 따라서 인간이 사회를 이루고 번성할 수 있었던 근본적 이유 중에는 사회적 뇌의 매우 중요한 기능인 공감 능력이 있었다고 할 수 있다.

공감과 이를 바탕으로 한 도덕에 관하여 맹자는 인성론 중 '측은지심'을 가장 먼저 이야기하면서 공감이 사회 공동체가 움직이는 도덕적인 바탕임을 강조했다. 예를 들어 어린아이가 연못에 빠져 허우적대고 있는 상황을 목격하면 사람들은 놀라면서 대부분 무시하지 않고 아이를 구하기 위해 최선을 다할 것이다. 그들은 어린아이의 부모와 친하게 지내고 싶거나 보상을 바라는 것도 아니고, 주변에 있는 사람들에게 칭찬을 바라거나 또는 원성을 듣기 싫어서 행동한 것이 아니다. 그 아이가 처한 어려운 상황을 느끼고 도와주려는 순수한 마음에서 행동하는 것이다. 하버드대학교의 '도덕 관념 테스트The Moral Sense Test' 웹사이트에서 시행한 검사에서는 연못에 빠진 아이를 구하는 것이 의무적인 행동이라고 답한 사람이 97%에 달했다.[10] 공감은 사회적 관계를 만

---

10 피터 싱어, 《더 나은 세상》, 박세연 역, 예문아카이브. 2017

들어 가면서 서로 간의 이익을 추구해 가는 능력이다. 단기적으로만 보면 공감 능력을 갖고 있을 때 개체의 이익이 크지 않고 때로는 희생하거나 손해를 보는 경우가 있지만, 장기적으로는 사회적 관계의 저변을 넓히고 공동의 이익을 얻어서 개체를 넘어 집단의 생존 능력을 높여가는 방향으로 작용하는 것이다.

한편 기후 변화나 생태계 파괴가 심화되면서 인류와 지구 생태계의 생존 위기가 현실화되고 있다. 지금 시점에서 다른 사람과의 공감만이 아니라 생태계와 공감하는 능력 또한 중요해지고 있다. 다른 사람과 공감는 능력은 그 사람의 내적인 가치 기준과 도덕적 의무감, 그리고 자신의 행동에 대한 책임 의식에 의해 영향을 받는다. 그런데 생태계와의 공감 능력은 보다 넓은 범위의 가치와 신념들에 의해 영향을 받는다. 즉 더 넓은 범위의 인류와 생물계 전반, 그리고 지구의 비생물적 요소들이 기후 변화처럼 인간이 초래한 환경적 파괴와 이에 대한 책임 의식의 영향을 받는다고 할 수 있다.

남미의 밀림 속에 사는 부족을 찾아간 치유는 이들이 아직도 문명과 동떨어져서 수렵과 채집으로 생활하는 것을 보았다. 이 부족원들은 숲에서 채집한 섬유질이 풍부한 음식과 사냥한 동물의 고기를 먹었고 건강해 보였다.

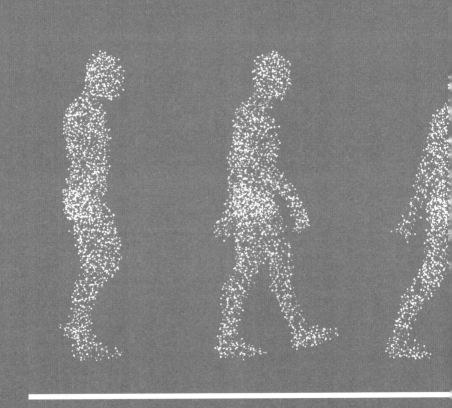

인간 안의 생태계

1

장내 미생물과 산업화된 사회

미생물에 대한 인식이 완전히 바뀌어 가고 있다. 20년 전만 해도 인체의 여러 부분에 서식하는 미생물의 목록조차 제대로 없었고, 이들이 어떻게 다양한 수준의 복잡성을 가진 공동체를 구성하는지, 그리고 다른 종의 미생물군집과 어떤 관련이 있는지에 대해서는 알려진 바가 거의 없었다. 최근에 이르러서야 DNA 염기서열 데이터를 수집하고 분석하는 기술의 발전으로 이러한 정보들이 조금씩 알려지게 된 것이다. 이렇게 파악된 인간의 장 안에 살고 있는 미생물을 장내 미생물군이라 하는데 그 개체 수는 무려 수조 개에 이른다.

장내에는 박테리아, 곰팡이, 기생충, 바이러스, 그리고 고세균과 같은 미생물이 살고 있다. 이 장내 미생물군을 유전자로 분석해 분류하기 때문에 이들이 가진 유전자 정보를 특정해서 말할 때 장내 미생물 유전체, 즉 마이크로바이옴Microbiome이라고 부른다. 마이크로바이옴은 대개 장내 미생물군의 유전체를 의미하지만 장내 미생물군 자체를 지칭하는 의미로 사용되기도 한다. 장내 미생물들은 우리 몸과 조화, 균형을 이루며 서식하면서 우리 몸의 건강을 지켜 주는 역할을 한다. 하지만 조화와 균형이 깨지면 면역 체계와 영양공급 체계에 문제를 일으켜 여러 가지 질병을 초래하기도 한다.

장내 미생물군은 복잡한 생태계를 형성하는 박테리아, 고세균, 그리고 아메바와 같은 원생동물 등으로 이루어져 있지만, 사실 장내 미생물의 80% 정도는 일반 실험실에서 배양되지 않기 때문에 그동안 잘 알려지지 않았다. 최근 유전자 분석 기술이 발전하고 생물정보학이 발전하면서 조금씩 알려지게 된 것이다. 장내 미생물 중에서 곰팡이, 기생충, 바이러스, 아메바 그리고 고세균 역시 미생물군의 조화와 균형에 어느 정도 역할을 하고 있지만 무엇보다 중요한 것은 박테리아다. 이 박테리아는 우리 몸 안에 1천여 종이 살고, 개체 수로 보면 사람의 세포 수보다 10배 정도 많다.

장은 사람과 외부 환경 사이의 가장 큰 경계면을 이루고 있고 표면적이 무려 200m²에 이른다. 영양소의 대사와 수분 흡수에 매우 중요한 역할을 할 뿐만 아니라, 외부와 접촉하는 면적이 크므로 외부로부터 유해한 물질이나 미생물의 공격을 받기 쉽다. 따라서 이를 막아 내는 방어체계도 잘 갖춰져 있는데, 예를 들어 대장임파선조직의 면역 세포는 인체의 어떤 조직의 면역 세포보다 많다. 길이가 6.5m인 인간의 장은 위, 소장 그리고 대장 이렇게 세 기관으로 구성되어 있지만 인간 마이크로바이옴 연구는 대부분 대변을 통해 판독되는 대장의 마이크로바이옴을 대상으로 한다. 대장은 인체의 모든 장기 또는 피부 표면 중 가장 많은 미생물군을 갖고 있는데, 대장의 밀리리터당 약 1천억 개의 미생물을 갖고 있다.[1]

장내 미생물군을 큰 분류로 나누면 이러한 종의 대부분은 박테로이데테스Bacteroidetes, 퍼미큐테스Firmicutes, 엑티노박테리아Actinobacteria, 그리고 프로테오박테리아Proteobacteria 문에 속한다. 그런데 장내 미생물로 많이 알려진 유산균 종이 속한 락토바실러스Lactobacillus 속은 대개 유익균이 많고 퍼미큐테스 문에 속한다. 그렇다고 퍼미큐테스 문에 속한 박테리아들이 모두 유익균은 아니다. 오히려 퍼미큐테스 문의 95%를 차지하고 있는 클로스트리디움Clostridium 속 중에는 유익하지 않은 균도 많이 있다. 즉 유산균이 장내 미생물을 대표하는 박테리아라고 할 수 없고, 또 같은 계열에 속한다고 모두 유익하거나 또는 유해하다고

---

1   Knight R, Callewaert C, Marotz C, Hyde E.R, Debelius J.W, McDonald D, et al, 〈The microbiome and human biology〉, Annu Rev Genomics Hum Genet, 2017; 18: 6586

볼 수는 없는 것이다. 더욱 흥미로운 점은 이 분류군 각각의 상대적 비율은 개인에 따라 매우 다양하며, 심지어 같은 사람 안에서도 평생에 걸쳐 변해 간다. 또한 인종 간의 차이도 커서 동양인과 서양인 사이에도 상당히 다른 양상을 나타낸다.[2]

최근 몇 년 동안 과학자들은 현대 서구식 식단이 우리 자신의 중요한 부분을 잃게 만든다는 증거를 수집해 왔다. 이렇게 잃어가는 것 중에서 아마 가장 중요한 부분이 장내 미생물군의 조성일 것이다. 이들 연구에 따르면 장에 서식하는 박테리아의 거대한 집합인 마이크로바이옴이 점점 다양성을 잃어가고 있다. 흔히 멸종 위기에 처한 종을 생각할 때 우리는 북극곰이나 코뿔소 또는 시베리아 호랑이와 같은 크고 이국적인 동물을 생각하기 쉽다. 그러나 사실 아주 가까운 곳, 실제로는 내 몸 안에서 이러한 변화가 일어난다고는 꿈에도 생각하지 못하는 것이다. 최근 연구에 따르면 우리 조상의 몸에서 번성하던 많은 박테리아가 이미 사라졌다. 서구식 식단과 현대 위생, 그리고 온갖 약물로 인해 이미 소화관에서 상당히 많은 미생물종이 소실되어 장내 미생물군의 다양성이 떨어지고 이로 인하여 건강에 나쁜 영향을 받고 있다. 마이크로바이옴이 신진대사와 면역 체계에서부터 행동과 기분에 이르기

2   Davenport E.R, Sanders J.G, Song S.J, et al, 〈The human microbiome in evolution〉, BMC, 2017: 15: 127

까지 건강과 웰빙에 관련된 많은 부분에 큰 영향을 미치는 것으로 밝혀지고 있기 때문에 이러한 변화는 중요한 의미를 가진다.

2009년, 뉴욕대학교 의과대학의 미생물학자인 글로리아 벨로Gloria Bello가 이끄는 연구팀은 베네수엘라의 외딴 지역에 사는 야노마미 Yanomami 부족의 미생물군 유전체를 분석하여, 우리가 얼마나 많은 장내 미생물 손실을 입었는지 조사하기 시작했다. 야노마미 부족의 생활 방식은 우리 조상들의 수렵채집 생활 방식과 매우 흡사한 형태를 유지해 왔다. 이 부족의 구성원은 현대 생활 양식과는 동떨어져서 수천 년 전부터 이어진 방식으로 살아오고 있기 때문이다.[3]

이 연구에서 연구자들은 54명의 야노마미 마을 주민 중 34명으로부터 수집하여 보존된 박테리아 샘플을 분석했다. 지원자 중 28명에게 피부와 구강 면봉 샘플을, 11명에게 대변 샘플을 제공받았다. 그런 다음 야노마미 주민의 박테리아 DNA를 미국 인구의 샘플 뿐 아니라, 베네수엘라의 아마존에 사는 과히보 아메리카 원주민과 아프리카 동남부의 시골에 위치한 말라위 공동체 거주자의 샘플과도 비교했다. 과히보나 말라위의 공동체 들도 오래된 생활 양식을 어느 정도 유지하고는 있었지만 야노마미 부족보다 서구 문화에 더 많이 노출된 부족이다. 연구자들이 어느 정도 차이를 예상했음에도 실제 결과는 아주 놀라웠다.

3   https://www.eurekalert.org/news-releases/464835

이들은 야노마미 부족의 미생물군집에 굉장히 다양하고 많은 다른 종이 존재한다는 것에 충격을 받았다. 이 외딴 부족의 대장 미생물군은 평균적인 미국인에 비해 약 50% 더 큰 생태적 다양성을 가지고 있던 것이다.

특히 변과 피부에는 항생제와 가공식품에 대한 노출에 반비례하는 정도의 차이가 있는 것으로 나타났다. 항생제와 서구식 식품은 조금만 노출되어도 미생물의 다양성을 크게 감소시키고 우리의 미생물군에서 잠재적으로 유익한 박테리아를 제거한다. 야노마미 부족으로부터 얻은 피부 샘플과 미국인의 피부 샘플에서 미생물군을 분석한 결과 연구자들은 미국인의 피부 샘플에서는 건강에 좋지 않은 스타필로코쿠스Staphylococcus, 코리네박테리움Corynebacterium, 나이세리아세아Neisseriaceae, 그리고 프로피오니박테리움Propionibacterium의 비율이 상대적으로 높은 반면에 야노마미 부족의 피부 샘플에서는 이들의 비율이 적을 뿐 아니라, 단일하게 우세한 특정 박테리아 그룹을 발견하지 못했다. 그만큼 다양한 미생물군이 있었던 것이다.

야노마미 부족 연구에 자극을 받은 스탠퍼드대학교의 미생물학자 저스틴 손네버그Justin Sonneberg가 이끄는 연구원들은 아프리카 탄자니아에 사는 하자Hadza 부족을 찾아가 이들의 미생물군을 분석하였다. 베네수엘라의 야노마미 부족과 마찬가지로 하자 부족은 과거의 생활 방식을 그대로 유지하고 있는 수렵채집 부족이다. 그들의 식단은 매일

100g 이상의 식이 섬유를 얻을 수 있는 바오밥 나무의 뿌리 구근을 포함하여 대부분 숲에서 채집한 섬유질이 풍부한 음식과 함께 영양가가 높은 베리, 바나나, 꿀을 섭취하고 야생에서 사냥한 동물의 고기를 먹는다. 그들은 현대 서구 식단에서 흔히 볼 수 있는 가공식품을 전혀 먹지 않는다.

손네버그가 이끄는 연구팀은 약 1년 동안 하자 부족이 제공한 350개 정도의 대변 샘플을 분석했는데 이 결과 역시 매우 분명했다. 사람의 식단이 현대 서양인의 식단에서 멀어질수록 장에 있는 미생물의 범위는 더욱 다양해진다는 것이다. 또한 이들의 장내에는 현대 서양인의 대장에서 발견되지 않는 수많은 박테리아가 살고 있었다. 이러한 연구를 통해 또 하나 밝혀진 것은 아프리카, 남미 혹은 파푸아뉴기니 중 어디에 거주하든 전통적인 생활 방식과 식단을 유지하는 사람들은 장내 미생물이 매우 유사하다는 점이다. 뿐만 아니라 그들의 미생물군에는 현대 산업화된 세계에서 사는 사람들에게 없는 미생물이 상당수 포함되어 있다는 것이 밝혀졌다.[4]

---

4   〈The Hadza Diet and The Key to a Healthy Microbiome〉, Healthy Focus
https://healthyfocus.org/the-hadza-diet-and-the-key-to-a-healthy-microbiome/

2
마이크로바이옴과 질병

서구화된 국가에서 건강에 영향을 크게 미치는 인간 질병의 상당 부분이 장내 미생물군의 불균형이나 다양성 상실과 관련이 있다. 육류와 여러 인스턴트 제품, 그리고 항생제와 여러 가지 환경적 요인에 광범위하게 노출되고 있는 서구식 생활 방식은 인간의 장내 미생물 다양성을 감소시킬 수 있다. 사실 이 현상은 마치 인간 활동이 생태계를 파괴하면서 생물 다양성을 감소시키는 거시 생태학적 현상과 유사하다. 서구식 생활 방식이 거시적인 생태계 변화를 초래하고 있는 것과 같이 미시적으로도 우리 장내에 있는 미생물 생태계의 다양성과 안정성을 감소시키고 있는 것이다. 어떤 의미에서는 해결책 역시 유사하다. 거시적 생태계의 복원 원칙과 같이 결핍된 장내 미생물을 재도입하고 미생물군의 다양성을 복원하는 것이다.

미생물군은 생후 첫 달 이후 비교적 안정적으로 자리를 잡게 되지만 생활 환경에 의해 질적으로 또 양적으로 크게 영향을 받는다.[5] 따라서 과거 우리 조상의 생활 환경으로부터 크게 변화된 현대인의 생활 환경은 미생물군과 인체의 유익한 상호작용을 건강에 유해한 방향으로 변화시켰을 가능성이 크다. 여러 연구에 의해 산업화된 국가에서 나타나고 있는 질병과 장내 세균 불균형으로 통칭되는 장내 미생물 생태계의 변화된 패턴 사이에 상당한 연관성이 보고되고 있기 때문이다. 클로스트리디움 디피실Clostridium difficile 관련 대장염의 경우 대변 미생물군 이식이 상당한 효과를 보인다는 점은 이러한 의견을 뒷받침한다.[6] 건강한 사람의 장내 미생물 생태계를 이식하면 대장염 환자의 장내 세균 불균형이 교정되어 대장염으로부터 회복되기 때문이다. 이런 사례는 인간과 미생물의 공생 구조와 기능을 잘 이해하면 의학적 난제를 해결하는 돌파구가 될 수도 있다는 것을 시사한다.

5   Huttenhower C, Gevers D, Knight R, Abubucker S, Badger J.H, Chinwalla A.T, et al, 〈Structure, function and diversity of the healthy human microbiome〉, Nature, 2012; 486: 207214

6   Sha S, Xu B, Wang X, Zhang Y, Wang H, Kong X, et al, 〈The biodiversity and composition of the dominant fecal microbiota in patients with inflammatory bowel disease〉, Diagn. Microbiol. Infect. Dis. 2013; 75: 245251

미생물군의 다양성 상실은 인간의 질병과 미생물군의 관련성을 연구한 많은 연구에서 공통된 특징으로 밝혀지고 있다. 크론병이나 과민성대장증후군 같은 소화기질환뿐 아니라 비만, 당뇨병 등의 만성질환, 자폐증 같은 신경행동발달장애에서도 미생물군의 다양성 상실이 보고되고 있다. 따라서 미생물군의 다양성 상실은 특정 질환이 아니라 일반적으로 여러 가지 질병을 일으키는 조건일 수 있다. 하지만 다른 시각에서 보면 이러한 연관성은 질병의 원인이 아니라 결과다. 질병에 걸려서 정상적인 기능을 하지 못하므로 장내 미생물군도 변화되었다고 볼 수 있는 것이다. 결국 닭이 먼저냐 달걀이 먼저냐의 문제일 수 있다. 그런데 인과성 문제를 해결해 줄 수 있는 전향적 연구들에서 생후 첫 주에 측정된 미생물군의 다양성 상실이 12개월이 되었을 때 발생한 습진을 예측하고,[7] 유아기에 발견된 미생물군 다양성 상실 소견으로는 7세에 나타나는 천식을 예측할 수 있었다.[8] 이렇듯 질병이 발생하기 전에, 앞으로 발생할 질병을 전향적으로 연구한 결과들은 미생물군 다양성

---

[7] Ismail I.H, Oppedisano F, Joseph S.J, Boyle R.J, Licciardi P.V, Robins-Browne R.M, et al, 〈Reduced gut microbial diversity in early life is associated with later development of eczema but not atopy in high-risk infants: microbial diversity and infant eczema〉, Pediatr Allergy Immunol, 2012; 23: 674681

[8] Abrahamsson T.R, Jakobsson H.E, Andersson A.F, Björkstén B, Engstrand L, and Jenmalm M.C, (2014), 〈Low gut microbiota diversity in early infancy precedes asthma at school age〉, Clin. Exp. Allergy 44, 842850

3장

상실이 많은 질환의 실질적인 원인임을 나타낸다.

　미생물군의 다양성 상실은 주로 식이의 변화, 특히 서구식 식생활과 간편식 때문이지만 다른 요인들도 이러한 미생물군 다양성 상실에 기여한다. 제왕절개 수술의 비율은 서구 국가에서 20세기 후반 이후 꾸준히 성장하여 OECD 국가에서 평균 출생률의 26.9%가 제왕절개 수술의 비율로 이루어졌다. 그런데 제왕절개로 태어난 어린이는 자연분만으로 태어난 어린이와 비교할 때 미생물군의 다양성이 떨어지는 것으로 밝혀졌다.[9] 그 외에 현대인 생활 방식도 미생물군에 영향을 미친다. 근무 교대, 스트레스, 시차가 발생하는 생활, 비정상적인 섭식 패턴과 같은 현대 생활 방식의 여러 특성이 생체 시계를 방해하고, 이러한 교란은 사람과 미생물군의 공생 체계에 영향을 주어서 미생물의 다양성 상실을 초래할 수 있다.

　항생제는 또 다른 주요 위험 요소다. 항생제는 인간의 질병뿐 아니라 가축 사육이나 어류 양식에도 널리 사용되어 물, 토양, 그리고 식물의 생태계까지 광범위한 영향을 미치고 있다. 이러한 항생제의 지나친 사용은 장내 미생물 구성에 큰 영향을 미치고 다양성을 감소시킨다.

9　Jakobsson H.E, Abrahamsson T.R, Jenmalm M.C, Harris K, Quince C, Jernberg C, et al, (2014), 〈Decreased gut microbiota diversity, delayed Bacteroidetes colonisation and reduced Th1 responses in infants delivered by Caesarean section〉, Gut 63, 559566

유아기와 아동기 동안 항생제를 많이 사용한 경우 어린이 천식, 아토피 피부염, 소아 관절염, 비만과 같은 질환의 발병률이 증가하는 양상과 관련이 있다는 연구 결과가 최근에 많이 보고되고 있는데 이는 장내 미생물군의 다양성이 떨어져서 나타난 현상일 수 있다.

　태어나서 2~3세까지 생애 초기의 역동적인 신경 발달 과정을 살펴보면 뇌를 포함한 신경계는 태어날 때 완성되는 것이 아니라 상당한 변화를 거치면서 서서히 완성되는 것을 알 수 있다. 이 과정 중에 얼마든지 성장·발달하거나 혹은 손상을 입을 수 있고 또 회복될 수도 있는데 이러한 회복 능력을 '신경 가소성'이라고 표현한다. 신경 가소성은 뇌가 가장 쉽게 변화하는 출생 전후 뇌 발달의 민감한 기간 동안 가장 활발하게 일어나는 복잡한 과정이다.[10] 신경 발생 과정을 들여다보면 태아 발달 초기에 가장 두드러지는 반면, 신경망 형성은 임신 27주부터 시작하여 생후 첫 2년 동안 강화되고,[11] 신경망이 가지치기하여 신경연결망 네트워크를 넓히는 신경 발달은 2세에서 10세 사이에 빠르게 발

　10　Meredith R.M, 〈Sensitive and critical periods during neurotypical and aberrant neurodevelopment: A framework for neurodevelopmental disorders〉, Neurosci Biobehav Rev, 2015; 50: 180-188

　11　Johnston M.V, Ishida A, Ishida W.N, Matsushita H.B, Nishimura A, Tsuji M, 〈Plasticity and injury in the developing brain〉, Brain Dev, 2009; 31: 1-10

생한다.[12] 흥미롭게도 이러한 감수성 기간은 장내 미생물군집의 발달 기간과 일치한다. 연구들에 따르면 장내 미생물군집 변화는 생후 첫 3년 동안 가장 빠르게 발생하고 3세 정도가 되면 성인과 유사한 미생물군에 도달하는 것으로 밝혀졌다.[13] 이러한 결과는 미생물군이 삶의 초기 단계의 역동적인 신경계 발달과 자폐증 같은 정신행동장애에 매우 중요한 영향을 준다는 것을 시사한다.

12　Huttenlocher P.R, Dabholkar A.S, 〈Regional differences in synaptogenesis in human cerebral cortex〉, J Comp Neurol, 1997; 387: 167–178

13　Derrien M, Alvarez A.S, de Vos W.M, 〈The gut microbiota in the first decade of life〉, Trends Microbiol, 2019; 27: 997–1010

장내 미생물과의 계약 관계

사람과 미생물은 일종의 보이지 않는 계약에 의해 관계가 형성된다. 태어날 때 산모의 산도를 거쳐 나오면서 질에 있는 미생물과 처음 접하게 되고 이후 모유를 먹으면서 피부의 미생물과 접하게 된다. 이 과정에서 아이의 미생물 생태계가 장내에 자리 잡는다. 그런데 장내 미생물 생태계는 인구 집단 간에도 다르지만 사람들 간에도 상당히 다르다. 미생물과 사람들 사이에 자리 잡은 생태계는 영유아기의 건강뿐 아니라 이후의 건강 상태에도 상당한 영향을 미치는데, 마치 미생물과 아이 사이에 미생물 생태계에 대한 계약이 이루어지는 것처럼 보인다. 즉 생애 초기에 아이의 장내 미생물 생태계의 특성이 결정되는데, 이때 생태계가 자리를 잘 잡으면 미생물 역시 아이의 건강을 지켜 준다는 내용의 계약인 것이다. 따라서 이러한 생태계가 외부의 환경 요인에 의하여 교란될 때 계약을 지키지 않은 책임으로 건강에 이상이 생길 수 있다.

갓 태어난 아이의 뇌 크기는 성인 뇌의 25%밖에 되지 않는다. 나머지 75%는 태어난 이후에 자란다. 인간의 뇌는 태어나기 전에 자라는 부분보다 훨씬 많은 부분이 출생 이후에 발달하는 것이다. 인간은 다른 동물에 비하여 상대적으로 큰 뇌를 가지고 있지만 태어날 때는 자궁에서 나와 산도를 통과해야 하므로 뇌 발달의 대부분이 출생 이후에 이루어진다. 따라서 출생 시 미생물과의 첫 접촉뿐 아니라 유아기의 뇌 성장이 빠르게 진행되는 시기에 장내 미생물군의 생태계가 어떻게 형성되는지는 이후 생애의 뇌 건강과 매우 밀접한 연관성을 가진다. 특히 공감 능력과 사회적 지능, 즉 사회적 관계를 형성하는 데 매우 중요한 전두엽의 전전두피질은 생후 30년이 될 때까지 발달을 멈추지 않기 때문에 장내 미생물군의 생태계를 청년기까지 잘 유지하는 것이 매우 중요하다. 물론 사고와 인지기능에 미치는 영향은 어린 시절이나 청년 시절에만 국한되지 않고 평생에 걸쳐 지속되므로 장내 미생물 생태계를 전 인생에 걸쳐 건강하게 유지할 필요가 있음은 말할 나위가 없다.

흥미로운 점은 아이의 장내 마이크로바이옴이 성인의 구성과 거의 같아지는 시기가 3세 전후인데 뇌의 신경회로가 기본적인 틀을 완성하는 때 역시 이 시기라는 점이다. 최근 뇌와 장내 마이크로바이옴이 서로 정보를 주고받는 관계라는 것이 알려지기 시작했다. 이는 어렸을 때 장내 마이크로바이옴이 잘 구성되어 자리를 잡아야 사고와 인지기능이 정상적으로 발달한다는 것을 의미한다. 따라서 태어나고 3세 전후까지 장내 미생물군이 뇌와 신경회로 발달에 미치는 영향은 매우 중요하다고 할 수 있다. 이는 마치 생애 초기에 일반적인 생활 환경이 아니라 너무 위생적인 환경에서 자라면 면역 체계가 제대로 형성되지 못해서 아토피나 천식과 같은 면역교란질환이 많이 발생한다는 '위생가설'과 흡사하다. 마찬가지로 '미생물 가설'이라고 할 수 있는 이 현상은 생애 초기 미생물군에 대한 노출이니 불충분해 신경 발달이나 면역 발달이 왜곡될 수 있다는 것이다. 이는 이익을 주는 균을 중심으로 장내 미생물군이 다양하게 구성되지 못하면 자폐증과 같은 신경발달장애가 발생할 위험성이 커질 수 있음을 의미한다.[14]

한편 장내 마이크로바이옴의 구성은 지역별, 인종별로 상당히 다르다는 것이 밝혀졌다. 인간 유전자 구성의 차이에 비하여 훨씬 큰 차이다. 사람 간의 인간 유전자 차이는 0.1%에 불과하지만, 장 마이크로바이옴 유전자 차이는 90%에 이를 수 있다.[15] 이러한 차이가 지역별, 인

---

14 Maha Al-Asmakh, Farhana Anuar, Fahad Zadjali, Joseph Rafter, Sven Pettersson, 〈Gut microbial communities modulating brain development and function〉, Gut Microbes, 2012; 3(4): 366373

15 윌 벌서위츠, 《최강의 식물식》, 정미화 역, 청림Life, 2020

종별 건강의 차이로 나타나는 것인지에 대해서는 아직 충분한 정보가 없다. 다만 건강의 차이를 가져오는 마이크로바이옴의 구성은 주로 유익균이 유해균에 비해 충분한지와 얼마나 다양한 균종이 있는지가 중요하다. 따라서 지역별, 인종별로 다른 유익균이라 하더라도 충분하고 다양하게 있으면 건강에 좋은 영향을 준다는 점이 중요하다.

동남아시아에 여행을 간 사람이 물만 마셨는데도 설사를 했다는 이야기를 들어본 적이 있을 것이다. 소위 '여행자 설사'라고 하는 현상인데 물이나 음식 속에 들어 있던 장독소 대장균Enterotoxigenic E. coli이라는 특정 유형의 대장균에서 만들어 낸 독소가 설사를 일으킨 것이다. 현지인들은 그 지역의 음식물을 오랜 기간 섭취하며 장내 유익균이 형성되었다. 장독소 대장균과 같은 유해균을 억제하는 장내 마이크로바이옴의 생태계가 이루어져 있는데 여행자의 장내에는 이 대장균을 억제하는 생태계가 충분히 형성이 되지 않아 교란되기가 쉽고, 그 틈을 타서 대장균의 독소가 설사를 일으키는 것이다. 여행자의 장내에 유익균이 다양하게 있다면 그중에는 이러한 대장균에 대항하거나 독소를 무력화시키는 균이 존재할 가능성이 높다. 따라서 평소에 장 마이크로바이옴의 생태계가 건강한 사람은 같은 물이나 음식을 섭취해도 큰 영향을 받지 않을 수 있다.

4

장내 미생물을
우리가 조절할 수 있다

인체에서 서식하고 있는 미생물의 다양성 때문에, 인간은 여러 종이 살고 있는 하나의 생태학적 서식지이며 공진화된 생물의 집합체라고 볼 수 있다. 공진화는 근본적으로 상호의존성에 기반하기 때문에 마이크로바이옴, 특히 장내 미생물군은 인간의 필수적인 기능들에 기여하고 있다. 많은 연구에서 미생물 군집 구성에 변화가 생겨 장내 미생물군 생태계의 조화와 균형이 깨지면 당뇨병이나 천식 그리고 염증성 장질환과 같은 질병의 발생 위험이 높아진다고 보고했다. 이는 그만큼 장내 미생물군의 역할이 중요하다는 의미다.

인간 마이크로바이옴의 중요한 측면은 사람이나 인구 집단, 나이,

신체 부위에 따라서도 구성 및 기능이 다르다는 점이다. 유전자, 성별, 사회경제적 지위, 질병 상태, 지역적 위치, 임신 그리고 환경 노출과 같은 여러 가지 요인도 인간 마이크로바이옴의 구성과 기능을 형성하는 데 상당한 영향을 미친다. 특히 사람이 호흡이나 식음료 섭취를 통해서 환경 중에 있는 화학물질에 노출되면 장내 미생물군의 구성과 기능에 상당한 영향을 미친다. 장내 미생물군 또한 대사 작용을 통하여 화학물질을 만들어 냄으로써 외부로부터 들어온 화학적 노출에 대한 영향을 조절할 수 있다.[16] 화학적 노출에 대한 인구 집단 간 반응의 차이를 인간 유전체의 차이로 설명하려던 그동안의 노력이 큰 성공을 거두지는 못했지만 이러한 차이를 장내 미생물군 구성과 기능의 변화로 상당 부분 설명할 수 있을 것이다. 예를 들어 항생제를 똑같이 섭취하더라도 장내 미생물군에 의해 효과가 크게 강화되거나 줄어들 확률이 높다. 마찬가지로 화학물질의 영향이 사람 사이에 상당히 많은 편차를 내는 이유 중 하나는 장내 미생물군의 차이에 기인했을 가능성이 크다.

과실이나 채소처럼 섬유소가 풍부한 식단이 당뇨병, 심장병, 관절염 등을 예방한다는 것은 널리 알려진 사실이다. 그러나 섬유질이 왜 몸에 좋은지, 그리고 인간 몸 안에서 섬유소가 어떤 일을 하고 있는지는

---

16 The National Academies of Science, Engineering, Medicine, 〈Environmental Chemicals, the Human Microbiome, and Health Risk〉, Consensus Study Report, 2017

잘 알려져 있지 않다. 대장 내에서 서식하는 박테리아, 즉 장내 미생물군이 소화 작용에 깊게 관여되고 있다는 사실은 전혀 놀라운 일이 아닐 것이다. 미생물군 자체가 대장 내로 들어오는 음식물을 소화해서 영양분을 얻어 생존해야 하기 때문이다. 이 과정에서 음식물을 분해하고 우리에게 필요한 영양소를 만들어 낸다. 그런데 1천 종 이상의 박테리아가 모두 같은 음식물을 소화해서 에너지를 얻는 것은 아니다. 우리가 먹는 음식에 따라 특정 박테리아는 에너지를 얻고 어떤 박테리아는 그 음식을 먹고 자랄 수가 없어 소멸된다. 따라서 먹는 음식이 다양하면 다양한 박테리아가 장에서 생존하며 활동할 수 있고, 또 그만큼 다양한 영양소를 충분히 얻을 수 있다. 이를 잘 조절한다면 장내 미생물도 통제할 수 있고 건강에 좋은 영향을 줄 수 있는 것이다.[17]

최근 연구들의 결과에 따르면 식이섬유나 귀리, 감자, 콩 같은 식품에 들어 있는 저항성 녹말은 분해되지 않은 상태로 소장을 통과해서 대장 미생물에 의해 발효된다. 사실 대장 미생물은 식이 섬유와 저항성 녹말을 이용해서 활발하게 번식하는 한편 박테리아들이 소화기관 내에서 많은 양의 효소를 생성해 소화를 돕고 있는 것이다. 이러한 유익한 박테리아, 예를 들어 락토바실러스나 비피도박테리아와 같은 장내 세균을 프로바이오틱스Probiotics라고 한다. 반면 건강에 좋지 않은 음

---

17   윌 벌서위츠, 《최강의 식물식》, 정미화 역, 청림Life, 2020

식을 먹으면 유해한 박테리아에 영양분을 공급하기 때문에 인체에 염증을 일으키는 화학물질을 생성해 건강을 악화시킬 수도 있다.

미생물군은 유익균과 유해균의 균형에 의해 인체에 도움을 주는 영양소와 항염증 물질을 만들지만, 인체에 해로운 독소와 염증 물질 또한 만들어 낼 수 있다. 유익한 박테리아가 줄어들고 유해한 박테리아가 늘어나면 유독 화학물질이 많아지고 대장벽을 보호하는 점막이 얇아지며 급기야는 대장벽을 이루는 세포들의 결합이 약해지게 된다. 이 틈을 타서 세균의 독소가 세포들 사이를 뚫고 혈관 안으로 들어가 만성 염증부터 패혈증과 같은 치명적인 질환들을 일으킬 수 있다. 그동안 원인을 잘 알 수 없었던 자가면역질환이나 당뇨병, 관상동맥질환과 같은 병들이 이러한 세균의 독소 침입과 관련이 있다는 것이 밝혀지고 있다.

이렇게 세균의 독소 침입이 이루어질 수 있는 이유는 음식이 분해되어 만들어진 영양소가 쉽게 들어올 수 있는 통로 때문이다. 영양소를 위해 만들어진 통로를 통해 독소 또한 들어오기 쉬워서 영양소와 독소를 구분하기 위한 장치를 갖추고 영양소만 통과하게 하는 기전이 필요하다. 이를 위해서 대장벽을 이루는 얇은 세포층을 두고 미생물군과 독소의 침입을 막기 위한 면역 체계가 방어막을 형성하고 있는 것이다. 이때 임파절이 촘촘히 배열된 면역 체계를 갖추고 인체에 해로운 물질이 들어오는 것을 차단한다. 마치 국경에 초소를 촘촘히 두어서 유익한 물자는 들여오고 해로운 물자는 들어오지 못하게 차단하는 역할을 하는 것과 같다. 이러한 구분 능력의 필요성은 면역 체계를 발전시키는 역할을 했다. 동물실험에 의하면 면역세포 중 특히 T 세포는 위장 점막에 풍부하게 있으며 천식과 같은 알레르기 질환에 중요한 역할을 하는데, 장내 미생물군은 세포 면역에 관여하는 하위 T 세포의 활동에 상당한 영향을 미치는 것으로 밝혀졌다.[18] 따라서 장내 미생물군과의 공생 체계를 이해하면 자가면역이나 염증성 질환을 대처하는 데에도 크게 도움이 될 수 있다.

18   Di Gangi A, Di Cicco M.E, Comberiati P and Peroni D.G, 〈Go With Your Gut: The Shaping of T-Cell Response by Gut Microbiota in Allergic Asthma〉, Front. Immunol, 2020; 11: 1485

섬유질 섭취가 장내 미생물군을 활성화한다

아토피, 천식과 같은 알레르기성 질환과 크론병, 궤양성 대장염 같은 염증성 장질환을 포함한 자가면역질환이 증가하는 이유는 불과 2~30년 전과도 크게 다르다. 이는 바로 유해균을 성장시키는 패스트푸드의 섭취나 환경화학물질에 대한 노출이 늘어났기 때문일 수 있다. 그동안 식생활의 변화와 환경독성물질 노출이 여러 가지 만성질환과 관련이 있다는 수없이 많은 연구 결과가 있었다. 이러한 관련성의 한가운데 유익균, 유해균의 균형과 인체와의 조화가 중요한 역할을 한다는 새로운 결과들이 밝혀지고 있다. 하지만 이는 새로운 사실이 아니라 인류의 진화와 함께 이루어져 왔던 매우 오래된 장내 미생물군과의 공존의 관계가 드러나고 있는 것이다.

장내 미생물군은 면역 체계나 만성질환에만 영향을 주는 것이 아니라 뇌 건강에도 중요한 영향을 미친다. 생물체 진화의 역사를 보면 생존을 위해 영양소를 획득하도록 작용하는 신경계와 이를 섭취하는 기능을 하는 장은 처음부터 밀접하게 연결되어 있었다고 할 수 있다. 뇌와 장의 연결성은 생물체의 최상위를 차지하고 있는 인간에게도 중요하다. 예를 들어 우울증과 매우 밀접한 관계가 있는 신경전달물질인 세로토닌의 90%, 그리고 도파민의 경우는 50%가 장에서 만들어진다. 이외에도 30가지 이상의 신경전달물질과 뇌 건강을 향상시키는 역할을 하는 부티르산이나 아세트산 그리고 프로피온산 같은 짧은사슬 지방산들이 장에서 만들어져 뇌에 영향을 미친다. 따라서 마이크로바이옴의 균형이 깨지면 건강에 도움이 되는 이러한 물질 즉 포스트바이오틱스postbiotics라는 물질이 줄어들어 기분이나 집중력, 활력이 떨어질 뿐 아니라, 자폐증이나 주의력결핍과잉행동증후군ADHD과 같은 신경발달장애, 알츠하이머병이나 파킨슨병 같은 퇴행성 신경질환이 발생할 가능성이 커진다.

이렇게 보면 인간의 사회성이 자연선택 과정을 통해 발전했던 배경에는 음식 섭취에 의한 장내 미생물군의 변화가 중요한 역할을 했을 것으로 추측해 볼 수 있다. 최근에는 장내 미생물군이 기분이나 신경기능과 밀접한 관련이 있다는 연구 결과들이 많아 이러한 가설을 뒷받침한다.

최근 사회적으로 다른 사람과 어울려 살아가는 데 지장을 주는 신경행동발달장애나 정신질환이 증가하고 있다. 중요한 이유 중 하나는 음식 섭취나 화학물질 노출에 의해 장내 미생물군의 균형과 인체와의 조화가 깨졌기 때문일 것이다. 따라서 공동체를 이루는 사람들의 사회성과 정신건강을 건전하게 유지하고 발전시키기 위해서는 마이크로바이옴과 인체의 생태학적 균형을 지키기 위한 사회 공동체의 노력이 중요하다.

우리가 음식을 섭취하게 되면 효소가 나와서 음식을 구성하고 있는 분자들을 분해하고, 분해된 분자 조각들은 장을 통해 흡수된다. 음식 속에 들어 있는 영양소가 우리 몸에 흡수되는 일반적인 과정이다. 그런데 문제는 우리가 섭취하는 음식을 소화기관에서 나오는 효소만으로는 모두 분해할 수 없다는 점이다. 특히 거친 구조를 가진 식이섬유를 많이 먹을 경우 분해가 더욱 힘들어진다. 소화가 원활히 되지 않는 분자로 구성되어 있기 때문이다. 따라서 식이섬유는 위장과 소장을 거치면서 거의 분해되지 않고 대장에 도달하는데, 이러한 문제를 해결할 방법이 필요하다. 대장의 벽면을 관찰해 보면 어떤 막을 씌운 것처럼 점액층이 깔려 있다. 이를 전자 현미경으로 자세히 들여다보면 그 표면에 수백 종의 박테리아로 구성된 막이 마치 카펫처럼 깔려 있는 것을 발견할 수 있다. 박테리아로 구성된 장내 미생물군은 인간 소화기관 내의 환경에서 함께 살아가며 음식을 분해할 수 있는 효소를 대량 생성하고, 이를 통해 사람의 소화 기능을 돕고 있는 것이다. 특히 이들은 식이섬유를 분해한 영양소로 성장·증식하기 때문에 식이섬유의 섭취는 미생물군을 활성화하여 인간의 건강에 큰 도움을 주게 된다.

따라서 장내 미생물군을 활성화하여 소화 기능을 높이고 또 여러 가지 질환을 예방하기 위해서는 식이섬유 섭취를 늘려야 한다. 수렵채집 시기의 인류가 섭취한 식이섬유의 양은 하루에 100g 이상으로 알려져 있는데 이는 오늘날의 식이섬유 권장량인 하루 30g 이상보다 훨씬 많은 양이다.[19] 우간다 농촌 지역과 같이 하루 50g 이상의 섬유질을 소비하는 산업화되지 않은 인구 집단에서는 만성 염증성 질환이 거의 없는 것으로 알려져 있다. 흥미롭게도 만성 염증성 질환의 유병률이 높고, 서구 생활 양식에 완전히 적응된 아프리카계 미국인의 식단을 55g의 식이섬유가 포함된 아프리카 스타일 식단으로 바꾸었더니 단 2주 만에 장내 미생물군이 변하고 장 점막의 염증이 줄어들어서 암 발생 위험이 낮아지는 것으로 나타났다.[20]

따라서 하루에 50g 이상의 섬유질 섭취가 바람직한데 현대인이 시

19 Eaton S.B, Eaton 3rd S.B, Konner M.J, 〈Paleolithic nutrition revisited: a twelve-year retrospective on its nature and implications〉, Eur J Clin Nutr, 1997; 51: 207-216

20 O'Keefe S.J, Li J.V, Lahti L, Ou J, Carbonero F, Mohammed K, Posma J.M, Kinross J, Wahl E, Ruder E, et al. 〈Fat, fibre and cancer risk in African Americans and rural Africans〉, Nat, Commun, 2015; 6: 6342

습관을 고려하면 이 정도의 양을 규칙적으로 섭취하기는 쉽지 않다. 미국인은 하루 17g 정도의 섬유질을 섭취하며 다른 나라 사람들에 비해 비교적 식이섬유 섭취량이 높은 한국인도 성인의 경우 하루 24g 정도의 섬유질을 섭취하고 있다. 식이섬유의 섭취를 더욱 늘려야 장내 미생물군이 역할을 충분히 할 수 있지만, 섬유질을 갑자기 많이 섭취하면 복부 팽만감, 복통, 설사, 그리고 변비 등의 부작용을 유발할 수도 있다. 따라서 갑작스럽게 식이섬유 섭취를 늘리는 것도 바람직하지 않다. 특히 과민성대장증후군이 있는 사람은 더욱 주의가 필요하다. 식이섬유 섭취를 천천히 늘려가면 대부분 시간이 지나면서 위장관과 미생물군이 많은 양의 식이섬유에 적응한다. 식이섬유에 적응을 하면 불편한 증상이 개선될 수 있으므로 조금씩 식이섬유 섭취를 늘려갈 필요가 있다.

식이섬유 섭취가 줄어들면 면역 반응도 제대로 작동하지 않는다. 한 실험에 의하면 쥐들에게 식이섬유가 많은 식품을 먹게 한 다음, 식이섬유가 적은 음식으로 바꾸어 섭취하게 하자 장내 미생물군의 박테리아의 수가 크게 줄어들었다. 이는 쥐가 섭취한 식이섬유가 장내의 박테리아를 부양하고 있음을 말해 주는 것이다. 앤드류 게위츠Andrew Gewirtz도 유사한 연구 결과를 발표했다. 쥐에게 지방 성분이 많이 함유되어 있는 음식과 함께 많은 양의 식이섬유인 이눌린을 섭취하게 한 결과, 지방 성분만 주로 함유된 음식을 섭취케 한 경우에 비해 소화기관 벽 표면이 훨씬 건강한 박테리아군으로 뒤덮이면서 건강 상태를 유지한 것이다. 더 나아가 이눌린은 장내 미생물군의 양을 증가시키고, 항염증 인터루킨을 생산하며, 또 대장 세포 증식도 유도하는 것으로 나타났다. 이러한 결과는 식이 섬유 섭취가 염증을 줄이면서 대사 증후군과 같은 질환을 예방하는 효과를 준다는 것을 의미한다.[21]

식이섬유 섭취는 적게 하면서 지방과 설탕은 상당히 많이 섭취하는 서구화된 식생활은 인체에 이로운 박테리아군을 고갈시켜서 기능 장애를 유발할 수 있으며, 이는 염증성 장질환, 대장암, 알레르기, 자가면역 질환, 비만 관련 질환 등 만성 염증성 질환의 발병 증가에 기여할 수 있다.[22] 거꾸로 식이섬유 섭취를 증가시키고 지방과 설탕의 섭취를 줄이면 이러한 만성 염증성 질환의 발생을 예방하거나 줄일 수 있을 것이다. 식이섬유는 콩, 채소, 견과류, 씨앗, 과일 및 곡물과 같은 다양한 먹거리를 통해서 섭취하는 것이 좋다. 수용성과 불수용성 식이섬유 등 모든 유형의 식이섬유를 섭취해야 장내 미생물의 다양성을 유지할 수

---

21 Jun Zou, Benoit Chassaing, Vishal Singh, Michael Pellizzon, Matthew Ricci, Michael D. Fythe, Matam Vijay Kumar, Andrew T. Gewirtz, 〈Fiber-Mediated Nourishment of Gut Microbiota Protects against Diet-Induced Obesity by Restoring IL-22-Mediated Colonic Health〉, Cell Host & Microbe, 2018; 23(1): 41-53

22 Kassem Makki, Edward C. Deehan, Jens Walter, Fredrik Bäckhed, 〈The Impact of Dietary Fiber on Gut Microbiota in Host Health and Disease〉 Cell Host & Microbe, REVIEW, 2018; 23(6): 705-715

있고, 다양한 장내 미생물이 여러 유형의 식이섬유를 이용해서 에너지와 영양소를 충분히 만들어 낼 수 있다. 그뿐만 아니라, 식이섬유를 많이 섭취하면 장내 수소농도지수pH를 떨어뜨리고 점액층을 튼튼하게 만들어 주는데 이 또한 염증 발생을 억제하는 역할을 할 수 있다.

장내 미생물군을 구성하는 각각의 미생물 종은 좋아하는 특정 음식으로부터 에너지를 얻는데, 이 과정에서 음식을 분해하면서 새로운 분자로 변환하여 사람의 에너지 섭취에 도움을 준다. 그래서 각 미생물 종은 그 해당 음식에 있어서 만큼은 다른 미생물 종에 비해 에너지와 영양소 생산에 경쟁 우위가 있게 된다. 따라서 식단이 다양할수록 미생물군이 더 다양해지고, 이는 다양한 영양소 생산으로 이어져서 건강에 유익하게 되는 것이다. 이와 같이 다양한 음식 섭취는 음식 자체가 갖고 있는 다양한 영양소의 섭취라는 측면을 넘어서 장내 미생물군의 다양성을 높이게 되는데, 이는 장내 미생물군이 사람이 활용할 수 있는 에너지와 영양소를 새롭게 만들어 낸다는 측면에서 매우 중요한 것이다.

식품을 어떻게 섭취하느냐에 따라 장내 미생물군 구성과 다양성에 영향을 미치고, 또한 장내 미생물의 활동에 의한 염증과 질병 발생에 영향을 미친다. 파올로 리오네트Paolo Lionetti 등 이탈리아 연구자들은 장기적인 식이 패턴의 건강 영향을 살펴보기 위해서 섬유질 함량이 높은 식단을 섭취하는 아프리카 시골 마을인 부르키나파소와 단백질과 동물성 지방 섭취량이 많은 유럽 어린이의 분변 미생물군을 비교하였다. 두 그룹 간의 장내 미생물군은 상당한 차이를 보여 주었는데 부르키나파소 어린이는 유익균인 박테로이데테스가 많고 유해균인 퍼미큐테스가 거의 없었다. 특히 유익균인 프리보텔라 균이 많아 대표적인 식이섬유인 셀룰로오스 등을 가수분해할 수 있는 능력을 갖추었는데 유럽의 어린이에게서는 발견할 수 없는 소견이었다. 이러한 차이는 산업화된 인구 집단과 산업화되지 않은 인구 집단, 서구화된 지역 인구와 비서구화된 지역 인구 그리고 도시와 시골 거주자 사이에서도 관찰된다. 결국 생활 방식이 달라지면 유익균과 유해균 종의 비율이 달라지고, 이러한 비율의 차이로 인해 만성적인 염증성 질병 발생 역시 달라진다는 것을 의미한다.[23]

23 De Filippo C, Cavalieri D, Di Paola M, Ramazzotti M, Poullet J.B, Massart S, Collini S, Pieraccini G, Lionetti P, 〈Impact of diet in shaping gut microbiota revealed by a comparative study in children from Europe and rural Africa〉, Proc. Natl. Acad. Sci. USA. 2010; 107: 14691-14696

6

항생제 내성은 미생물 진화의 결과

우리는 인간을 공격하는 바이러스나 세균, 그리고 기생충과 같은 외부의 미생물로부터 건강을 보호하기 위하여 항생제를 개발해 왔고 덕분에 많은 생명을 살릴 수 있었다. 반대로 미생물 역시 아주 오랜 기간에 걸쳐서 항균 작용을 하는 독성물질의 작용을 제거하는 방법을 개발해 왔다. 예를 들어 병원균은 플라스미드 스스로 복제할 수 있는 유전물질를 통하여 세균끼리 유전자를 복제하고 전달하여 DNA 구성을 바꾸는 기술을 갖추고 있다. 이는 언제든지 유전자를 바꾸어 항생제의 공격을 피할 방법을 찾을 수 있기 때문에 항생제 내성을 만들고 전파하는 데 매우 중요한 수단이다. 페니실린에 대한 내성균이 등장한 이래 가장 강력한 항생제인 반코마이신과 같은 글리코펩티드 계열의 항생제가 최근에 나왔으나 이러한 항생제에도 결국 내성을 갖춘 병원균이 등장하게 되었다. 사실 이러한 무기경쟁에서 인간이 궁극적인 승리를 하기는 어려울 것이다. 사람과 미생물 사이에 서로를 죽이려는 무기경쟁이 아니라 생물체 간 공존의 관계를 이해하고 서로의 이익을 위해 상호작용할 수 있는 방향으로 전환해야 미생물의 공격으로부터 안전해질 수 있다.

항생제 내성은 공중 보건의 주요 위기 중 하나로 널리 인식되고 있다. 세균에 감염된 환자의 항생제 효능을 감소시켰고, 더 나아가 여러 가지 항생제에 내성을 갖춘 다제내성 세균이 출현하면서 감염 치료에 효과적인 약물의 부족을 초래하였기 때문이다. 전 세계적으로 보면 항생제 내성 때문에 매년 거의 130만 명이 사망하고 있다.[24] 항생제 내성은 세균이 숙주 내에서 스스로 자리를 잡아 번식하게 할 뿐 아니라 질병을 유발할 가능성을 높이는 독성 인자를 만들어 낸다. 결국 감염병을 악화시켜 생명을 위협하는 감염을 일으키고, 사람 간에 전파되어 심각한 공중 보건 위기를 유발할 수 있다.

항생제 내성을 해결하려면 항생제에 노출된 미생물이 항생제에 의한 세균 독성 환경을 어떻게 극복하여 생존해 나가는지에 대한 깊은

---

24 Antimicrobial Resistance Collaborators, 〈Global burden of bacterial antimicrobial resistance in 2019: a systematic analysis〉, The Lancet 2022; 399 (10325): 629-655

이해가 필요하다. 박테리아가 병을 일으키는 메커니즘과 인간의 방어 시스템은 서로 공격과 방어를 하면서 능력을 향상시키기 위해 수백만 년에 걸쳐 노력해 온 결과다. 그러나 항생제 내성의 출현과 진화는 항생제가 처음 사용된 이후인 지난 70년 동안에만 나타난 현상이다. 즉 세균의 항생제 내성과 독성 회피 능력은 다른 시간 척도에서 발전했지만, 항생제 내성을 유도하는 유전자는 아주 오래전부터 독성을 피하거나 방해하는 능력을 갖추게 된 유전자의 작용과 같은 것이다. 세균은 인간이 만들어 낸 항생제 말고도 생물체들이 가진 세균 방어망을 뚫고 감염시켜 세균이 번성하기 위한 조건을 만들기 위한 노력을 해 왔다.

항생제에 대한 세균의 저항 능력이 커지면 대개 세균이 병을 일으키는 능력, 즉 병독성이 감소되는 트레이드 오프trade off 현상이 생기기는 하지만 모든 경우에 해당되는 것은 아니다. 항생제 내성이 커지면서 세균의 병독성도 커지는 현상이 나타나기 때문이다.[25] 이때 세균은 사람의 방어 시스템과 항생제의 항균 효과를 무력화시키면서 더욱 강력한 무장을 갖추어 전파된다. 세균의 이러한 특성들이 자연선택되어 번성하게 되면 항생제 내성 능력을 갖춘 악성 균주가 지속적으로 출현하

---

25   Moya B, Juan C, Alberti S, Perez JL, Oliver A, 〈Benefit of having multiple ampD genes for acquiring beta-lactam resistance without losing fitness and virulence in Pseudomonas aeruginosa〉, Antimicrob Agents Chemother, 2008; 52: 36943700

게 되고 우세 종이 될 수도 있다. 특히 황색 포도구균, 폐렴균, 녹농균, 대장균 등에서 항생제 치료에도 듣지 않으면서 독성도 매우 높은 균주의 사례들이 보고되고 있다. 다제내성 유전자와 독성 기전을 가진 메티실린 내성 황색 포도구균은 이미 지역 사회 감염에서 발생률이 상당하며 치명률 또한 굉장히 높아 악명을 떨치고 있다.

그런데 병원체의 항생제 감수성 여부에 대한 결론은 일반적으로 단일 병원체 균주 세포를 배양하는 검사를 통해 내린다. 이러한 정보는 단일 균주로 인한 감염 치료에 적합할 수 있지만, 다균 감염이거나 병원체가 공생 미생물 군집과 같이 있다면 정보가 올바르지 않을 수 있다. 병원체 박테리아도 일반적으로 복잡한 구성의 다종 미생물 커뮤니티와 공존하며, 이러한 커뮤니티 내 상호작용으로 병원체 박테리아가 항생제 노출에 반응하는 방식을 바꿀 수 있기 때문이다. 여러 종의 박테리아가 있으면 서로 플라스미드를 이용해 유전자를 복제하고 전달하여 DNA 구성을 바꿀 수 있다. 이를 통해 병원체 박테리아는 새로운 유전자를 갖추어 내성 능력을 얻을 수 있는 것이다.

이러한 내성 능력의 획득은 박테리아가 자연선택 과정을 거치는 진화의 과정으로 보아야 하지만 한편으로는 중요한 임상적, 생태환경적 의미를 가진다. 그렇기에 우리는 새로운 관점을 가져야 한다. 항생제 치료에 대한 내성과 진화적 반응을 개별 박테리아 종의 특성뿐만 아니라 병원체 박테리아를 포함한 미생물 군집 전체의 특성으로 간주해야 한다. 해로운 박테리아가 아닌 미생물들도 지역 사회에서 항생제에 오염된 하수나 폐수에 지속적으로 노출되면서 얻은 내성 능력을 미생물 군집 간의 상호작용에 의하여 병원체 박테리아에게 쉽게 전달할 수 있기 때문이다. 병원체에 대한 항균 관리를 효과적으로 설계하기 위해서는 항생제 내성을 지역 사회 내에서 항생제 노출과 미생물 군집의 상호작용이 결합된 효과로 보는 새로운 시각이 필요하다.[26] 항생제 내성에 대한 실질적인 대응 방안으로 새로운 항생제 개발에 못지않게 토양이나 하천과 바다에 항생제가 유입되지 않도록 관리하는 것이 중요하다는 의미다.

26 Bottery, M.J, Pitchford, J.W & Friman, V.P, ⟨Ecology and evolution of antimicrobial resistance in bacterial communities⟩, ISME J 2021; 15: 939948

치유는 채식 위주로 음식을 먹고 하루에 한 번은 대변을 누었는데,
황금색의 굵은 대변을 본 날은 기분도 좋고 힘이 났다.

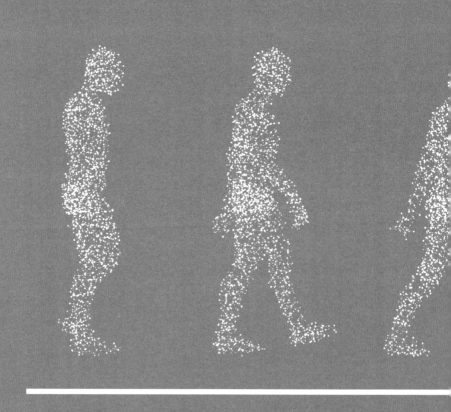

4장

인간과 공진화

1
인간은 독립된 생명체가 아니다

인간은 본질적으로 정자와 난자라는 각각의 세포가 하나로 합쳐지는 과정으로 태어난다. 공생의 관계에서 태어나는 것이다. 사람은 가장 고등한 다세포 생명체이지만 맨 처음에는 난자와 정자가 결합해서 생긴 단세포에서 시작한다. 단세포가 분열하고 분화되어 다세포 생명체로 변화되는데, 이 과정은 지구상의 단세포 생명체가 다세포 생명체로 변화할 때 겪었던 세포 연합의 프로그램이 거의 그대로 활용되는 과정이다. 실제로 단세포에서 각 개체로 이르는 과정을 여러 다른 종에서 살펴보면 대개 비슷한 과정을 거치는 것을 알 수 있다. 세포 연합과 조직 발달의 기본적인 과정이 같다는 것은 지구상의 생명체는 그 형태가 어떠

하든 협력과 공생을 바탕으로 한다는 것을 의미한다.

인간을 포함한 생태계의 아름다움, 다양함, 조화로움은 우리에게 경이로움을 선사한다. 이러한 생태계를 구성하는 모든 생물체가 개체 간의 경쟁에 기반을 둔 자연선택에 의하여 생겼다는 것이 자연선택론이다. 그런데 서로 독립적인 계통 안에서 발생하는 자연선택만이 아니라 아주 작은 미생물들이 서로 공진화하면서 발전하였거나, 무생물과 생물의 상호작용, 미생물들의 침투와 동화, 세포 간의 연합과 같은 공생을 기반으로 한 새로운 단계로의 발전, 즉 생명의 도약 현상이 자연의 경이로움을 가져오는 데 적지 않은 영향을 미쳤다.

사실 자연선택에 의해 보다 적합한 유전자가 선택되는 과정은 개체 수준에서는 삶과 죽음이 갈리는 심각한 문제일 수 있지만, 집단 수준에서 보면 양자선택의 급격한 변화라기보다는 서서히 변화되는 과정이라고 할 수 있다. 또 이러한 변화는 각 개체에서 일어나는 변화로 한 번에 종의 특성이 바뀌는 것이 아니다. 그 종이 주어진 환경에 좀 더 적합하게 적응하기 위해 개체들의 변화가 누적되면서 그 누적된 변화의 결과로 종의 특성이 바뀌는, 즉 시간이 걸리는 변화다.

찰스 다윈이 1830년대에 비글호를 타고 갈라파고스 군도에 도착하여 마주친 생물종 중 핀치새가 있었다. 다윈은 핀치새 부리의 다양성과 핀치새들이 사는 섬들의 환경이 서로 다른 것을 관찰하고는 환경적 합성을 바탕으로 자연선택을 주장하게 되었다. 핀치새의 분화가 환경에 적합한 개체만 살아남는 자연선택 과정에 의해 이루어졌다고 설명했지만, 핀치새가 아닌 새로운 종의 탄생은 설명할 수 없었다. 새로운 종의 탄생이란 이전의 종과는 질적으로 다른 종이 발생하는 것이기 때문에 자연선택의 서서히 변화되는 과정으로 이를 충분히 설명하기는 어려울 수 있다. 따라서 진화를 개체 경쟁에 의한 자연선택 과정으로만 본다면 다양한 생물 현상을 이해하는 데 부족하다. 그러면 지구상에 있는 수많은 종을 탄생시킨 또 다른 힘은 과연 무엇일까? 새로운 종의 탄생은 한 종의 자연선택이 누적되면서 나타난 결과일 수 있다는 점을 부정할 수 없지만, 이종 간의 협력 또는 결합에 의한 공생도 새로운 종의 탄생에 상당한 역할을 했을 가능성이 있다. 개체 경쟁뿐 아니라 개체 협력, 즉 공생에 의하여 더 크고 더 복잡하며 더 우수한 종이 만들어진 경우가 있기 때문이다.

이러한 공생 관계는 인간의 질병을 이해하는 데에도 매우 중요하다. 개체 경쟁에 의한 자연선택은 주어진 환경에 보다 적합한 유전자를 퍼뜨리는 역할을 하고 우수한 유전자들이 진화를 주도하는 과정이다. 그런데 주어진 환경에 과거나 현재 시점에서 적합하게 구성된 유전자는 환경 변화가 짧은 시간 동안 일어나는 경우 새롭게 변화된 환경에 대한 적합성이 떨어지게 되고 이는 기능의 저하나 질병으로 나타난다. 그런데 기능 저하나 질병을 인간이 가진 유전자의 환경부적응으로만 설명하는 것은 한계가 있다. 환경의 변화가 질병을 초래하는 이유에는 인간 유전자의 부적응뿐 아니라 공생관계에 있는 다른 생물체의 유전자 부적응도 중요한 역할을 하기 때문이다.

최근 크게 발전한 유전자 분석 기술에 힘입어 생물학적 개체의 경계를 넘는 공생 미생물과 동식물의 중요한 상호작용을 점차 이해할 수 있게 되었다. 생태계에는 다양한 공생체가 존재하고 서로 다른 생리학적 기능을 수행하면서 공생관계에 있는 생물체들이 존재하기 때문에 이제는 개체라는 개념 자체가 불분명해지고 있다. 사실 인간 역시 미생물과 같은 공생체 없이는 현재와 같은 신체적, 정신적, 그리고 사회적 상태에 도달하지 못했을 것이다. 공생체인 미생물 역시 인간과 더불어 살면서 다양한 유전자 변이를 통해 자연선택의 과정을 거쳤을 것이다. 면역체계 또한 공생체 미생물과의 협력을 통해 발달하였으므로 진화의 단위는 인간이라는 생물학적 개체가 아니라 인간과 미생물군의 공생체라고 보는 것이 더 타당할 수도 있다.[1]

이러한 공생은 예외적인 현상이 아니라 진화를 이루는 데 하나의 기본적인 요건이 되었다. 그렇다면 이제 개체라는 개념에 의문을 가지게 된다. 이전의 개체라는 개념은 하나의 독립적인 생물체로 인식되는 매우 명확한 개념이었고, 생물학에서 철학에 이르기까지 하나의 단위

---

[1]   Scott F. Gilbert, Jan Sapp and Alfred I, Tauber, Handling Editor James D. Thomson and Associate Editor Stephen C, 〈Stearns A Symbiotic View of Life: We Have Never Been Individuals〉, The Quarterly Review of Biology, 2012; 87(4): 325–341

로 보는 데에 문제가 없었다. 사실 지금까지의 많은 과학적, 철학적 주제는 개체를 대상으로 한 것이었다. 근대 초기에 등장하였던 독립적인 시민과 자율적인 개별 행위자의 개념은 생물학에서도 기본적인 개체에 대한 개념의 틀이 되었다. 해부학적, 생리학적, 그리고 발달학적 기준은 전적으로 개체의 관점에서 생각되었고, 자연선택의 개념은 개체와 그 집합체인 군집을 서로 경쟁하는 단위로 간주했다. 그리고 오늘날 우리는 이러한 개체라는 개념에 아주 익숙하여 사물을 볼 때 개체를 중심으로 본다. 그러나 이제 이러한 근본적인 개체 단위의 시각이 옳은 시각이 아닐 수 있다는 사실이 드러나고 있다. 인간을 볼 때 전통적인 개체라는 개념에서 공생복합체로서의 생명체로 보아야 할 때가 되었다는 것이다.

질병에 있어서도 이러한 공생복합체의 개념으로 바라볼 필요가 있다. 공생복합체 내에서의 공생적 관계가 정상적인 역할을 하지 못할 때 질병이 발생한다. 예를 들어 유전자의 환경부적응이 질병 발생에 있어서 어떤 유전자인지, 즉 세포 내의 핵유전자인지, 미토콘드리아의 유전자인지, 혹은 장내에 살고 있는 박테리아의 유전자인지에 따라서 혹은 이러한 이종 유전자들의 복합체 작용인지에 따라서 유전자의 환경부적응을 논하고 이를 밝히는 것이 필요하다. 즉 과거 박테리아로부터 우리 몸에 들어와 살게 된 미토콘드리아와 현재 장내에서 살고 있는 엄청난 수의 박테리아를 모두 고려한 공생복합체의 틀로서 질병을 바라보는 것이 필요한 것이다.

유전자뿐 아니라 인간의 내부를 들여다보면 이러한 공생관계를 더 잘 관찰할 수 있다. 사실 우리 몸에는 인간이 가진 세포 수보다 10배가량 많은 미생물이 살고 있다. 다시 말해 우리 몸에 있는 세포의 대부분이 박테리아 같은 미생물이고 인간의 세포는 일부에 불과하다는 것이다. 그리고 이러한 미생물은 음식을 소화시키거나 병원균을 막는 등 매우 중요한 일을 함으로써 인간이 생존하는 데 없어서는 안 될 존재가되었다. 서로가 없다면 생존하기 어려운 실질적인 공생이 일어나고 있는 것이다. 사실 인간뿐 아니라 생물계는 대부분 이러한 공생관계에 의존하여 살아가고 있다. 그렇다면 인간의 개체성 혹은 개별적 인간을 어떻게 규정할 수 있을까?

유전자 분석을 해 보면 적어도 1천 개 종류 이상의 박테리아가 인간의 대장에 살고 있는 것을 확인할 수 있다. 유전자의 수도 인간 유전자의 수보다 100배 많다. 그 외에도 피부, 입, 식도, 생식기 등에 많은 종류와 수의 박테리아가 살고 있다. 그렇다면 인간이라는 개체는 인간의 유전자를 가지고 발생되어 인간의 몸을 이룬 숙주와 많은 종류의 미생물이 공생 체계를 이루며 살아가는 공유지 생명체라고 할 수 있다. 만일 이러한 공생 체계가 없으면 어떻게 될까?

세균을 모두 없앤 상태에서 태어나고 자란 쥐는 면역 체계와 위장관의 발달이 제대로 이루어지지 않는다는 것이 밝혀졌다.[2] 공생 체계가 없으면 생명을 유지하기 어렵고 우리의 생명은 공생 체계를 기반으로 한 것임을 실증하는 것이다.

---

2   Lee Y.K, Mazmanian S.K, 〈Has the microbiota played a critical role in the evolution of the adaptive immune system?〉, Science, 2010; 330(6012): 1768-73

2

공생 체계의 출현과 진화

린 마굴리스Lynn Margulis는 식물과 동물뿐 아니라 핵이 있는 세포로 이
루어진 모든 생물의 조직은 기본적으로 서로 다른 종류의 세포들이
특정한 순서로 융합됨으로써 유래하였다고 설명했다. 우리의 몸을 이
루는 세포는 공생을 통해 발전한 역사를 지니고 있다는 것이다.[3] 수풀
을 멋진 초록색으로 만든 엽록체를 보자. 엽록체는 햇빛을 이용하여
광합성을 함으로써 식물이 영양분을 얻을 수 있게 만드는 곳이다. 엽록
체는 식물세포의 핵 밖의 세포질에 있으며 자체 DNA를 갖고 유전된다.

---

3   린 마굴리스, 《공생자 행성》, 이한음 역, 사이언스북스, 2007

식물 조직을 현미경으로 살펴보면 엽록체를 가진 녹색 세포들이 줄지어 연결되어 있는 것을 볼 수 있다. 이 녹색 세포들은 사실 녹조류에서 온 것이다. 녹조류 세포들도 그 기원을 보면 서로 완전히 독립적이었던 세균들이 서로 융합하여 만들어졌다. 녹조류 세포 안을 들여다보면 다양한 세포 소기관들이 존재하는데, 이러한 소기관들은 세포가 스스로 만들어 낸 것이 아니라 서로 다른 세균들이 융합되어 공생하는 과정에서 만들어진 것이다.

약 20억 년 전, 이러한 공생의 과정을 설명할 수 있는 매우 중요한 사건이 일어났다. 과학적 근거를 바탕으로 한 가상의 시나리오는 이렇다. 처음에 산과 열을 좋아하는 고세균이 물에서 헤엄칠 수 있는 유영성 세균과 결합하면서 핵이 만들어지고 이렇게 핵을 가진 세포는 다시 산소호흡을 하는 세균과 융합하게 되었다. 이렇게 핵을 갖고 있으며 헤엄칠 수 있고 산소호흡을 하는 복잡하고 놀라운 세포가 탄생한 것이다. 이 세포는 산과 열에 잘 견디며 헤엄을 쳐서 이동할 수 있고 산소를 이용하여 호흡하는 개체가 되었다. 이 놀라운 세포는 다시 초록색 광합성 세균을 삼키게 되는데, 소화되지 않고 세포 속에서 살아남은 초록색 세균은 세포 안에서 엽록체가 되었다.

초록색 광합성 세균인 남조세균은 산소를 발생시키는 광합성을 하면서 물을 분해할 수 있는 유일한 세균 무리인데 이 남조세균이 숙주세포에 잡아 먹힌 후 우연히 소화되지 않고 살아남아 있다가 엽록체가 된 것이다. 이렇게 바다에서 헤엄치는 녹조류가 탄생하게 되었다. 그리고 이 엽록체는 모든 식물과 조류에 있는 광합성 세포에서 동일한 형태로 발견되기 때문에 남조세균이 엽록체가 되었던 사건은 단 한 차례였다는 것을 유추할 수 있다.

이 일련의 시나리오 중 진핵세포의 출현은 생명체 역사에 있어서 두 번째로 중요하고 획기적인 사건이었다. 첫 번째는 물론 유전자를 가진 최초의 생명체가 탄생한 것이다. 최초의 생명체가 무생물에서 어떻게 탄생했는지를 분명히 알기 어렵듯이 원생생물과 곰팡이뿐 아니라 모든 식물과 동물의 조상이 된 진핵세포가 어떻게 출현하게 되었는지에 대해서도 분명히 알기는 어렵다.

린 마굴리스의 주장에 의하면 고세균과 스피로헤타Spirochaete와 비슷한 세균이 융합하면서 두 세균의 융합을 위하여 상호작용하는 막이 생겨나고 이것이 핵으로 발전되었다는 것이다. 그런데 이러한 융합은 왜 생겨났던 것일까? 왜 서로 다른 두 세균이 서로 붙어서 하나의 세포가 된 것일까? 사실 두 개의 서로 다른 세균이 하나의 세포로 변하는 과정은 이질성에서 오는 불편함과 적대성을 극복할 만한 충분한 이익이 있어야 한다.

나선상균인 스피로헤타는 중심에 축 모양으로 생긴 섬유가 있고 그 주위를 세포질이 둘러싸고 있는 길쭉한 모양이다. 스피로헤타는 이 섬유 축을 중심으로 회전 운동을 하며 앞으로 나아가는 특성을 이용하여 다른 세포를 뚫고 들어가 번식하는 능력이 있다. 인류를 괴롭히고 있는 매독과 라임병, 그리고 렙토스피로시스 등의 감염성 질환 중 상당수는 스피로헤타가 세포 속으로 들어와 질병을 일으킨 것이다. 20억 년 전, 스피로헤타 세균이 고세균 속으로 들어갔는데 그중 일부 세포에서 스피로헤타가 고세균을 죽이지 않았거나 혹은 고세균이 스피로헤타를 소화시키지 않고 서로 공생하게 된 일이 생긴 것이다. 이러한 공생세포의 성공적 출현은 이동 능력을 갖춘 진핵세포를 탄생시켰고 세포는 이동성을 갖춤으로써 위험을 피하고 먹이를 찾기가 쉬워졌다. 진핵세포의 이동성은 세포 내에 있는 미세한 섬유관 모양의 조직에 의해 이루어지는데 이 역시 스피로헤타에서 유래한 것으로 보인다. 진핵세포는 이동 능력을 갖춘 후 진화라는 번성의 길로 접어들었다.[4]

그런데 진핵세포의 출현, 즉 핵을 갖추고 이동 능력을 지녔다는 것만으로 두 번째 역사적 사건이 완성된 것은 아니다. 이동에는 상당히 많은 에너지가 쓰인다. 이때 충분한 에너지 공급 장치가 없이는 원활한 세포의 이동이 가능하지 않다. 따라서 수많은 생명체의 조상이 되기 위해서는 한 가지 단계가 더 필요했다. 스피로헤타와 고세균의 공생은 스피로헤타에게는 안정적인 먹거리를, 고세균에게는 이동성을 가져왔

---

4   Lynn Margulis, Dorion Sagan, 〈Microcosmos: Four Billion Years of Microbial Evolution〉, University of California Press, 1997

다. 하지만 아직도 에너지 활용에서는 효율성이 매우 낮았다. 사실 이동을 원활하게 할 수 있는 에너지의 공급을 충분히 하지 못한다면 먹거리를 얻을 기회가 적어진다. 스피로헤타와 고세균의 공생만으로는 성공적인 번식이 어려웠을 것이다. 따라서 또 다른 미생물체와의 공생이 필요했는데 그것이 바로 미토콘드리아다. 미토콘드리아는 한마디로 에너지 발전소라고 할 수 있는데, 영양분을 이용하여 에너지를 효율적으로 만들어 내는 역할을 한다. 미토콘드리아를 갖추게 된 진핵세포는 먹이를 섭취한 후 미토콘드리아를 이용하여 에너지를 활용하는 방향으로 발전했다. 이것이 바로 동물세포의 기원이 되었다. 한편 엽록체까지의 형태를 갖추게 된 진핵세포는 엽록체를 이용하여 햇빛에서 에너지를 직접 얻거나 미토콘드리아를 이용하여 에너지를 활용했다. 이로써 매우 안정적인 생존의 기반을 마련하였고 이후 식물세포로 발전할 수 있었다.

세 번째 중요한 변화는 동물에 국한된 것이긴 하지만 폭발적으로 종의 다양성을 초래한 눈의 발생이었다. 사실 눈의 발생은 동물 다양성의 토대가 되었고 그 정점에 인간이 있다고 할 수 있다. 포유류는 눈의 모습이 거의 동일하다. 사실 인간의 눈과 정보처리기관인 뇌 같은 중요 기관은 모든 포유류에 공유되고 있다. 눈으로 보면서 얻어진 정보를 처리하기 위해 뇌의 발달이 가속화되었고, 뇌가 커지자 정보처리를 할 수 있는 처리 용량도 커지면서 궁극적으로 많은 양의 정보를 처리할 수 있는 종인 선행 인류가 탄생하게 된 것이다. 린 마굴리스는 신경세포인 뉴런에 가득 들어있는 섬유관 모양의 단백질들이 스피로헤타의 미세섬유관 조직에서 유래했다고 주장한다. 뉴런에 있는 섬유관 모양의 단백질은 축삭과 수상돌기를 이루는 데 사용되고, 축삭과 수상돌기는 정보를 연결하여 기억하고 생각할 수 있게 해 줄 뿐 아니라 뇌의 3차원적 연결망을 만드는 데 사용된다. 결국 뇌의 발달 혹은 생각의 발달 역시 스피로헤타와의 공생이 없었으면 불가능했을 것이다.

생태계의 공생체계 기원에 있어서 고세균의 역할도 중요했을 것으로 보인다. 고세균은 대개 지구의 극한 환경에서 살고 있으면서 생존 능력을 높이는 매우 다양한 대사 방법을 갖춘 독특한 미생물로, 박테리아와 비슷한 모양을 하고 있고 여러 가지 종류가 있다. 이산화탄소를 이용하여 메탄으로 바꾸고 이를 통해서 얻은 수소에서 에너지를 만들어 내는 메탄 생성 미생물, 극도로 높은 염분에서 살 수 있는 호염기성 미생물, 산소이온농도 2 이하의 강산성이면서 100도 이상의 산성 온천수에서 잘 자라는 극호열산균 등을 예로 들 수 있다.[5]

이 고세균들은 박테리아와 비슷하게 생겼지만 DNA 복제, RNA 전사, 단백질 합성 등 유전 정보를 처리하고 단백질을 합성하는 세포 기

---

5   Wayne M. Becker, Lewis J. Kleinsmith, Jeff Hardin, Gregory Paul Bertoni, 《The World of the Cell, 7th Edition》, Benjamin Cummings, 2008

능의 핵심적인 부분은 진핵생물과 유사하다. 다시 말하면 박테리아보다 훨씬 진화된 것이다. 원시 생물인 고세균이 박테리아보다 진화된 유전정보처리 시스템을 갖춘 것은 고세균들이 살고 있었던 극한 환경 때문이었을 것이다. 사실 박테리아는 좀처럼 변화되지 않기 때문에 오늘날의 박테리아는 과거 오래전의 박테리아와 크게 다르지 않다. 그런데 고세균들은 박테리아와 비슷하기는 하지만 극한 환경에 적응하기 위해서 박테리아보다 진화된 능력을 갖출 수밖에 없었다. 그리고 이 변화는 지구상의 다양한 생물상을 가져 온 매우 중요한 출발점이 되었다. 진핵세포로 이어질 수 있는 계기가 마련된 것이기 때문이다.

진핵세포가 탄생한 이후 다세포 생물체가 등장했는데 지구 어느 환경에서나 적응하여 살고 있던 박테리아는 다세포 생물체의 몸에도 살 수 있게 되었다. 특히 박테리아의 입장에서 동물은 풍부한 영양소를 제공해 주는 장소이기 때문에 동물의 건강이 박테리아가 살아가는 데 중요하게 되었다.

한편 소나 염소 같은 초식동물의 입장에서는 박테리아가 복잡한 구성을 가져 소화가 어려운 탄수화물을 소화시켜서 영양소로 변환시켜 주기 때문에 박테리아 없이는 살아갈 수 없게 되었다. 박테리아가 대부분이기는 하지만 곰팡이와 바이러스 그리고 원생생물이나 기생충 등도 우리 몸에 같이 살고 있다. 특히 대장은 산소가 희박한 공간이라, 산소가 적은 극한 환경에도 살 수 있는 고세균이 장내 환경에 적응해서 살 수 있기 때문에 장내 미생물군의 공생체계에는 고세균도 중요한 부분을 차지한다. 결국 동물의 장, 그리고 인간의 장은 미생물군과의 공생에 기반한 공유지인 것이다.

3

공생체 유전자가 자연선택된다

생명체는 유전자를 후손에게 전달하는 것을 가장 큰 목적으로 갖고 있다. 우리가 '개체'라고 했을 때는 이러한 유전자를 후손에게 전달하는 하나의 단위를 이야기한다. 그런데 개체를 이야기할 때 미생물과의 공생 관계에 있는 숙주만을 말한다면 이러한 개념에는 모순이 생긴다. 개체의 역할을 하는 생물체는 숙주의 유전자만이 아니라 미생물 유전자의 역할도 필요로 하기 때문이다. 따라서 자연선택의 힘이 작용하여 선택되는 개체는 숙주의 유전자가 우수해서 선택되는 것이라기보다는 숙주와 미생물의 공생체 유전자의 우수성이 작용하는 것으로 볼 수 있다. 이러한 개념은 지금까지 하나의 유전체가 자연선택의 과정을 거치면서 다음 세대의 개체로 전달된다는 개념과는 다른 새로운 개념이다. 그리고 이러한 새로운 개념은 질병에 대한 이해뿐 아니라 치료 전략에도 상당한 영향을 미칠 수 있다. 인간 유전자만을 대상으로 질병을 이해하고 치료하려는 접근 전략이 때로는 올바르지 않다는 것을 의미하기 때문이다.

질병이란 궁극적으로 수많은 시간에 걸쳐 진행되고 있는 진화의 과정에서 파생된 현상이라고 할 수 있다. 따라서 질병을 병리적인 현상으로 이해한다고 하더라도 이를 역사적 관점에서 보아야 할 필요가 있다. 역사적 관점을 통해서 질병을 이해할 때 문명이 질병 발생에 미친 영향을 이해하고 이를 완화시키거나 좋은 방향으로 바꿀 수 있는 진정한 전략이 생기기 때문이다. 문명과 더불어 시작된 가축화는 야생동물과 인간이 함께 생활하는 환경을 만들었고 이는 동물과 인간이 서로 의존적으로 살아가는 환경이 되었다. 닭을 예로 들면, 지구 역사상 지금처럼 닭의 개체 수가 많았던 적이 없었을 것이다. 닭을 사육하면서 닭의 개체 수가 크게 늘어났고 닭은 생존을 절대적으로 인간에 의지한다. 인간은 닭고기와 달걀을 먹으면서 단백질, 지방 등의 영양분을 상당히 섭취하기 때문에 이제는 닭고기와 달걀이 없는 식생활은 생각하기 어렵다. 먹거리의 안정적 확보를 위하여 시작된 가축화였지만 닭의 가축화는 크게 보면 공생의 한 형태라고 할 수 있다. 그런데 이러한 공생은 사람과 닭이 가진 미생물의 교류도 초래한다.

조류인플루엔자는 이러한 공생관계에서 발생할 수 있는 질병 현상이라고 볼 수 있다. 닭이나 오리 같은 조류의 집단 사육은 마치 산업혁명 후에 도시화가 감염병을 유행시킨 원인이 되었듯이 조류감염병이 발생하기 쉬운 여건이 되었다. 14세기에 야생 들쥐에서 집쥐로 예르시니아 페스티스Yersinia pestis 균이 옮겨간 후 인간에게 페스트의 대유행을 일으켰듯이 야생 조류에서 집단 사육을 하는 닭이나 오리와 같은 조류로 바이러스 균이 옮겨간 후, 다시 이 병원균이 숙주를 조류에서 인간으로 옮기는 일이 생긴다면 조류바이러스는 인간에게 대유행을 일으킬 것이다.

따라서 동물의 가축화는 동물과의 공생 체계가 이루어지는 과정이라고 볼 수 있으며 좀 더 넓게 보면 동물이 가진 미생물과 인간의 조우, 그리고 양자의 공생 가능성에 대한 탐색 과정이라고도 할 수 있다. 이러한 탐색 시기에는 예측할 수 없는 결과가 생길 수도 있다. 예를 들어 새로운 바이러스 질환이나 혹은 세균에 의한 질환이 나타나 걷잡을 수 없는 결과를 초래할 수 있다. 코로나19 팬데믹은 이러한 교훈을 뼈저리게 느끼도록 했다. 그런데 이러한 공생 가능성에 대한 탐색은 지구 역사의 긴 여정에서 본다면 특별한 일은 아니다. 사실 조류바이러스가 조류에서 질병을 일으키는 것도 조류바이러스와 조류가 공생적 관계를 완전히 이루지 못해서다. 조류바이러스 입장에서는 조류를 죽게 함으로써 얻는 이익이 별로 크지 않기 때문에 공생적 관계가 확립되면 조류에게 질병을 일으키지 않을 것이다. 조류에서 완전히 공생적 관계가 이루어지지 않은 상태에서는 조류바이러스가 조류에서 나와 사람에게도 감염을 일으키고, 또 사람 간에 전파될 수 있는 형태로 변이가 이루어질 가능성이 있다. 조류바이러스가 이렇게 숙주를 옮겨 다니는 것도 공생적 관계의 탐색으로 볼 수 있다.

바이러스 또한 생물체의 세포 내에 있는 유전자의 일부를 획득할 수 있는 기회가 있는데 이는 결국 생물체 간 유전자 교환의 매개가 되기도 한다. 자연선택에 의한 진화적 분화가 끝나서 이제는 서로 동떨어진 이종의 생물체 간에도 바이러스의 매개를 통한 유전자 교류가 이루어질 수 있는 것이다. 사실 다른 생물 종과 별개의 독립된 유전자만으로 구성된 종이나 개체는 없다. 모든 생물체는 그 종에만 특수하게 있는 유전자로 구성된 것이 아니라 서로 다른 종의 유전자가 혼합된 구성을 갖고 있다. 바이러스의 매개에 의하여 혼합된 유전자 구성을 갖게 된 개체들은 자연선택의 과정을 거치면서 보다 우수한 유전자 구성을 가진 개체가 살아남아 번성할 수 있는 계기를 마련한다. 이런 면에서 보면 공생은 생물체 생성과 진화의 예외적 현상이 아니라 기본적인 원칙으로 보는 것이 타당하다.[6]

6   Gilbert SF, Sapp J, Tauber AI, 〈A symbiotic view of life: we have never been individuals〉 Q Rev Biol, 2012; 87(4): 325–41

사실 사람의 몸속에 들어있는 수많은 미생물은 접촉 이후 감염이라는 과정을 거쳐서 공생적 관계를 맺어 왔다. 처음 감염이 되었을 때는 상당히 독력이 커서 질병과 사망을 일으키곤 하지만 점차 독력이 적은 개체가 번성하게 되어 우세한 감염균이 된다. 이후에는 질병을 거의 일으키지 않다가 점차 사람의 세포와 정보 교환을 하면서 서로 이익을 얻는 단계까지 가는 것이다. 이렇게 병원성이 약화되는 기전은 사실 유전자의 변이와 이에 대한 자연선택의 힘이다. 감염을 일으킨 세균 중에서 다양한 유전자 변이가 생기게 되고 그중 병원성이 약한 세균이 병원성이 큰 세균보다 생존력이 크다면 병원성이 약한 세균이 선택되는 것이다. 병원성이 클수록 숙주의 생명을 위협하여 사망에 이르게 하기 쉽기 때문에 세균의 입장에서는 스스로의 생존을 위협하는 것이 된다. 세균은 자신이 갖고 있는 유전자의 변이에 의하여 병원성을 변화시키기도 하지만 한편으로는 세균 간의 유전자 교환을 통해서도 이러한 과정을 거칠 수 있다. 세균 간의 정보 교환이 활발히 일어난다는 것은 잘 알려진 사실이다.

이러한 공생적 관계가 만들어지는 것은 박테리아의 경우에 보다 분명하게 나타나지만 바이러스의 경우도 그럴 가능성이 크다. 코로나, 에이즈, 에볼라, 조류바이러스 등 현재 인류에 위협을 가하는 바이러스가 언젠가는 인류에게 유용한 기능을 주면서 스스로 병을 일으키지 않고 공생하는 바이러스가 될 수도 있다. 물론 그때까지 인류가 겪어야 할 희생이 적지 않다면 신종 바이러스가 공생 바이러스가 될 때까지 바라만 볼 수는 없는 일이다. 바이러스에 대한 백신을 성공적으로 만들어 감염에 의한 피해를 최소화해야 한다. 백신 접종에 의해 면역이 형성된다면 공생적 관계는 만들어지지 않으며 더 이상 사람의 몸에 들어와 질병을 일으키는 일 역시 생기지 않을 것이다.

사실 병원체와 숙주인 사람의 관계는 균형적이다. 이러한 관계는 기본적으로 세 가지의 유형이 있다. 첫째로 병원체가 사람의 몸에서 매우 빠르게 번식하면서 심한 질병을 일으켜 치명률을 높이는 경우로, 이때는 사람이 죽거나 움직일 수 없게 되어 사람 간에 전파 기회를 잃어가는 유형이다. 둘째는 사람의 몸에서 느리게 번식하여 독력이 약해 심한 질병이 생기지 않음으로써 사람 간에 전파할 수 있는 시간을 벌 수 있는 경우다. 세균의 감염과 공존을 생각해 보면 세균과 숙주가 처음 조우했을 때 강력한 독력을 가진 세균도 치명률이 높으면 세균 자신의 근거지가 없어지기 때문에 스스로 독력을 줄이는 방향으로 변화되어 간다. 병원체와 숙주는 서로 조화롭게 살아가는 방향 즉 공존의 방향으로 변화한다. 이 두 가지의 경우가 병원체가 취하는 전략이지만 대개는 같은 병원체라 하더라도 첫 번째 전략에서 두 번째 전략으로 전략을 바꿔 갈 뿐 아니라 궁극적으로는 숙주인 사람의 몸 안에서 번식하지 못할 것이냐 아니면 세 번째 전략인 숙주와 상호 이익을 얻음으로써 공생적 관계를 취할 것이냐를 선택하는 단계까지 나아가게 된다.

포식자와 먹잇감의 관계도 사실 일방적으로 한쪽이 희생을 당하는 관계 같지만 먹잇감이 없어지면 포식자도 생존할 수 없으므로 서로 공존할 수 있는 관계를 형성한다. 각 개체가 이러한 원칙을 이해하고 의도적으로 실천한다고 볼 수는 없지만, 생태계에는 서로 조화를 이루되 어느 한쪽으로 쏠리지 않도록 하는 원칙이 관철되고 있는 것이다. 그런데 이러한 병원체와 숙주의 관계는 또 다른 숙주의 존재에 의해서도 영향을 받는다. 병원체의 주변에 병원체가 번식할 수 있는 여러 종류의 숙주를 어렵지 않게 접할 수 있다면 첫 번째 전략을 유지할 것이고, 다른 종류의 숙주가 없고 사람에 국한되거나 제한된 숙주의 몸속에서 번식을 유지해야 한다면 두 번째 전략이나 세 번째 전략을 택하게 될 것이다.

4

새로운 종으로의 도약

곰팡이, 식물, 동물과 같은 다세포 생물체는 모두 박테리아 혹은 고세균과 같은 단세포 생물체로부터 진화하였다. 그런데 단세포 생명체만이 살던 세계에서 어떻게 다세포가 생겨나게 되었을까? 처음에는 단세포가 분열할 때 분열이 다 이루어지지 못하고 두 개의 세포가 서로 합쳐진 채로 있었을 수도 있다. 이렇게 크기가 커진 세포는 단세포와 경쟁하는 데 있어서 유리한 점이 있었을 것이고 이는 크기 경쟁을 유발하여 다세포 생물체로 나아가는 변화를 가져왔다. 그러나 다세포가 되면 크기에 대비해서 무게가 더 많이 늘어나기 때문에 움직임의 효율성이 떨어진다. 또 세포의 표면적에 대비해 무게가 늘어나면서 세포 표면을 이용하여 영양분을 섭취하고 남은 쓰레기를 버리는 데 한계에 부딪히게 되었을 것이다. 이를 극복하기 위하여 영양분 섭취와 배설과 관련된 세포의 기능이 분화되고 한편으로는 이동을 보다 쉽게 할 수 있는 능력을 얻게 되면서 복잡한 기능의 다세포 생명체로 나아가게 되었다. 이러한 복잡한 기능 위에 대사율을 변화시키고 신경계 등의 기능을 추가하면서 본격적인 진화를 이루었다고 설명할 수 있다.

물론 단세포 생물체인 박테리아나 고세균 또한 그 이전에는 최초의 어떤 생물체로부터 진화되어 탄생했을 것이다. 그리고 그 최초의 생명체는 아데닌A, 티민T, 구아닌G, 사이토신C이라는 독특한 핵염기로 구성되어 있었으며 흔히 DNA 염기서열이라고 부르는, 즉 ATGC의 혼합적 구성으로 된 핵산을 갖추어 다음 세대를 만들어 낼 수 있는 능력을 가졌다. 그런데 이러한 최초의 생명체에서 어떻게 다세포 생물체를 거쳐 매우 복잡한 체계의 포유류, 더 나아가 사람에게까지 이르게 되었을까? 유전자 단독으로는 이러한 변화를 추진할 수가 없다. 유전자의 변이는 후손이 탄생할 때 무작위적으로 발생할 뿐 스스로 어떤 변화를 이룰 수 있는 동력이 없기 때문이다. 이러한 변화는 주어진 환경에 가장 잘 적응하여 생존할 수 있는 개체가 선택되어 살아남고 그렇지 못한 개체는 사멸해 가는 자연선택의 과정이 강력하게 작용하면서 가능하였을 것이다. 환경이 유전자와 상호작용하면서 이러한 변화의 방향을 이끌었다고 볼 수 있다.

유전자와 환경이 상호작용하면서 변화가 초래되었지만, 또 하나의 강력한 추진 체계가 필요하다. 진화의 역사에는 주어진 종이 적응력을 높이는 변화뿐 아니라 질적으로 완전히 새로운 종으로 도약하는 변화 역시 중요했기 때문이다. 이러한 질적인 변화의 핵심은 유전자들이 크게 섞이는 교잡이나 이종 간의 결합이었다. 이렇게 해서 탄생한 개체는 유전자가 섞이면서 새로운 유전자를 갖게 된다. 예를 들어 모세균으로부터 받은 유전자 외에도 유전자 교환에 의해 모세포와 별개의 유전자를 갖게 되는 것이다. 사실 이러한 유전자 교환은 아주 특별한 상황에서만 생기는 것은 아니다. 세균은 세균끼리 수시로 유전자를 교환하는데, 유전자들이 세균과 세균 사이로 자유롭게 이동할 수 있기 때문이다. 따라서 세균이 분열하면서 시간이 지나면 어떤 세균의 유전자는 그 세균의 조상이 갖고 있는 유전자와 크게 다를 수도 있다. 소위 키메라Chimera 세균이 되는 것이다.

이러한 결합은 대개 가까운 종끼리 이루어지곤 했지만 때로는 서로 아주 먼 종 간에도 먹고 먹히면서 발생한 경우가 있다. 대표적으로 생물체 진화의 역사에서 가장 중요한 사건 중 하나라고 할 수 있는 진핵세포의 탄생 과정이 있다. 세포에 핵이 없는 원핵세포인 박테리아와 고세균의 키메라 혼합으로 핵을 가진 진핵세포가 탄생한 것이다. 진핵세포의 탄생은 놀라운 사건이었다고 할 수 있는데, 그 이유는 같은 종류의 세균끼리의 유전자 혼합이나 공생이 아니라 고세균과 박테리아의 이종 결합이었기 때문이다. 그리고 이 사건은 단 한 차례만 성공적으로 일어났던 것으로 보인다. 그 이유는 이후에 일어난 생명 현상에서 진핵세포의 기본적인 세포의 구성이 같았기 때문이다.

진핵세포의 탄생이 중요한 의미를 갖는 또 다른 이유는 이종 세균 간의 결합에 의해서 세포의 핵 내에 에너지 공급소의 역할을 하는 미토콘드리아를 가지게 되었다는 데 있다. 음식 섭취로 만들어지는 에너지가 체내의 여러 작용을 위해 유용하게 사용되어야 세포의 다양한 생명 활동을 수행할 수 있다. 이를 위해서는 에너지를 공급해주는 유기 화합물인 아데노신 3인산, 즉 ATP Adenosine TriphosPhate의 형태로 에너지가 변환되어 보존되는 과정이 필요하다. 이는 마치 에너지를 저장하였다가 사용하고 다시 보충하는 시스템이라고도 할 수 있어 에너지 화폐인 셈이다. 대사 과정에서 아데노신 3인산이 소비되면 아데노신 2인산 또는 아데노신 1인산으로 전환된다. 식품 섭취로 에너지원이 들어오면 이를 산화하여 다시 아데노신 3인산으로 만드는 과정을 통해 매일 생명 활동에 쓰이는 ATP를 재생하여 충당하는 것이다.

미토콘드리아는 이러한 에너지 시스템을 갖고 세포의 생화학 반응에 필요한 화학 에너지를 생성해 그것을 ATP에 저장하였다가 활용한다. 따라서 우리의 에너지 시스템, 즉 인간이 신체적인 활동을 하고 정신적으로 사고하는 데 쓰이는 에너지 시스템의 기원은 진핵세포의 탄생 때 이종 결합한 미생물에 기반한 것이다. 그렇기 때문에 에너지 불균형으로 초래되기나 악화되는 질환들을 관리하기 위해서는 미토콘드리아에 대한 이해가 매우 중요하다. 당뇨병을 포함한 현대인의 많은 질병이 미토콘드리아가 오랜 역사를 통하여 생존하고 활동해 왔던 세포 내의 환경과 크게 다른 환경을 만드는 오늘날의 생활 양식에서 기인하기 때문이다.

5

에너지는 미토콘드리아와의
공생 체계에서 얻는다

모든 세포는 DNA와 같은 정보체계를 설계도로 하여 벽돌과 같이 몸을 구성하는 구조적 역할과 효소와 같이 물질들을 분해하고 움직여서 대사 기능을 하는 단백질, 그리고 이러한 요소들이 서로 유기적으로 움직일 수 있도록 하는 에너지를 필요로 한다. 즉 에너지는 세포가 생성되거나 활동을 수행할 때 동력을 얻기 위하여 필요하다. 사실 우리가 어떤 물건, 예를 들어 자동차를 만들 때 쇠를 비롯한 여러 가지 원료로 만들어진 부품과 자동차의 설계도 정보가 있어야 하지만, 한편으로는 이들을 조립하여 생산하는 동력이 필요하고, 또 만들어진 자동차가 운행될 때에는 가솔린과 같은 에너지원이 필요하다. 즉 자동차를 만들고 이용하는 데에는 설계도와 부품 외에도 에너지가 필요한 것이다. 생명체 역시 정보체계와 생명체의 구성물이 필요하며 이러한 생명체가 만들어지고 활동을 할 때는 에너지를 얻고, 저장하고, 사용하는 능력을 갖추어야 한다.

따라서 생명이 있는 모든 개체는 에너지의 지속적인 공급이 필요하다. 세포 활동이란 끊임없는 물리적, 화학적 변화로 이루어져 있고 그 각 변화의 단계마다 에너지가 사용된다. 예를 들어 태아가 수정된 후 태어나서 어린이로 성장할 때 새로운 세포들이 생겨나서 조직이 만들어지고 각 조직은 서로 연결되어 기능을 수행하며 또 크기가 커진다. 이러한 일들은 단백질과 같은 인체의 구조물과 효소들이 생성되면서 일어난다. 즉 생합성biosynthesis으로 새로운 화학 결합이 형성되고 새로운 분자들이 합성되며, 이러한 분자들이 많아지면서 세포가 커지고, 이후 세포가 분열, 분화하면서 기능을 수행하게 되는 것이다. 한편 이미 만들어진 세포 자체도 그대로 있는 것이 아니라 세포 내의 구조물들을 끊임없이 재편성하면서 기능을 유지한다. 낡고 비효율적인 세포 내의 구조물을 청소하여 제거하고 새로운 구조물을 만들어 내는 것이다.

이렇게 기존의 세포를 유지하는 데에도 상당한 에너지가 사용된다. 뿐만 아니라 세포는 세포가 가진 각 세포의 고유 기능을 수행하기 위하여 끊임없이 유기분자를 만들어 생명체가 필요한 구조물과 효소를 형성하거나 생명체 활동을 위한 정보를 산출하고 전달하는 일을 한다.

적절하게 에너지가 공급되지 않거나 에너지가 효율적으로 사용되지 않는다면 세포는 활력을 잃게 되고 생명체는 질병 혹은 죽음을 맞게 될 것이다. 우리 몸은 아무 활동을 하지 않고 가만히 있는 듯해도 몸의 체온을 유지하고 심장을 뛰게 해서 혈액을 공급하며 또 호흡을 하기 위해 상당량의 에너지를 쓰고 있는 셈이다. 기초대사량만 하더라도 하루에 1500kcal 정도의 에너지가 필요하다.

이러한 에너지는 어디서부터 오고, 세포는 이 에너지를 어떻게 이용하는 것일까? 지구상의 모든 생명체에게 끊임없이 에너지를 공급해 주는 근본적인 에너지원은 태양이다. 햇빛이 없는 밤에 불을 밝히고 난방을 할 수 있게 해 주는 석탄이나 석유 같은 화석 연료도 과거 생물체의 사체로부터 온 것이기 때문에 거슬러 올라가면 태양이 에너지원이다. 사람은 햇빛으로부터 직접 화학물질을 합성하지 못하지만 체온을 유지할 수 있도록 온기를 얻고, 햇빛을 이용하여 광합성으로 자란 식물을 먹고, 또 식물을 먹고 자란 동물을 먹음으로써 에너지를 취하고 있다. 따라서 사람의 생명을 유지하는 근본적인 에너지원 역시 태양이다.

사람이 음식으로부터 에너지를 얻는 과정은 마치 석탄이나 석유와 같은 화석 연료를 태워서 에너지를 얻는 것과 같다. 탄수화물, 지질, 그리고 단백질은 우리가 먹는 식품의 주요 구성 성분이고 이들이 에너지를 만들어 내는 연료의 역할을 한다. 소화관에서 이러한 음식을 소화해서 작은 조각으로 분해한 다음에 이 영양소들을 혈류로 들어가게 하고, 이후 영양소들이 각 조직의 세포들에 들어간 다음에 인체 각 조직에 있는 세포들이 이 영양소들을 화학 에너지로 변환하는 것이다. 에너지로 사용되는 식품 소화의 주요 최종 산물은 포도당이지만 지방산 같은 지질 성분이나 펩티드 또는 아미노산 같은 단백질도 에너지원이 될 수 있다. 이 에너지원들은 세포 내에 들어와 산화 과정을 거치는데, 산소를 이용하여 화학 결합을 깨뜨리면서 에너지를 방출하게 된다. 마치 석유나 석탄을 산소를 이용하여 태우는 과정과 같다.

미토콘드리아는 화학적 작용을 통하여 연료인 포도당과 같은 에너지원을 태워 에너지를 생산하는 데 핵심적인 역할을 한다. 따라서 칼로리 과다 섭취가 당뇨병의 유행과 관련이 있다면 미토콘드리아가 그 중심에 있다고 생각해도 무리가 아니다. 실제로 여러 연구 결과, 미토콘드리아의 기능 저하와 당뇨병의 발생은 서로 밀접한 관련이 있는 것으로 밝혀졌다. 미토콘드리아는 에너지를 만드는 발전소 역할을 하다가 포도당과 같은 연료 공급이 지나치게 많거나, 운동 부족 등으로 에너지의 수요가 줄어들면 발전소의 역할을 줄인다. 소비되지 않은 당이 세포 내에 있으면 세포 내에서 독성을 일으키거나 세포 내의 단백질이나 지방과 결합해서 정상 기능을 하지 못하는 변형된 분자를 만들어 미토콘드리아가 사는 환경을 악화시키기 때문이다. 이처럼 세포 내에 사용되지 않고 남은 당이 많아지면 세포 내 환경이 나빠져 미토콘드리아의 수가 줄어들거나 기능이 약화하기 때문에 포도당과 같은 연료를 공급해 주어도 세포 내에서 이를 에너지로 만드는 효율은 떨어진다.

에너지 생산 효율이 떨어지면 혈액 내에 있는 당을 세포 내로 끌어들이는 양을 줄이기 위하여 세포는 표면에 있는 인슐린 수용체의 수를 줄인다. 이렇게 되면 혈액 내에 당과 인슐린이 상당히 많이 있어도 세포 내로 운반되는 당의 양은 줄어들게 되는데 이러한 상태를 '인슐린 저항성'이 생겼다고 한다. 당뇨병의 중요한 특성 중 하나가 이와 같은 인슐린 저항성이다. 따라서 에너지 대사의 중심인 미토콘드리아의 기능 저하가 당뇨병 발생에 중요한 역할을 하는 셈이다. 현대인이 가진 질병 중 하나인 당뇨병은 우리가 미토콘드리아, 즉 과거 진핵세포가 만들어질 때 결합한 세균과의 공생 체계를 제대로 관리하지 못하여 나타나는 질병이라고 볼 수 있다.

흥미로운 점은 미토콘드리아가 세균 간의 이종 결합에 의하여 세포에 포함된 작은 기관이 되었지만 여전히 독립된 세균의 형태를 유지하고 있다는 것이다. 예를 들어 미토콘드리아 유전자의 상당 부분이 핵유전자로 이동했지만, 일부는 미토콘드리아에 그대로 남아 있으면서 어느 정도 독립적인 활동을 할 수 있다. 핵유전자의 입장에서는 유전자의 혼합이 생긴 것인데 완전한 혼합이 아니고 미토콘드리아의 독립성을 부분적으로 유지하는 혼합 체계인 것이다. 미토콘드리아 유전자의 대부분이 핵유전자로 이동했다면 왜 일부 유전자는 미토콘드리아에

남아 있을까? 이처럼 유전자를 한곳에 모아두지 않고 핵유전자와 미토콘드리아 유전자로 분산시켜 가지고 있는 이유는 무엇일까?

세포에는 수백 개의 미토콘드리아가 있어 세포 내에 들어오는 당과 같은 영양소를 에너지로 바꾸는 주요한 기능을 한다. 즉 세포 내에서 에너지의 수요와 공급, 그리고 외부 스트레스 등에 따라 에너지 발전량을 조절하는 일을 하는데, 각 미토콘드리아가 독립적으로 미세 조절하는 것이 핵유전자에 의하여 미토콘드리아 기능을 일괄적으로 조정하는 것보다 세포 내에서 일어나는 다양한 대사 과정에 보다 적절하게 에너지를 공급할 수 있기 때문이다. 소위 분산형 에너지 시스템이 중앙 집중형 에너지 시스템보다 상황에 대한 적응성을 더 갖출 수 있기 때문이라고 볼 수 있다.

기원전 4000년경 메소포타미아의 우르에 있던 치유는 찰진 진흙을 반죽하여 햇볕에 말리고 있었다. 불로 구운 벽돌이 더 튼튼하기는 했지만 불을 때는 목재가 너무 비싸서 대신 잘 마른 진흙 벽돌로 집을 지어야 했기 때문이다.

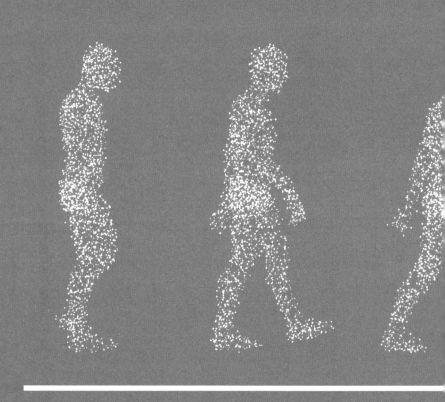

5장

사회적 인간

1
문화적 진화 메커니즘

인간 사회가 각자 독립적으로 경쟁적인 개인들이 모여 있는 단순한 집단이 아니라 기능적으로 전문화된 그룹들이 통합되는 과정을 거치면서 하나의 사회로 변화했다는 점과 이 과정 자체가 자연선택되는 과정이었다는 것을 생각해 보면 흥미롭다. 특히 이러한 전환이 새로운 분업의 형성, 완전한 개인의 자율성과 자유로운 생식 활동에 대한 사회적 통제, 그리고 정보가 전달되고 교류되는 경로의 다양화를 포함하는 사회적 네트워크의 형성 등 공통적인 양상을 배경으로 한다는 점이 관심을 끈다. 이러한 변화가 가능했던 것은 사람들이 언어의 탁월함을 바탕으로 하여 친족의 범위를 넘어 비친족과의 협력이나 복잡한 노동 분업을 발전시킬 수 있었기 때문이다.

인간 역시 유전자에 기반을 둔 자연선택의 영향을 벗어날 수는 없지만 다른 생물체와는 달리 유전적 진화뿐 아니라 문화적 과정을 통한 진화적 발전을 겪는다는 점에서 차별성이 있다. 이러한 발전을 들여다보면 인간 사회는 홀로 사는 삶을 선택하거나 작은 가족을 이루는 데 그치지 않고 자신의 완전한 자유를 희생하면서 문화적 통제를 기꺼이 받아들이고 보다 큰 사회 조직에 적응해 가는 발전이었다. 이 과정에서 자신이나 자신이 속한 세대만이 아니라 후손과 미래 세대를 위하여 업적과 성과를 물려주는 상속과 같이, 인간에게만 독특하게 있는 문화적 특성을 갖게 되었다. 따라서 인간이 문명을 이루고 또 작은 공동체 단위에서 부족이나 국가와 같은 보다 큰 사회 조직을 갖게 된 이유는 특정한 유전자가 선택되는 자연선택의 과정이었다기보다는 문화적인 환경 선택의 과정으로 보는 것이 더 타당할 수 있다. 문화적인 환경 선택은 자연적인 환경에서 선택이 일어나는 과정이 아니라 사회문화적인 영향을 받아서 선택이 일어나는 과정이다. 이와 같은 문화적인 환경 선택은 유전자적 진화 메커니즘과 다른 인간 사회의 두 번째 진화 메커니즘이다.

언어, 신념, 규범, 제도 및 기술을 포함하여 사회적으로 전달되는 정보로 구성된 문화는 사람들이 주어진 환경에서 생존하고 적응하는 방법에 큰 영향을 미친다. 이렇게 문화적 환경 선택에 의하여 이루어지는 진화는 여러 면에서 유전적 진화와 다른 특성들을 갖는다. 예를 들어, 유전적 진화는 후세에게 수직적이고 비전략적으로 전달되는 방식을 취하지만, 문화적 진화는 대개 전략적인 사회적 학습을 통해 문화적 모델들을 후세에게 전달하는 방식을 취한다. 더욱이, 유전적 변이는 기본적으로 무작위로 일어나지만, 문화적 변이는 의도적 혁신에 의해 창조된다.[1] 또한 인간 사회에서 문화적 진화는 유전자 전달에 의한 진화보다 더 큰 영향을 가질 수 있다. 문화적 진화는 유전적 진화에 비해 훨씬 빠르게 이루어지기도 한다. 이러한 속도의 차이가 나는 이유는 세대 간 문화적 전달의 시간이 유전적 전달의 시간보다 훨씬 더 짧기 때문이다. 인간의 경우 부모의 출생과 자손의 출생 사이의 평균 시간인 유전적 전달의 단위 시간은 대략 20년에서 30년 사이의 범위인 반면, 정보를 학습하고 전달하는 문화적 전달 시간은 짧게는 초 단위로도 일어난다. 따라서 문화적 진화가 유전적 진화 못지않게 어떤 의미에서는 보다 더 큰 잠재적 영향력을 준다고 볼 수 있다.[2]

인간 문화란 개인 간의 학습을 통하여 전달될 수 있거나 시간이 지

1   Waring T.M, Wood Z.T, 〈Long-term geneculture coevolution and the human evolutionary transition〉, Proc. R. Soc. B, 2021; 288: 20210538 https://doi.org/10.1098/rspb.2021.0538

2   Lambert B, Kontonatsios G, Mauch M, Kokkoris T, Jockers M, Ananiadou S, Leroi A.M, 〈The pace of modern culture〉, Nat. Hum. Behav, 2020; 4: 352360

남에 따라 변화되고 발전할 수 있는 생각이나 행동, 그리고 인간이 만들어 낸 물건이나 조형물 등을 일컫는다. 그런데 이 문화의 전달과 변화의 과정은 자연선택을 통한 전달과 변화라는 다윈의 자연선택론 관점에서 보아도 자연선택의 과정과 매우 유사하다고 할 수 있다. 전달과 혁신을 통해서 선택되는 문화적 특징은 개념적으로 전달과 변이를 통해서 선택되는 유전적 자연선택 과정과 크게 다르지 않기 때문이다. 그러나 좀 더 자세히 들여다보면 유전적 전달과 문화적 전달은 상당한 차이가 있다. 유전적 전달은 수직적으로 이루어지지만 문화적 전달은 수직적 전달 외에도 수평적으로도 이루어진다. 예를 들어 자녀는 부모가 가지고 있는 문화적 특성을 거부하고 사회적 학습을 통하여 부모의 것과는 매우 다른 문화적 특성을 습득할 수 있다. 어떤 아동들은 부모뿐만 아니라 부모가 아닌 다른 성인이나 또래로부터 문화적 특성을 습득하는 경우도 있다.[3] 이는 문화적 특성의 다양성을 증가시키는데, 이러한 다양성이 더 많을수록 개인이 사회적 학습을 통해 특성을 습득할 기회를 가질 가능성이 더 커진다.

그렇다고 유전적 진화와 문화적 진화를 칼로 무 자르듯이 구분해서 보기도 어렵다. 서로가 영향을 주고받으면서 진화를 이루어 왔기 때문

3   Nicole Creanza, Oren Kolodny and Marcus W. Feldman, 〈Cultural evolutionary theory: How culture evolves and why it matters〉, PNAS, 2017; 114 (30) https://doi.org/10.1073/pnas.1620732114

이다. 또 영향을 주고받는 과정은 단순하게 이루어진 것이 아니다. 인간 문화는 지구상에 있는 생명체 중 단연코 가장 복잡하고 광범위한 형태의 문화이며 인간 유전에 미치는 영향도 그만큼 깊다. 인간 소화기관의 변화, 온순한 성격의 출현과 공격성의 감소, 언어 발성에 적합한 성대의 변화, 사회적 학습을 위한 인지기능의 향상 등 인체의 구조와 기능, 그리고 성격의 변화 중 일부는 문화적 영향이 유전적 진화에 영향을 준 결과라고 볼 수 있다. 유전자의 변이는 무작위적으로 일어나지만, 인간의 문화적 영향에 의하여 유전자의 자연선택이 영향을 받았고 이는 다시 문화적 진화에 영향을 주었다고 볼 수 있는 것이다.[4]

어떤 의미에서는 집단 수준의 문화적 진화가 인간의 생물학적인 유전적 진화보다 더 주어진 환경에 잘 적응할 뿐 아니라 더 빠르다고 할 수 있다. 따라서 인간 삶의 상당 부분이 문화적으로 진화된 공동체 사회에서의 행동 양식과 기술에 의해 영향을 받는다. 앞으로도 문화가 인간 진화에 미치는 영향력은 계속 커질 것으로 전망된다. 그런데 이러한 영향력은 인간 사회에 미치는 영향에만 국한되어서 나타나는 것이 아니라 보다 큰 범위의 영향, 즉 지구 생태계에 미치는 광범위한 영향으로 나타날 것이다. 따라서 인간 사회의 규모와 복잡성 그리고 그 영

---

4   Waring T.M, Wood Z.T, 〈Long-term geneculture coevolution and the human evolutionary transition〉, Proc. R. Soc. B, 2021; 288: 20210538 https://doi.org/10.1098/rspb.2021.0538

향력으로 인해 인간이 지구에서 지배적인, 최상위 개체로 자리 잡았다는 의미는, 단순히 인간의 문화적 진화가 인간의 생물학적 진화에 영향을 미쳤다는 것 이상으로 전 지구적 생태계에 중요하다는 것이다.

기술의 발달

최초로 석기를 만들거나 사용한 존재는 호미닌, 즉 인류 종이 아닐 수도 있다. 아마 그 영예는 약 330만 년 전에 케냐의 투르카나 호수 기슭에 살았던 어떤 존재에게 돌아가야 할 것이다. 그곳에서 발견된 원시적인 도구들은 인류 종이 등장하기 약 70만 년 전에 만들어졌기 때문이다. 석기의 개발은 상당한 지적 능력과 함께 손으로 제작할 수 있는 신체적 능력을 갖고 있어야 하기 때문에 인류 종이 나타나기 전에 이러한 능력을 지닌 존재, 즉 남방원인과 호모 하빌리스Homo habilis 사이에 어떤 존재가 있었다는 것을 알 수 있다. 인류 종이 만든 가장 오래된 석기 도구는 약 260만 년 전에 나타난다. 호모 하빌리스가 만들고 사용

했던 이 도구들이 수렵채집 시기에 나타났던 도구 제작 발전의 시작이었다고 볼 수 있다.[5]

둥근 돌을 깎은 모양과 물방울 모양으로 생긴 손도끼는 호모 에렉투스Homo Erectus 시기에 출현하여 이들의 이동과 더불어 널리 퍼지게 되었다. 이들은 절삭 날을 형성하는 날카로운 박편 표면을 만들어 낼 수 있는 기술을 입증했고, 지금으로부터 10만 년 전까지 사용되었다. 이후 네안데르탈인은 좀 더 날카로운 박편을 만들어 칼 모양에 가까운 석기를 사용함으로써 이들이 우수한 도구 제작 능력을 소유하고 있었음을 증명한다. 이처럼 돌을 깎아 만든 최초의 도구였던 망치와 모루, 그리고 원시적인 절단 도구가 나타났다. 이후 보다 진보된 양면 손도끼, 식칼, 곡괭이가 등장했다. 이어서는 더 작은 칼날, 촉과 함께 손잡이가 달린 창이 만들어지고 작살과 함께 물고기를 잡는 도구, 그리고 활과 화살이 만들어졌다. 연마 기술이 발전하면서 구슬과 펜던트와 같은 예술품들이 등장하고 어느 정도 시간이 지나서는 드디어 옷을 꿰매기 위한 바늘이 발명되었다. 그리고 바늘의 발명은 인류의 삶과 역사를 바꿔 놓은 몇 가지 발명품 중 하나가 되었다.

사람들이 언제 옷을 입기 시작했는지는 확실하지 않지만 인류학자들은 10만~50만 년 전쯤으로 추정하고 있다. 첫 번째 옷은 동물의 가

---

5   https://www.bbc.com/news/science-environment-32804177

죽, 모피, 풀, 잎, 조개 등 자연적인 요소로 만들어졌는데, 의복은 이리한 요소들을 대개 걸쳐서 입거나 서로 묶어서 사용하였다. 이후 바늘이 등장하면서 옷을 꿰매서 입을 수 있게 되었다. 동물 뼈로 만든 단순한 바늘은 적어도 3만 년 전에 나타나 가죽과 모피 의복을 꿰매었다는 증거가 있다. 옷을 만들어 입을 수 있게 되면서 인류는 지구 곳곳에 정착할 수 있는 기반을 갖추게 되었다.

이러한 도구 제작의 역사를 보면 성과가 누적되면서 보다 효율적이고 효과가 큰 도구를 만들어 왔음을 알 수 있다. 성과가 누적된다는 뜻은 성과를 공유하고 이를 바탕으로 새로운 발전을 꾀하였다는 것을 의미하며, 또 동시에 보다 우수한 도구가 나타나면 그 이전에 나타난 도구들은 소멸했다는 것을 나타낸다. 어떤 면에서는 도구의 전달과 발전은 유전자의 진화 과정과 많이 닮았다. 유전자 역시 후손들에게 전달되는 한편 그중에서 우수한 유전자가 나타나면 그렇지 못한 유전자들은 소멸해 가기 때문이다.

이러한 성과물 중 하나가 바퀴다. 가장 오래된 바퀴는 메소포타미아에서 발견되었으며 기원전 3500년경에 발명된 것으로 여겨진다.[6] 사실 바퀴는 직물과 도자기, 그리고 배가 나타난 이후에야 등장했다. 흥미롭게도 고대 아메리카 문명에는 조그만 장난감용 바퀴 말고는 존재

---

6   https://www.thoughtco.com/the-invention-of-the-wheel-1992669

하지도 않았다. 가장 초기의 바퀴는 나무로 만들어졌고 중심에 축을 위한 구멍이 있었는데 바퀴 달린 수레가 물건을 운반하는 데 매우 우수하다는 점이 알려지면서 곧 중동과 유럽, 중국 등 다양한 지역에서 나타났다. 그런데 바퀴의 발명이 다른 기술의 발명과 다른 특징은 대부분의 초기 인간 발명품과 달리 자연의 어떤 것도 모방해서 만들지 않은 인간의 독특한 창조물이라는 점이다.

우리는 흔히 기술을 기계와 소프트웨어로 이루어진 장치에 관한 것이라고 생각한다. 오래전부터 기술은 바퀴와 수레 같은 장치의 제조술이나 배를 운항하는 항해술, 또는 기계 장치의 작동술 같은 것으로 인식했다. 하지만 인간의 삶을 풍요롭고 편리하게 하는 장치와 관련된 것만이 기술일 필요는 없다. 기술이란 인간의 삶에서 드러난 문제를 해결하고자 인간이 고안한 모든 것을 일컫는다는 의미가 적절할 것이다.

그런 면에서 불을 다스리는 기술은 여러 가지 기술 중 으뜸이라고 할 수 있다. 추위를 피하기 위해 고안한 불을 다스리는 기술은 비록 인류가 아니라 150만 년 전쯤의 인류 종이었던 호모 에렉투스에 의해 등장했지만 인간 삶의 문제를 해결하는 기술 중 가장 중요한 기술이다. 불은 밤에 빛과 따뜻함을 제공할 뿐만 아니라 맹수들을 겁주는 데 유용했을 것이고 연기는 곤충을 멀리하는 데 효과적이었을 것이다. 그러나 습관적으로 불을 사용했다는 분명한 증거는 40만 년 전의 이스라엘 동굴로 거슬러 올라간다. 텔아비브 인근에서 발견된 케셈 동굴에서 불에 그을린 석기와 고기를 구운 흔적이 나타났기 때문이다. 아마 이들은 호모 사피엔스의 직접적인 조상이거나 호모 사피엔스에게 불을 다스리는 기술을 전수한 인류 종이었을 것이다. 이렇게 얻은 기술로 인류는 불을 이용한 요리를 만들게 되었고, 불에 익힌 음식의 섭취는 인간의 뇌 발달에 중요한 역할을 했을 것이다. 또 불을 이용한 난로는 사회적 구심점을 형성하여 언어 발달을 도왔을 것으로 유추하는 것도 충분히 가능하다.[7]

7   Andrew C. Scott, 《Burning Planet: The Story of Fire Through Time》, Oxford Univ pr, 2020

3
공감 능력은 성공 전략이다

인간이 살아가는 데 더 근본적인 도움을 준 것은 불이나 바퀴, 인쇄 기계 등의 기술이 아니라 언어처럼 함께 더불어 살아가는 사회에 반드시 필요한 소통 수단과 감정을 느끼고 공유하는 공감 능력이었을 것이다. 사실 공감 능력은 인간만이 가진 특성이 아닌, 동물계에도 널리 퍼져 있는 특성이다. 공감이라는 특성의 진화는 자연선택적 압력에 의해서 이루어졌다고 할 수 있다. 공감은 협력을 장려할 수 있으므로 공감 능력을 갖추는 것이 개체나 집단의 이익이 될 수 있었다. 또 공감은 외부 공격에 빠른 반응을 촉진할 수 있어 집단의 생존력을 높일 수 있었다.

생물학적 개체로서의 인간은 그야말로 나약하고 위험에 노출된 존재이지만 슬픔이나 기쁨을 같이 느끼고 집단으로 두려움을 피하거나 열망을 이루려 할 때 나타나는 힘은 어마어마하다. 이러한 감정의 공유 기술은 나약한 인간을 세상의 지배자로 만들었다. 물론 집단을 이루는 코끼리가 종족의 죽음 앞에서 보이는 슬픔이나 달려드는 사자 앞에서 무리를 지어 달아나는 영양의 공포감 역시 감정의 공유로 나타나는 현상이다. 하지만 인간이 가진 감정의 공유 능력은 두려움과 슬픔 같은 원시적인 감정을 훨씬 넘어서 창조적인 열망처럼 끊임없이 인간의 발전을 촉구한다. 이러한 능력이 문학과 예술을 낳았고 문명을 견인해 왔다.

우리는 공감에 너무 익숙해져 그것을 당연하게 여기지만 오늘날의 인간 사회를 만드는 데 있어서 공감은 필수적인 특성이다. 다른 사람의 감정을 받아들일 능력이 없다면 오늘날의 인간 사회는 만들어질 수 없었을 것이다. 인간의 자손은 어린 시기에 타인의 돌봄이 절대적으로 필요한데 이러한 필요에 민감하게 대응해야 했기 때문이다.

타인과의 협력은 우리 조상의 생존에 크게 도움이 되었기 때문에 다른 사람의 마음을 이해하고 공유하는 능력이 진화했을 것이다. 특히 사회의 규모가 커지면서 큰 사회를 움직이는 도덕 기반이 없었으면 사회 발전이 어려웠을 것인데, 이러한 도덕이 공감에 기초한다. 경제학에 대한 관심을 갖기 전에 윤리 철학을 전공한 애덤 스미스Adam Smith는 이를 두고 "타인의 고통을 나의 환상의 장소에 두는 것"이라고 하면서 타인의 고통을 느끼려는 공감 능력이 도덕의 기반이라고 하였다.[8] 이기심이 경제를 돌아가게 하는 경제 활동의 생명줄이라고 강조하였던 애덤 스미스도 공감이 사회의 중요한 기반이며 이기심과 상충되지 않는 개념이라는 것을 이야기한 것이다.

그런데 공감 능력은 인간에게만 특징적으로 나타나는 특성이 아니라는 것이 밝혀지고 있다. 사실 포유류로 넓혀서 보아도 자손에게 무엇이 필요한지를 아는 포유류의 조상은 그러한 능력을 갖추지 못하고 무관심했던 개체보다 자손의 생존을 더 성공적으로 확보할 수 있었다. 따라서 의사소통 능력은 자연선택 과정을 통해 시간이 지나면서 더욱 발달하여 공감 같은 훨씬 더 복잡한 메커니즘으로 진화했다.[9]

이와 관련한 연구에서, 쥐에게 지렛대를 작동하면 먹이를 받아먹을 수 있도록 훈련시켰다. 그러나 지렛대 작동으로 다른 쥐에게 전기 충격이 가해지자, 훈련받은 쥐는 지렛대를 작동하는 행위를 포기하고 먹이를 더 이상 받지 않았다.[10] 쥐가 자신에게 이득이 되는 행위라도 자신

---

8   Adam Smith, 〈The theory of moral sentiments〉, Eighteenth Century Collections Online https://quod.lib.umich.edu/e/eccodemo/K111361.0001.001/1:4.1?rgn=div2;view=fulltext

9   de Waal F.B, 〈Putting the altruism back into altruism: the evolution of empathy〉, Annu. Rev. Psychol. 2008; 59: 279300

10   Church, R.M, 〈Emotional reactions of rats to the pain of others〉, J. Comp. Physiol. Psychol. 1959; 52: 132134

과 같은 계통의 쥐에게 고통을 준다는 것을 인식하면 그 행위를 피하려 하는 것이다. 하지만 이런 공감은 대개 같이 자랐거나 친족의 범위에 있을 때 잘 나타나며, 다른 계통의 구성원에게는 공감보다 경쟁 의식이 더 앞서 다른 쥐를 돕지 않는 것으로 관찰되기도 한다. 그런데 다른 계통의 쥐라도 같은 사육 공간에서 함께 지내면 서로 돕는 쪽으로 변화된다. 이러한 관찰은 표현형 어떠한 특징적인 모습이나 성질이 아주 다르지 않고 비슷한 경우라면 반드시 같은 계통이 아니더라도 사회적으로 친한 관계를 만들어 나가는 것을 보여 준다.[11]

어떤 의미에서 공감은 협력 관계를 형성하여 서로 간에 이익을 얻고자 하는 메커니즘이라고 할 수 있다. 그런데 효과적으로 협력하려면 상대방의 활동과 목표에 세심한 주의를 기울여야 한다. 예를 들어, 암사자는 다른 암사자가 사냥 모드에 들어갈 때 재빨리 알아차리고 합류해 사냥의 성공에 기여할 수 있어야 한다. 그래야 자신과 새끼에게 돌아가는 몫이 생기기 때문이다. 수컷 침팬지는 친구가 다른 침팬지와 충돌할 때 주의를 기울이다가 필요할 때마다 도움을 주어 그 관계를 성공적으로 만들 수 있어야 친구와 좋은 관계를 유지하고 공동의 이익을 취할 수 있다. 즉 효과적인 협력을 위해서는 다른 개체의 감정을 잘

11   Ben-Ami Bartal I, Rodgers D.A, Bernardez Sarria M.S, Decety J and Mason P, 〈Pro-social behavior in rats is modulated by social experience〉, eLife, 2014; 3: e01385. doi: 10.7554/eLife.01385

이해하고 공동의 목표를 달성할 수 있도록 타 개체와 잘 맞추어 가야 한다. 따라서 공감 능력은 공동의 성공을 위한 전략인 것이다.

4

공동체의 가치 기준

공동체가 추구하는 가치는 공동체라는 특정 사회적 그룹에 속한 개인들이 공유하고 있는 신념이라고 할 수 있다. 공동체 가치는 사회적 행동에 대한 기대치와 타인을 어떻게 대해야 하는지에 대한 기준을 설정하는 역할을 한다. 공동체에는 이러한 가치를 기반으로 공동체 구성원의 협업과 포용, 상호존중이 생기고, 이를 바탕으로 발전적 변화를 추구한다. 공동체의 목표는 사실 단순하다. 공동체와 구성원들의 전반적인 발전을 꾀하는 것이다. 이러한 목표를 달성하기 위해서는 공동체 사회를 소중히 여기고 모두를 위한 긍정적인 변화를 적극적으로 추구하는, 정직하면서 공동체의 목표에 충실한 사람들이 필요하다.

공동체가 변화·발전하기 위해서는 언어 같은 고도의 의사소통 수단이 절대적으로 필요하다. 언어는 5천 년 전쯤 글자의 출현으로 새로운 발전 단계를 거치게 되었다. 첫 번째 문자라고 알려진 수메르의 설형문자에서 이집트의 상형문자, 중국의 신탁문자, 메소아메리카의 표어문자 등은 순식간에 사라지는 말을 오랫동안 남아 있도록 했다. 이는 동시대뿐 아니라 후손에게도 전달할 수 있는 방식으로 전환되어 문명 전달의 중요한 기술적 수단이 되었다. 이러한 전달의 욕구는 내 생각을 전달하여 공유의 대상이 되고자 함이다. 생각의 공유는 특별한 경우를 제외하고는 내 것을 남에게 내어 주어 나에게 손해가 되는 일이 아니라, 타인과 생각을 공유함으로써 나를 확장해 이득을 얻는 일이기 때문이다.

이야기는 공유를 위한 가장 좋은 전달 수단이다. 이렇게 이야기를 통해 생각과 감정을 공유하는 이유는 나를 알리는 것을 넘어서 보다 좋은 생각을 만들고 그것을 공유하여 공동체의 안전을 지키고 발전시킴으로써 다시 나의 안전을 도모하고 나를 발전시키려는 것이다. 예를 들어 구약성서의 욥기는 순식간에 재산과 자식과 건강을 잃어도 믿음을 지키면 회복될 뿐 아니라 더 큰 은혜를 받는다는 내용을 담았다. 공동체가 믿는 가치를 배신하지만 않으면 아무리 어려운 상황에서도 이에 대한 보상이 크다는 것을 이야기해 준다. 물론 이야기 속으로 들어가면 단순하게 믿음을 지킨다는 내용이 아니라 불행한 일을 겪은 후의 불만과 좌절이 있고 친구들의 비난과 같은 세상사를 겪는 과정을 통해 보통 사람들이 겪을 수 있는 감정을 보여 준다. 결국, 공동체 속에서 각자 삶의 불행은 있지만 그럼에도 공동체 가치를 지키는 자에게는 보상이 따른다는 이야기가 된다.

보상과는 다르게 처벌에 대한 이야기도 자주 등장한다. 흥부와 놀부 이야기는 공동체의 중요한 가치와 처벌의 이야기다. 제비를 구해 주고 부자가 되었다는 흥부의 소식을 들은 놀부는 더 큰 부자가 되기 위해 당장 자기 집 처마에 둥지를 튼 제비를 잡아 일부러 다리를 부러뜨린 다음 다시 고쳐 주었다. 이듬해 봄 제비가 대가로 박씨를 가져오자 놀부는 그것을 심어 박을 키워 탔는데, 박 속에서 나온 건 곡물과 금은보화가 아닌 도깨비였고 이들에 의해 놀부 가족은 하루아침에 거지 신세가 되고 말았다. 놀부의 이야기는 열심히 일하며 재산도 모으고 발전을 도모하는 사람이라 할지라도 타인을 배려하지 않고 나누려 하지 않는다면 혹독한 처벌을 받아야 한다는 교훈을 남긴다. 공감과 공유가 자기 발전의 노력보다 공동체의 가치 기준으로 볼 때 우위에 있음을 전달하고자 한 것이다.

공동체 사회에서는 조롱과 멸시를 심한 처벌로 다스렸다는 이야기도 있다. 테베의 왕비인 니오베는 7남 7녀를 둔 어머니로 14명의 자식이 가장 큰 자랑거리였다. 한번은 테베의 백성들이 레토 여신과 쌍둥이 남매인 아폴론과 아르테미스를 숭배하는 의식을 성대히 치르고 있었다. 니오베는 화를 내며 자신에 비해 훨씬 적은 1남 1녀밖에 두지 못한 레토 여신을 향해 온갖 조롱과 멸시가 넘치는 폭언을 쏟아붓고 백성들에게는 의식을 당장 그만두라 호통쳤다. 이를 본 레토 여신은 화가 나, 아폴론과 아르테미스 남매를 불러 분통을 터트렸다. 그러자 남매는 어머니의 말이 끝나기도 전에 활을 챙겨 들고 나갔다. 먼저 아폴론의 화살을 맞고 니오베의 아들들이 하나둘 쓰러졌다. 아폴론은 살려 달라고 애원하는 이들의 절규에도 아랑곳하지 않고 7명의 아들을 남김없이 쏴 죽여 버렸다. 그러나 아직까지도 도도한 니오베는 레토를 저주하며 자신에게 아직도 여신보다 훨씬 많은 딸이 있다고 소리쳤다. 그러자 이번에는 아르테미스의 화살에 그녀의 딸들이 차례대로 쓰러져갔다. 이제 남은 것은 막내딸 하나뿐이었다. 니오베는 옷자락으로 딸을 감추면서 제발 하나만이라도 남겨 달라고 애원했다. 그러나 아르테미스의 무정하고 잔혹한 화살은 어머니 품에 매달려 있는 막내딸마저 꿰뚫어 버렸다. 니오베는 너무도 참담한 현실 앞에 온몸이 굳어 돌이 되었다. 고대 그리스 공동체에서는 조롱과 멸시를 허용하기 어려운 악으로 보았던 것이다.

생태계가 건강해야 한다

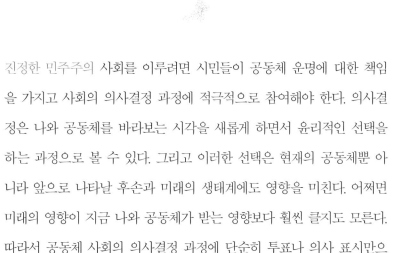

진정한 민주주의 사회를 이루려면 시민들이 공동체 운명에 대한 책임을 가지고 사회의 의사결정 과정에 적극적으로 참여해야 한다. 의사결정은 나와 공동체를 바라보는 시각을 새롭게 하면서 윤리적인 선택을 하는 과정으로 볼 수 있다. 그리고 이러한 선택은 현재의 공동체뿐 아니라 앞으로 나타날 후손과 미래의 생태계에도 영향을 미친다. 어쩌면 미래의 영향이 지금 나와 공동체가 받는 영향보다 훨씬 클지도 모른다. 따라서 공동체 사회의 의사결정 과정에 단순히 투표나 의사 표시만으로 참여하는 것이 아니라 사회적 논의에 참여하고 더 나아가 책임감 있는 행동을 하는 것이 필요하다.

그런데 공동체를 이야기할 때 인간 사회의 공동체만을 이야기한다면 역사적으로나 지구에 사는 생물계의 시각에서는 터무니없이 협소한 관점이다. 극지방이나 심해 혹은 땅속 깊이 사는 고세균까지를 고려한 생태계는 아니더라도 우리가 접하는 식물, 동물, 미생물 등과의 공존에 대해 고려하지 않고 공동체를 이야기할 수 없다. 생태계는 우리와 그냥 더불어 존재하는 것이 아니라 우리의 건강, 성장과 노화에 영향을 미치고 심지어는 우리 몸이 가진 세포 대부분을 이루고 있기 때문이다.

인간의 영향으로 변화된 생태계는 다양성을 상실하는 쪽으로 변화되고 있다. 인간을 중심으로 하는 먹거리 체계가 단순화되면서, 즉 목축, 농경, 어장 양식 등이 개발되고 발전하면서 자연이 주는 다양성을 훼손하고 적은 에너지 투입으로도 생산성이 높아지는 방식으로 생태계를 변화시켜 갔다. 생태계를 효율적으로 이용하고자 하는 변화는 인류의 업적이자 진화적 성공의 결과라고 보는 시각이 있을 수 있다. 그러나 우리의 이러한 생태계 착취적인 자원 사용은 생물 다양성만을 위협하는 것이 아니라 우리의 미래를 위협하고 있다는 것을 깨닫는다면 이러한 시각도 변할 것이다. 현재까지의 문화가 인간 진화의 성공적 열매였다면 미래의 진화는 생태계 위기에 대한 분명한 인식과 함께 위기에 대응하는 조치를 취하려는 강한 의지, 그렇게 할 수 있는 실천 능력에 의해 성패가 갈릴 것이다. 문제는 현재 열악한 생태계와 지구 자원에 대한 지식이나 생태계에 미치는 인간의 영향에 대한 인식이 부족하다는 짐과 미래 진화의 방향을 성공적으로 돌리기 위한 정책이나 실천이 제대로 이루어지지 않고 있다는 점이다.

이제 자연을 정복의 대상이나 또는 가공을 가하여 인간에게 맞추어야 하는 대상으로 보아서는 안 된다. 자연에 어떤 변화를 주게 될 때 생태계와 인간 복지의 미래에 미치는 영향을 고려하는 방향으로 변해가야 한다. 인간과 자연이 서로 떨어질 수 없다는 인식을 통해, 현재까지의 문명이 자연과 인간의 분리를 초래했다면 이제는 이를 다시 연결하고 지속 가능한 개발을 촉진하는 쪽으로 방향 전환을 해야 한다. 그동안 인간이 생태계에 미친 상처의 규모는 엄청나다. 예를 들어 신대륙과 호주는 지난 5만 년 동안 체중이 44kg 이상 나가는 거대 동물군을 기준으로 3분의 2 이상을 잃었고, 해양에 있는 섬은 지난 3천 년 동안 조류의 50~90%를 잃었다. 그리고 21세기에 들어서면서 지구의 대기, 물, 토양의 순환 시스템은 인간 활동에 의해 크게 변화되었고 기후 변화는 불가피하게 되었다.[12]

특히 가축화와 작물화가 진행될수록 종의 다양성은 감소한다. 축산과 농업에서 특정한 특성을 갖는 종을 선택해 키우면서 자연적인 종의 구성을 비대칭적으로 변화시키고, 선택된 종은 유전적인 다양성이 적

12   David Western, 〈Human-modified ecosystems and future evolution〉, PNAS, 2001; 98 (10) https://doi.org/10.1073/pnas.101093598

어져서 외부 환경의 변화나 스트레스에 대한 적응력이 줄어들었다. 환경의 변화나 병원체 공격에도 불구하고 인간이 키우는 가축과 작물의 좋은 특성을 유지하고 생산을 향상하려면 외부의 위협에 대응하기 위해 끊임없이 환경을 개조해야 한다. 그런데 이러한 인간의 노력은 또다시 생태계 환경에 대한 비대칭적인 파괴를 불러일으킬 수 있다. 즉 인간이 초래하는 물리적이고 생물학적인 생태계 변화가 가속되면 이는 다시 생태계의 다양성을 파괴하고 인위적으로 선택되지 못한 종의 개체군 크기를 축소시켜 생태계를 왜곡시킨다. 그리고 생태계의 인위적 왜곡은 다시 인간의 건강과 생존을 위협하는 악순환에 빠지게 되는 결과를 낳는다.

생태계의 다양성 감소는 인간의 건강에 어떤 결과를 가져올까? 최근 연구들은 다양성의 감소가 작물 생산성의 손실을 초래한다고 지적한다.[13] 예를 들어 다양성이 감소하면 가뭄 같은 극심한 스트레스에 대한 위험성이 커져 생산성이 악화되는 것이다. 작물의 생산성이 악화되면 인간의 건강, 특히 사회경제적으로 취약한 인구 집단의 건강은 나쁜 영향을 받을 수밖에 없다. 반면에 다양성이 증가하면 생태계는 지속 가능한 자정 능력이 생겨 외래 침입 종이나 병원체에 대한 더 큰 저

---

13   D Tilman, 〈Diversity and Production in European Grasslands〉, Science, 1999; 286: 10991100

항성을 가질 수 있다. 그렇지만 다양성이 많아지는 것이 무조건 좋은 것은 아니다. 종의 다양한 구성과 여러 종 사이의 기능적 연결이 충분하고 원활하게 생겨야 생태계가 건강해지고 작물 생산성 또한 좋아질 것이다.

치유는 총명한 머리를 이용해서 새로운 사냥 도구를 발명했다. 마을의 다른 청년들이 이를 따라 하였고 이웃 마을의 청년들에게도 그 사냥 도구를 만드는 방법이 알려져 모두가 이익을 얻었다.

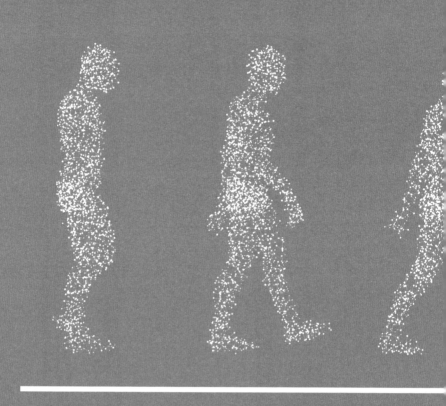

6장

공유 사회

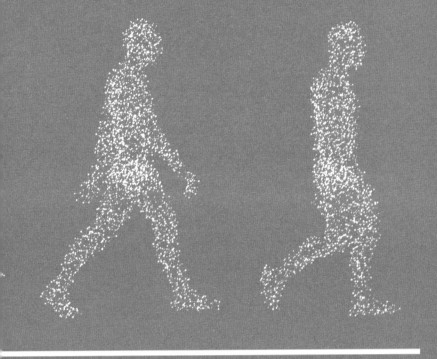

1

생태계의 파괴자, 미래의 약탈자

지구에서 바다가 차지하는 면적은 70% 이상이다. 바다는 어느 나라에서나 개인의 소유가 아니라 공유지에 속한다. 이러한 공유지의 개념을 땅이나 바다 같은 지형적인 의미를 넘어서 정보, 교육, 사회 시설 그리고 의료 등으로 확대하여 생각해 볼 수 있다. 즉 확장된 의미의 공유지란 토지, 숲, 공원, 물, 광물, 공기와 같은 자연 자원뿐 아니라 조상들로부터 물려받아 우리가 보존하고 개선해야 하는 모든 사회적, 시민적, 문화적 제도까지 포함한다.

1217년 런던의 세인트폴 성당에서 영국 국왕이었던 헨리 3세가 마그나카르타와 함께 인장을 찍어 승인했던 삼림헌장인 카르타 데 포레스타는 나중에 폐기되긴 했으나, 사회 속에서 개인으로 살아가는 방법과 공유지 속에서 협력적이고 집단적인 활동을 하는 것에 대한 원칙, 즉 공유지 이용에 대한 것이었다. 삼림헌장은 당시 기준으로 보았을 때 왕과 귀족의 독점권을 제한한 매우 급진적인 문서로 자유민에게 삼림 이용을 통해 생계 수단에 대한 권리, 원자재에 대한 권리, 제한적이지만 실질적인 수준의 생산 수단에 대한 권리를 보장하는 내용을 포함하고 있었다.[1]

하지만 삼림헌장은 공유지를 약탈적으로 이용하고자 하였던 왕과 귀족, 그리고 신흥 엘리트인 젠트리의 이익을 위해 농경지를 목장으로 바꾸고 농민들을 토지로부터 내몬 인클로저 Enclosure에 의해 지켜지지 못했다. 처음에는 "양들이 너무나도 욕심 많고 난폭해져서 사람들까지 잡아먹는다"고 이를 비난하였던 토머스 모어 Thomas More가 《유토피아》란 제목의 책을 썼을 때만 해도 이러한 인클로저의 주된 목표는 양모를 얻기 위한 것이었다. 그러다 상업적 농업이 그동안 공유지 제도로 운영되었던 개방경지 제도를 대체하면서 공유지는 사라져 갔다. 삼림헌장 이후 800년간 공유지를 지키려는 수많은 항의와 청원 운동 그리고 수평파 Levellers와 디거스 Diggers 같은 반란이 있었지만 영국에서 공유지가 사라져 가는 것을 막지 못하였다. 사실 공유지의 사유화는 영국

---

1   가이 스탠딩, 《공유지의 약탈》, 안효상 역. 창비, 2021

에서만 일어난 일이 아니라 사회 개발의 논리를 타고 전 세계에서 벌어졌던 현상이었다.

공유지의 개념은 공동체 구성원들에게 사회 소득을 생계의 원천으로 지급하거나 사회적 서비스, 편의 시설 등 사회적 지원을 무상 혹은 낮은 비용으로 제공함으로써 불평등과 불안전을 완화할 수 있다는 생각과 맥이 같다. 이는 공동체에 속한 모든 사람을 동등하고 가치 있는 구성원으로 대우함으로써 사회의 하층에 있는 사람들이 궁핍에 빠지거나 따돌림당할 위험을 줄일 수 있다는 생각에 근거한다.[2] 따라서 공유지는 취약계층을 보호하려는 목적을 가지며 이는 기후 변화나 재해, 전염병 등 외부의 위험 인자에 대한 공동체 전체의 대응력과 회복력을 증가시켜 공동체의 지속 가능성을 높여 준다. 또한 공동체의 생산, 재생산, 휴식과 레저의 균형을 잡아 주는 하나의 유기체적인 속성을 가졌다고도 볼 수 있다.

그런데 이러한 공유지의 역할은 한 세대에만 국한되는 것이어서는 안 된다. 미래 세대도 현세대와 마찬가지로 혜택을 볼 수 있어야 한다. 우리는 공유지의 일시적 소유자일 뿐이며 세대 간에 형평성이 있어야 하기 때문이다. 역사가 발전한다는 것을 믿는다면 각 세대는 적어도 이전 세대만큼의 웰빙을 달성할 수 있어야 한다. 특히 이러한 세대 간

---

2   가이 스탠딩, 《공유지의 약탈》, 안효상 역, 창비, 2021

형평성은 공기나 물처럼 잘 관리하면 고갈되지 않는 자원보다는 희소한 자원의 사용에 있어 더욱 중요하게 고려해야 한다. 이러한 지속 가능성 개념이 사용되기 시작한 것은 UN이 "지속 가능한 개발은 미래 세대의 필요를 충족할 수 있는 능력을 훼손하지 않으면서 현재의 필요를 충족시키는 개발"이라고 말한 1987년 '브룬트란트 보고서'로 거슬러 올라간다.[3]

세대 간 형평성을 이루는 방안을 연구했던 존 하트윅John Hartwick도 다음 세대가 현재 사람들이 경험하는 것과 동일하거나 혹은 더 높은 수준의 웰빙을 누리기 위해서는 재생 불가능한 자원의 소비를 통해 얻은 모든 이익을 기계나 기반 시설과 같은 재생산 가능한 자본에 투자되어야 한다고 주장했다.[4] 쉽게 말하면 화석 연료처럼 재생되지 않는 자원을 소비해서 얻은 현재의 이익을 미래의 기술과 시설에 투자해 미래 세대가 축소된 자원을 갖고도 충분히 살아갈 수 있게 해야 한다는 것이다.

---

3   UN Secretary-General, 〈Report of the World Commission on Environment and Development : note by the Secretary-General〉 file:///C:/Users/user/Downloads/A_42_427-EN.pdf

4   Nora Ottenhof, 〈Hartwick's Rule continues to influence sustainable development after 40 years〉, Economics and Policy, 2017 https://economicsandpolicy.ca/2017/06/19/hartwicks-rule-continues-to-influence-sustainable-development-after-40-years/

공유지는 기본적으로 삼림이나 강, 호수와 같은 자연과 보이지는 않지만 생존에 필수적인 공기처럼 지리적이고 공간적인 개념으로 사용해 왔다. 하지만 이제는 인간이 사회를 이루면서 서로 공유하는 가치와 제도, 문화, 정보와 같이 공간·지리적으로 제한된 개념을 뛰어넘어 확장된 개념이 되어야 한다. 토지의 이용과 지대를 이용한 이득이 중요했던 과거에 공유지란 토지나 지형을 중심으로 한 개념으로 충분하였을 수 있으나 이제는 생태계의 파괴나 기후 변화가 인류의 생존을 위협하는 요인으로 등장했기 때문에 이러한 개념만으로는 부족하다.

예를 들어 기후 변화는 인류의 생존과 지속 가능성을 위협하고 있는데 이러한 위협이 발생한 근본적 이유는 공동체 전체의 이익을 고려하지 않은 채 자신만의 이득을 위하여 생산 활동을 해 왔기 때문이다. 이러한 사적 이익의 추구가 이웃의 이익을 침해하는 수준을 넘어 자신을 포함한 공동체의 생존과 지속 가능성을 위협하게 된 것이다. 즉 생산 활동과 생활 양식을 사적 이익의 추구에서 공동체의 안전과 번영을 위한 방식으로 바꾸어야 인류의 생존과 지속 가능성이 보장될 수 있다.

그럼에도 불구하고 오늘날 공적 공간의 사유화는 개발이라는 이름으로 전례 없이 일어나고 있다. 자유롭게 걷고 구경하고 즐기면서 사람들을 만나던 공간이 사적인 소유 공간이 되면서 사적 소유자는 사람들의 접근을 거부할 수 있다. 실제로 타인의 접근을 재산에 대한 침해로 인식하기도 한다. 평소에 자유롭게 다니던 공간이 침해하면 안 되는 출입 금지 지역으로 바뀌는 것이다. 마치 시민이 자유롭게 모이던 자리였던 그리스의 아고라가 사적 소유지가 되면서 시민들이 더 이상 모일 수 없는 장소가 되는 것과 같다. 그런데 자유로운 공유 공간의 축소는 물리적 이동이 제한된다는 점을 넘어서 건강 상태와도 매우 밀접한 관련성을 가진다. 공유 공간에서의 신체적 활동이 줄어들면서 신체 활동과 밀접한 관련이 높은 고혈압, 당뇨병, 심장질환, 치매 등 만성적인 질환의 위험성이 높아질 뿐 아니라, 정신적인 건강에도 영향을 미쳐 스트레스 수준을 높이고 우울증을 악화시킨다.

공유지는 누구나 자유롭게 쓸 수 있다는 생각이 개인의 이익을 위한 남용으로 이어질 수 있다는 점도 염두에 두어야 한다. 레이철 카슨 Rachel Carson이 1962년에 발간한 책인 《침묵의 봄》에서 "사람들이 자신들의 이익을 위해서 DDT를 남용하고 있고, 이 결과로 본래 의도했던 잡초나 병충해의 제거 수준을 넘어서 모든 곤충과 나아가 조류와 동물들까지 모두 사라지고 생태계가 파괴되어서 봄이 와도 아무런 소리조차 들리지 않는다"고 생물학자의 관찰적 시각을 통해서 설명하고 있다.[5] 이러한 시각은 가렛 하딘 Garrett Hardin의 〈공유지의 비극 Tragedy of the commons〉으로 이어진다. 그는 "모두에게 개방된 목초지가 있다면, 목동들이 자신의 사유지는 보전하고, 이 목초지에만 소를 방목해 곧

---

5   레이첼 카슨, 《침묵의 봄》, 김은령 역/홍욱희 감수, 에코리브르, 2011

그 땅은 황폐해지고 말 것"이라고 주장하였다. 이는 애덤 스미스가 국부론에서 주장한 "사람들은 자신의 이익을 열심히 추구하는 가운데서 사회나 국가 전체의 이익을 증대한다"는 생각과 상당히 다른 설명이다. 즉 하딘의 설명은 공유지를 쓰는 개인은 분명히 자신의 이익을 열심히 추구했는데 결과는 사회 전체의 이익 증대가 아닌 사회 이익의 축소와 파멸을 가져온다는 것이었다.[6] 하딘은 이러한 파멸을 막기 위해 개인의 행동에 대한 공동체의 규제와 합의가 필요하다고 설명한다. 즉 공유지에 대한 접근과 이용의 통제에 대한 규칙이 있어야 공유지의 비극을 막을 수 있다는 것이다.

이러한 공유지에 대한 개념은 지구 자원이나 생태계에 대한 인간의 지배권을 전제로 한다. 하지만 인간이 지구상의 수많은 종 가운데 하나에 불과하고 인간이 가진 유전자의 대부분은 다른 생물종과 공유되는 영역에 있다면, 그리고 인간이 물리적, 화학적, 생물학적으로 지구 생태계에 의존하지 않고는 살아갈 수 없는 나약한 존재라면 인간이 생태계의 지배자로 소유권을 주장하거나 남용하는 것은 무엇인가 타당하지 않고 모순되는 생각이다. 구약의 창세기에는 사람들이 "바다의 물고기와 하늘의 새와 가축과 온 땅과 땅에 기는 모든 것을 다스리는" 권

---

6   Garrett Hardin, 〈The Tragedy of the Commons〉, Science, 1968; 162 (3859): 1243-1248

한을 받았다고 가르친다. 그러나 인간은 지구 생태계를 이루는 생물종 가운데 거의 가장 마지막에 나타난 존재인데 기존의 지구에서 살고 있는 생물종 전체에 대한 지배권을 주장하려면 이에 걸맞은 타당한 근거가 있어야 한다.

예를 들어 인간이 없는 지구 생태계는 지속 가능하지 않고 절멸의 위기에 처해 있는데 인간이 이를 바로잡을 능력이 있다면 타당한 근거가 될 것이다. 또는 인간의 개입으로 지구 생태계가 현재보다 더 조화롭고, 발전이 된다면 인간의 생물종에 대한 지배권은 나름의 근거와 타당성을 갖춘 셈이다. 그러나 현실은 기후 변화를 초래하거나 열대우림과 같은 생태계를 파괴하고 사육을 통하여 생물종의 균형을 깨고 있는 존재가 바로 인간이다. 생태계의 착한 관리자가 아니라 생태계의 파괴적 지배자인 셈이다. 또한 미래 세대가 활용할 자원을 현세대가 남용함으로써 생태계의 파괴뿐 아니라 미래 세대가 가져야 하는 권리를 약탈하고 있다. 인간의 이익이 다른 생물종의 이익보다 현저히 앞선다거나 현세대의 이익이 미래 세대의 이익보다 훨씬 중요하다고 누가 말할수 있을까?

2

사회적 자본

에이브러햄 매슬로Abraham Maslow는 1943년에 출판한 논문에서 인간의 욕구를 피라미드로 설명하면서 음식, 물, 수면과 같은 생리적 욕구를 가장 기본적인 욕구로, 그다음 안전과 신체적 건강과 같은 욕구를, 마지막으로 사회적 욕구를 위치시켰다.[7] 그런데 이러한 순서가 타당한 것일까? 매튜 D. 리버먼Matthew D. Lieberman은 생리적 욕구보다도 더 중요한 욕구가 사회적으로 보살핌을 받는 것이라고 주장한다.[8] 모든 포유

---

[7]   Maslow A.H, ⟨A theory of human motivation⟩, Psychological Review, 1943: 50(4); 370–396

[8]   매튜 D. 리버먼, 《사회적 뇌 인류 성공의 비밀》, 최호영 역, 시공사, 2015

류의 새끼들은 태어나는 순간 자신의 생물학적 욕구를 충족시켜 줄 수 있고 보살펴 줄 수 있는 존재가 필요하기 때문이다.

대부분의 동물이 그렇듯이 인간도 어렸을 때 부모 곁에서 돌봄을 받지 못하면 생존하기 어렵다. 이뿐만 아니라 돌봄을 받아야 하는 기간이 동물 중에서 가장 길다. 주변에 돌봐 주는 사람이 없을 때 크게 울어대는 것도 위협에 대응하기 위한 본능적 행동이다. 운다는 것은 돌보는 이가 없는 것처럼 사회적 연결이 상실되는 위협을 느낄 때, 이를 신체적 고통을 경험할 때와 비슷한 방식으로 경험하도록 진화했기 때문이다. 사회적 고통을 느낄 때 활성화되는 신경회로는 신체적 고통을 느낄 때 활성화되는 부위와 같은데, 이런 사회적 고통의 경험은 아이들로 하여금 부모 곁에 머물게 하여 그들의 생존을 돕는 역할을 한다. 사실 사회적 연결의 상실감과 신체적 고통이 신경적으로 연결되어 있다는 것은 사회적 연결 욕구가 생존 욕구와 매우 밀접하게 연결되어 있다는 의미다.

이러한 연관성은 비단 어린이에게서만 관찰되는 현상이 아니다. 성인도 사회적으로 지지를 받는 관계로부터 단절이 되면 사회적 고통을 느끼고, 이를 신체적 고통으로 전환시키거나 우울증에 빠지며 때로는 자살로 이어지기도 한다. 이처럼 사회적 고통과 신체적 고통은 다른 종류의 고통이 아니라 매우 중첩되어 있으며, 사회적 고통이 신체적 고통으로 나타나는 것을 막기 위해 인간은 사회적 연결을 추구하는 삶을 살게 된다.

사회적 연결을 추구하기 위해서는 다른 사람의 마음을 읽고 사회적 사고를 하는 능력이 중요하다. 인간의 사회적 사고는 공동으로 무엇을 추구하거나 만드는 협동 작업을 가능하게 했고 이를 통해서 공동체의 번영을 가져왔다. 즉 공동체의 형성과 발전에 토대가 되었던 것은 인간의 사회적 사고 능력 덕분이다. 물론 이러한 사회적 사고를 통해서 사회적 연결을 추구하는 경향이 반드시 올바른 발전만을 가져온 것은 아니다. 어떤 집단에서 사회적 연결에 대한 강조가 지나치게 되면 개인을 희생시키거나 이웃의 약한 집단을 공격하거나 파괴하는 경향을 보이기 때문이다.

흑사병이 유행하던 16세기 유럽에서 등장한 마녀사냥이나 2차 세계대전을 일으킨 히틀러의 나치는 사회적 사고가 광기로 발전하여 보통 사람들의 지각을 왜곡하였던 사건들이다. 이러한 집단적 광기는 역사적으로 드물지 않게 나타났으며, 유럽뿐만이 아니라 동양에서도 마찬가지로 나타났다. 1966년부터 10년 동안 벌어졌던 중국의 문화대혁명과 1975년에 시작되어 2백만 명을 죽음으로 몰았던 캄보디아의 킬링필드가 대표적인 사례다. 이런 무자비하고 폭력적인 집단적 광기 외에도 소수자나 약자에 대한 폭력을 공동체의 이익이라는 이름으로 저질렀던 예는 가까운 역사에서도 드물지 않게 찾을 수 있다.

철학자이자 사회학자인 미셸 푸코Michel Foucault는 정신병을 앓고 있던 사람들을 광인으로 몰아 17세기 파리 인구의 1%를 정신병원으로 몰아넣었던 사건에 주목했다. 그의 책 《광기의 역사》에 따르면 고전주의 발흥 전인 중세나 르네상스 시기만 하더라도 정신 이상은 배척의 대상이 아니라 천재적 예술 세계에서, 또한 혁명적 과학의 세계에서 관용되는 사회적 현상이었다. 그러나 근대에 들어서면서 광기는 관용의 대상이 아니라 배척의 대상이 됐다. 특히 정신병원은 치료하기 위한 기관이 아니라 감금하기 위한 일종의 감옥이었다. 푸코는 정신질환에 대한 태도 변화가 권력과 구조적 연계성을 갖고 있다고 파악했다. 당시 절대권력들은 이성이라는 가치 기준에 어긋나는 일체의 행동을 '정상이 아닌 비정상'으로 규정지어 사회로부터 물리적으로 격리시켰던 것이다.[9]

사회적 자본은 사회적 광기와 같은 배제의 현상이나 태도와는 반대되는 개념이라고 할 수 있다. 사회적 자본이 협동적인 공동체 문화와 사회적 신뢰 형성을 통해 공동체를 튼튼히 하고 민주주의 발전을 제고하는 데 크게 기여하기 때문이다. 현대 사회가 갈수록 복잡다기해지고 불확실성과 위험이 증가함에 따라, 사회적 이슈에 대한 딜레마적인 상황과 이해 집단 간의 적대적 갈등이나 사회 구성원 간의 불신을 더욱 자주 경험하고 있다. 따라서 현대 사회는 사회적 자본을 늘리고 축적해 나가야만 지속 가능하다.

9   미셸 푸코, 《광기의 역사》, 이규현 역/오생근 감수, 나남, 2010

유엔개발계획UNDP에서 인간개발지수를 이용해 전 세계의 자료를 분석한 결과에 의하면 신뢰 수준이 높고 제도적으로 더 높은 사회적 자본이 있는 국가가 보다 더 사회 친화적인 공공 지출을 선호하고, 교육과 보건 부문에 대한 투자를 늘려 공동체의 안정적인 발전을 이루는 것으로 나타났다. 또한 공공재를 이용만 하고 사회에 기여하지 않는 소위 '무임승차' 문제를 극복하는 데도 사회적 자본이 도움이 되는 것으로 나타났다.[10] 이러면 공공재 제공을 모니터링하고 관리하는 비용이 줄어들어 국가는 사회 부문에 더 많이 지출할 수 있는 선순환 구조를 갖게 된다. 사회적 자본이 많으면 공동체 안의 신뢰 수준이 높고 공유적 이용을 쉽게 받아들인다. 이를 통해 시민들은 개인의 이익과 공동체 이익의 충돌이라는 사회적 딜레마에 빠지지 않고 극복할 수 있다. 이러한 경험을 하면 공동체 사회의 모든 사람과 더 큰 이익을 나누기 위해 세금을 높게 내는 것에 대한 저항도 줄어들고 기부금도 더 많이 내게 되어 사회는 보다 통합되고 재정적으로도 안정화된다.

경제협력개발기구OECD 보고서에서도 사회 통합과 공정성을 유지하면서 사회가 발전하기 위해서는 사회적 자본이 중요함을 이야기하고 있

---

10   M Rauf and A.R Chaudhary, 〈Understanding the Contribution of Social Capital to Human Development: Evidence from Panel Dat〉 https://pide.org.pk/psde/wp-content/uploads/2018/12/Moina-Rauf.pdf

다.[11] 이 보고서에 따르면 많은 사람이 기회를 잃고 경제 성장의 결실이나 학습의 혜택에서 배제되었다 느끼면 사회적 응집력이 손상되고, 지속 가능한 사회 및 경제 발전을 이루기가 어렵게 된다. 사람들이 효과적으로 함께 생활하고 일할 수 있도록 개인 관계의 네트워크를 강화하고, 상호이해와 같은 심리적 요소를 활용하여 사람들 사이의 갈등을 건설적으로 관리하면 사회적 자본을 늘리고 강화할 수 있다. 정부와 시민 사회 간 파트너십의 생성과 촉진을 위해서는 개인에서부터 지역 사회 그룹, 그리고 전문가에 이르기까지 모든 수준에서 시민 사회가 권한을 갖고 행동할 수 있어야 한다. 이를 위해서는 교육이 중요하다. 교육을 통해 높은 시민 참여, 자원봉사나 자선 기부, 범죄 활동의 위험 감소와 같은 변화를 이끌어 낼 수 있다. 이러한 변화는 건강과 행복 수준을 향상시키는 긍정적인 작용을 한다.

11   OECD, 〈The Well-Being of Nations: The Role of Human and Social Capital〉, 2001 http://www.oecd.org/els/pdfs/EDSMINDOCA003.pdf

사회적 인식과 큰 뇌

사회성은 인간에게만 있는 고유한 특성이 아니다. 포유류는 대개 태어날 때부터 어미와의 연결을 비롯하여 다른 개체와의 사회적 연결에 대한 욕구가 있다. 인간의 경우, 타인의 마음을 읽고 감정을 공유하며 언어를 통하여 사회적 관계를 발전시켰고 이는 인간이 아닌 다른 종의 사회적 인식 수준을 훨씬 뛰어넘는 것이다. 인간의 사회적 인식 중 가장 놀라운 점은 타인의 마음과 생각을 이해하는 수준을 넘어서 공동체의 신념과 가치를 스스로의 것으로 만들려는 노력을 의식적 혹은 무의식적으로 한다는 점이다. 예를 들어 K-POP 그룹 BTS의 메인 래퍼 RM이 어느 사회적 기업의 재활용품으로 만든 가방을 메는 모습을 보고 재활용품 제품에 대한 선호도가 크게 높아지는 현상이 생겼다. 단순한 모방을 넘어서 자신이 가진 이전의 가치 체계, 즉 유명 브랜드의 새로운 제품이 좋다는 생각을 기꺼이 바꾸는 것이다. 이름이 알려지지 않은 기업의 제품도 자신에게 의미를 부여하는 것이라면 구입할 수 있다는 새로운 가치관으로 사회적 관계 속에 존재하려는 욕구를 나타내는 것이라고 할 수 있다.

인간은 사회적 인식을 가능하게 하는 특별한 인지적 메커니즘을 가지고 있다. 이 메커니즘은 다른 사람들의 마음을 모델로 구성하여 그 사람의 행동을 예측하는 능력이다. 사실 주위 환경과 나를 구분해서 인식하는 자각은 실제로 다른 사람들에 대한 인식 정보를 처리하는 기전과 동일하다.[12] 즉 나를 관찰자의 입장에서 다른 사람과 같이 인식한 후에 다시 나로 인식하는 것이다. 예를 들어 사회적 인식의 가장 기본적인 부분은 "치유는 옆집 아저씨를 알고 있다"와 같은 유형의 정보를 처리하는 능력이다. 이렇게 우리가 다른 사람의 인식을 처리하는 방식은 그 사람이 어디에 관심과 주의를 두고 있는지 재구성하는 방식이다. 이러한 능력은 다른 사람들의 관심과 주의를 아는 것이 자신의 생존 가능성을 높일 수 있으므로 뇌가 사회적 정보를 그렇게 처리하도록

---

12   Michael S.A, Graziano and Sabine Kastner, 〈Human consciousness and its relationship to social neuroscience: A novel hypothesis〉, Cogn Neurosci, 2011; 2(2): 98113

진화했기 때문일 것이다. 그런데 "치유는 옆집 아저씨를 알고 있다"라는 유형의 사회적 관련 정보를 처리하는 동일한 메커니즘으로 "나는 옆집 아저씨를 알고 있다"라는 유형의 정보도 처리한다. 즉 나와 다른 사람의 인식을 같은 기전에 의해 처리하면서 인식의 공유가 일어나고 이러한 공유가 사회적 인식으로 발전하는 것이다.

따라서 사회적 인식은 다른 사람의 생각, 신념 또는 감정을 재구성하여 인식하는 것뿐만 아니라 다른 사람이 어디에 관심과 주의를 기울이는지에 대한 인식이기도 하다. 다른 사람의 관심과 주의에 대한 정보는 그 사람의 매 순간 행동을 예측하는 데에도 유용하다. 특히 인식에 대한 정보를 처리할 때 다른 사람의 시선이 어디로 향하는지가 매우 중요한 단서다. 기능 MRI를 통해 분석된 결과를 보면 인간의 시각 시스템에는 사회적 인식과 밀접한 관련이 있는 얼굴 표정과 제스처의 감각 신호를 처리하는 데에 특화된 두뇌피질 영역의 클러스터가 포함되어 있다.[13] 물론 시선 외에도 표정이나 자세 혹은 목소리의 톤과 억양과 같은 다양한 신호들을 이용하여 다른 사람의 관심과 주의가 어디에 초점을 두고 있는지 인지한다.

사회적 인식은 공감의 결과로도 볼 수 있다. 왜냐하면 우리는 자신

13   Kanwisher N, McDermott J, Chun M.M, 〈The fusiform face area: a module in human extrastriate cortex specialized for face perception〉, J Neurosci, 1997; 17(11): 4302–11

의 내부 경험을 참조하여 다른 사람들의 마음을 이해하기 때문이다. 다른 사람의 관심과 주의를 인지하는 사회적 인식은 적극적으로 매 순간 대상을 선택해서 수행하는 과정이라기보다는 사회적 세계 속에 살면서 항상 다른 사람과의 관계에 대해서 생각하도록 진화된 인간의 기본 성향일 가능성이 크다. 따라서 일부러 노력을 기울여 수행하는 것이 아니라 오히려 다른 일에 집중하지 않았을 때 활발해지는 기본 신경망의 기능이라고 할 수 있다. 로빈 던바Robin Dunbar의 연구에 의하면 생후 2주 된 아이들의 기본 신경망이 어른과 마찬가지로 활발하게 작동하는 사실을 발견했다.[14] 이는 사회적 인식의 메커니즘이 사회적 관계를 만들어 나가는 생애 초기부터 작동한다는 것을 의미한다. 또한 이 시기는 사회적 세계에 대한 의식적인 관심이 생기기 이전이라, 사회적 인식은 인간의 의식적인 활동이 나타나기 전에 생물학적으로 장착된 기본 메커니즘이라고 할 수 있다.

던바의 주장에 의하면 인간 두뇌의 신피질의 상대적 크기는 그 사람이 속한 집단의 크기와 관련성이 크게 나타났는데, 효과적인 사회집단의 최대 크기는 150명의 구성원으로 이루어졌다. 흥미롭게도 문명의 초기에 존재했던 마을 공동체의 크기는 대략 150명 정도였고 고대 사

---

14 Dunbar R, 〈The social brain hypothesis〉, Evolutionary Anthropology, 1998; 6: 178-190

회에서부터 지금까지 군대는 대략 150명 단위로 조직되는 경향이 있다.[15] '던바의 수'라고 불리는 150명의 크기는 서로 친밀하게 이야기를 나눌 수 있는 사람의 수라고도 할 수 있다. 인간의 뇌나 신피질의 크기가 커져서 다른 포유류나 영장류보다 사회적 인식이 커진 것이 아니라, 공동체에서의 사회적 인식의 필요성으로 뇌와 신피질의 크기가 커졌다고 보는 것이 더 타당할 수 있다. 크기가 큰 공동체에서 구성원들과 사회적 관계를 잘 이루려면 사회적 인식 기능을 장착한 큰 뇌와 신피질이 필요했을 것이기 때문이다.

혼자 사는 생활은 매우 위험해 공동체를 만들어 안전과 번영을 꾀하기는 하지만, 공동체에서 함께 사는 것은 먹거리 획득과 짝짓기에서 경쟁을 해야 한다는 문제가 생긴다. 그리고 이 경쟁은 공동체의 크기가 클수록 더 심해진다. 따라서 경쟁이 무질서하게 생기는 것을 막고 공동체를 유지하기 위해서는 구성원 사이의 질서가 필요하다. 질서의 가장 기초적인 형태는 서로의 지위를 비교해서 동맹이나 친구의 관계를 맺는 것인데 침팬지와 같은 영장류뿐 아니라 무리를 지어 사는 맹수류에서도 지위 비교와 동맹 관계는 흔히 볼 수 있는 현상이다. 그런데 이러한 지위 비교는 사회적 관계에 대한 복잡한 계산이 필요하다.

예를 들어 10마리의 침팬지로 구성된 집단에서 지위의 비교를 위해

---

15   매튜 D. 리버먼, 《사회적 뇌 인류 성공의 비밀》, 최호영 역, 시공사, 2015

서는 두 마리 짝들의 지위를 모두 비교할 수 있어야 한다. 따라서 적어도 45개의 사회적 역학 관계를 이해할 수 있어야 한다. 150명의 인간 공동체에서 두 개체 사이에 형성될 수 있는 관계의 수는 1만 개 이상이기 때문에 이런 계산이 가능하기 위해서는 큰 뇌가 필요한 것이다. 또한 두 개체 사이의 관계만이 아니라 두 개체와 관련된 제3의 개체를 고려하면 매우 복잡한 계산이 필요해진다. 다시 말해 공동체 내의 위험 요소를 줄이며 질서를 통해 이익을 얻기 위해서는 큰 뇌가 필요했으므로, 인간의 큰 뇌는 자연선택의 커다란 압력을 받으면서 만들어진 결과라고 할 수 있다.

4

뇌, 사회성을 결정하다

영장류는 다른 척추동물과 비교했을 때 신체 크기에 비해 상대적으로 큰 뇌를 가지고 있다. 그 이유를 '사회적 뇌 가설', 즉 영장류의 사회 형태가 다른 종보다 훨씬 크고 복잡하기 때문에 큰 뇌가 필요하다고 설명한다. 그런데 영장류보다 더 큰 집단을 이루고 사는 동물들이 있어 단순히 집단의 크기가 크다는 것만으로는 큰 뇌의 필요성을 설명하기 어렵다. 큰 집단을 이루게 되면 각 개체의 입장에서는 그만큼 포식자에게 잡아 먹힐 위험이 줄어들기 때문에 많은 척추동물이 큰 집단을 이루는 것을 볼 수 있다. 즉 집단의 크기 자체는 위험을 줄이는 하나의 방편이지, 그 크기가 뇌 크기와 직접적으로 관련성이 있는 것은 아니다. 그보다는 영장류 집단이 더 복잡한 사회적 구조를 가졌기에 뇌의 크기가 커졌다고 하는 것이 타당할 것이다.

사회적 뇌에 대한 개념은 1970년대로 거슬러 올라가는데, 당시 많은 영장류학자가 영장류의 지능이 더 복잡한 사회와 관련이 있을 수 있다고 생각했다. 사회적 뇌 가설에 대한 증거는 영장류 전반에 걸쳐 평균적인 사회 집단 크기와 뇌 크기 사이에 상관관계가 있다는 사실에서 비롯되었고, 특히 전두엽의 크기와 관련이 크다는 것이 알려졌다.[16] 사회적 뇌 가설에서 주장하는 바는 뇌나 전두엽의 크기가 영장류가 사회적 관계를 관리할 수 있게 하는 사회적 인지 능력과 관련이 있다는 것이다. 영장류 집단의 크기는 공동체 생활과 관련된 사회적 문제를 얼마나 잘 해결하는지에 따라 정해진다. 따라서 공동체 집단의 크기가 커지면 사회적 관계를 관리하는 인지 능력이 향상되어야 하기 때문에 더 많은 신경세포와 향상된 정보처리 능력을 갖춘 대뇌의 진화가 이루어졌다는 가설이 사회적 뇌 가설이다.

그런데 이러한 사회적 인지 능력은 뇌나 전두엽의 크기가 크다고 해서 쉽게 갖추어지는 것이 아니다. 사회적 인지 능력을 갖추기 위해서는 반복된 경험을 통한 학습이 이루어져야 한다. 또한 뇌 신경계의 발달

---

16   Dunbar R, 〈The Social Brain Hypothesis and Human Evolution〉, Oxford Research Encyclopedia of Psychology, https://doi.org/10.1093/acrefore/9780190236557.013.44

이 어느 정도 성숙되어야 하기 때문에 인간이 다른 사람의 감정적 단서나 마음을 인식하는 사회적 인지 능력을 충분히 갖추는 데에는 상당히 오랜 시간이 걸릴 수 있다. 이러한 인지 능력은 전두엽 신경세포의 수초화_{자극의 전달 속도를 빠르게 하는 현상} 과정과도 관련이 있는데, 인간의 경우 신경세포의 수초화가 완성되는 데 30년이 넘게 걸릴 수 있다.[17] 한편 사회적 관계를 잘 인지하기 위해서는 뇌의 크기도 중요하지만 뇌 중에서도 정보 처리 능력을 훨씬 더 많이 갖추고 있는 신피질의 역할이 중요하다. 흥미로운 점은 유인원 영장류의 경우 전체 뇌 크기 중에서 신피질이 차지하는 비율은 영장류 종의 전형적인 집단 크기에 따라 증가한다는 사실이다.[18]

그러나 이러한 관찰에도 불구하고 이 가설만으로는 동물 뇌의 복잡한 진화를 설명하기에 너무 단순하다는 비판도 있다. 사회적인 생활을 하는 곤충을 관찰한 경우, 사회성과 뇌 크기 사이에 뚜렷한 관계가 없다는 것이 밝혀졌다. 곤충의 인지 활동 역시 생태학적 환경에 영향을 받아서 형성되었다는 점에는 의심의 여지가 없을 것이다. 그러나 곤충의 경우를 보면 뇌의 크기와 사회적 복잡성은 직접적인 상관관계가 없

17   Sowell, E.R, Peterson B.A, Thompson P.M, Welcome S.E, Henkenius A.L, & Toga A.W, 〈Mapping cortical change across the human life span〉, Nature Neuroscience, 2003: 6; 309315

18   Dunbar R, 〈The social brain hypothesis〉, Evol. Anthropol, 1998; 6: 178190

는 것으로 보인다. 벌과 같은 사회적 곤충의 행동, 예를 들어 먹이를 발견하고는 동료에게 8자 모양의 비행을 하면서 먹이의 거리와 방향을 알리는 행동은 매우 사회적이지만 이러한 사회적 행동을 하는 일벌과 그렇지 않은 벌은 신경 해부학 측면에서 차이가 분명히 나타나지 않는다.[19] 사회적 행동과 관련이 있는 것은 뇌의 크기나 특정 신경세포의 양이 아니라 그러한 행동을 수행하는 데 필요한 신경세포의 연결망과 정보처리 과정일 것이다.[20] 즉 일벌의 사회적 행동은 일벌의 뇌가 특별히 크기 때문이 아니라 태어날 때부터 구조화된 특정한 정보처리 과정에 의하여 일벌의 행동이 스테레오타입으로 정해졌기 때문이라고 할 수 있다.

사실 개미나 벌 같은 곤충들은 척추동물에서 보기 힘든 매우 극단적인 사회적 정교함을 나타내지만, 그들의 사회적 상호작용의 대부분은 단순한 행동 루틴에 의해 지배된다. 이들을 잘 관찰해 보면 각 개체는 생식이나 새끼 돌보기, 또는 먹이 찾기와 같은 단순하게 부여된 일을 전문으로 하기 때문에 각 개체가 여러 작업을 수행하는 단순한 종보다 더 적은 인지 능력이 필요할 수 있다. 작은 규모의 공동체에서 각

19   Brockmann A, Robinson G.E, 〈Central projections of sensory systems involved in honey bee dance language communication〉, Brain Behav. Evol. 2007; 70: 125136

20   Lihoreau M, Latty T, Chittka L, 〈An exploration of the social brain hypothesis in insects〉, Front Physiol, 2012; 3: 442

개체가 매우 다양한 사회적 과제를 수행해야 하는 경우 사회적 뇌가 발달하지만, 분업이 잘 이루어진 계급 기반의 사회에서는 주어진 역할만 하면 되기 때문에 사회적 뇌는 더 이상 발달하기 어려울 수 있는 것이다. 따라서 단순한 사회적 과제를 분업의 형식으로 하는 경우 그 사회가 분업으로 정교하게 구성되어 있다고 하더라도 각 개체가 사회적 뇌를 갖고 있다고 할 수는 없다.

인간의 경우, 문명 사회로 들어서면서 공동체의 규모가 커진 신석기 시대에서 청동기 시대 사이에 계급 기반의 사회가 등장했다. 이 시기에 시중을 드는 하층민이 나타났다는 것이 고고학적 연구를 통하여 밝혀졌다. 연구자들은 독일 아우구스부르크 근처 매장지에서 발굴된 100개 이상의 고대 해골의 DNA를 분석하여 단일 농장에 함께 묻힌 개인의 성별과 사람들의 관계성을 분석하였는데, 그들은 후기 신석기 시대부터 청동기 시대에 걸쳐 있는 중부 유럽 농업 공동체의 구성원이었다. 이들은 대개 여러 세대를 거쳐 전해진 것으로 보이는 물품, 소지품과 함께 안치되었는데, 부근에는 아무런 소지품도 없이 묻힌 경우가 있었다. 이들은 공동체 구성원으로서의 정상적 대우를 받지 못한 하층민이었을 것으로 추정되고 이는 계급 사회의 등장을 시사한다.[21]

---

21 Bret Stetka, 〈Ancient Teeth Reveal Social Stratification Dates Back to Bronze Age Societies〉, Scientific American, 2019

이 시기는 지금으로부터 4000년 전쯤이기 때문에 인류의 생활이 오랜 기간 계급 기반의 사회였다고 보기는 어렵다. 인간 사회가 계급에 의해 역할이 나누어졌던 기간이 길지 않을 뿐 아니라, 이러한 계급 사회는 침략과 정복 등을 통해서 만들어진 사회적 계급이지 생물학적으로 역할이 내재된 생물학적 계급은 아니다. 사실 인간은 수렵채집 시기의 오랜 기간에 걸쳐 계급 기반의 공동체가 아니라 소집단 형태의 공동체를 이루어 왔다고 할 수 있다. 따라서 인간의 사회적 인지는 생물학적으로 고정된 역할에만 국한되는 것은 아니다. 인간은 사회적 역할을 단순화시키는 방향이 아니라 복잡한 사회적 역할을 인지하고 그 속에서 생존과 번성을 추구하였다. 따라서 인간의 뇌는 크기만 커진 것이 아니라 신경망의 연결과 정보처리 기능도 복잡한 상황에 대처할 수 있도록 발전해 온 것이다.

5

인간 생존의 조력자

허먼 폰처Herman Pontzer가 이끄는 연구진이 발표한 연구 결과에 따르면 수렵채집인들은 유인원과 비교하면 훨씬 더 넓은 지역을 다니며 사냥을 하거나 다양한 식물, 과일 등의 먹거리를 찾아다녔기 때문에 상당한 에너지를 사용했다. 사실 이렇게 에너지를 많이 사용했기 때문에 칼로리나 영양소가 풍부한 음식을 먹지 못했다면 수렵채집인들은 살아남지 못했을 것이다. 현재의 인류가 존재하는 이유는 음식을 찾는 데 에너지를 많이 사용하고도 다른 사람들과 공유할 수 있을 정도로 칼로리가 풍부한 먹거리를 집으로 가져왔던 조상들이 있었기 때문이다. 이 전략을 통해 일부는 음식을 얻는 동안 휴식을 취하거나 다른 작업

을 처리할 수 있었고 이는 공동체가 발전할 수 있는 기반이 되었다.[22]

사실 인간은 큰 뇌를 가지고 있고, 오래 살며, 긴 임신 기간과 성장 발달 기간이 필요하다. 이러한 특성을 유지하기 위해서는 다른 유인원에 비해 매우 많은 에너지가 필요하다. 따라서 인간의 생존 전략은 다른 동물이나 유인원과는 달라야 했을 것이다. 즉 에너지 획득의 효율성을 높여 많은 에너지를 짧은 시간 안에 얻는 방법을 찾아야만 했다. 수렵채집인은 유인원과 비교할 때 더 많은 에너지를 소비하지만 수렵채집 활동에 사용하는 시간을 적게 들이는 전략, 즉 집중적으로 에너지를 사용하면서 시간당 훨씬 더 많은 음식을 획득함으로써 투입되는 에너지 대비 먹거리 획득의 효율성을 높이는 방법을 택했다. 사실 이 전략은 집중을 요구할 뿐 아니라 위험하고, 항상 성공할 수가 없다. 성공했을 때 시간당 얻는 칼로리와 영양소가 많지 않으면 가능하지 않은 고위험, 고수익 전략인 것이다. 이러한 전략은 생존을 위한 필수적인 조건이 되어 자연선택의 압력으로 작용했다. 따라서 전략을 성공적으로 갖춘 조상은 살아남았고 그렇지 못한 수렵채집인은 사멸했을 것이다.

에너지의 효율은 음식을 얻기 위해 얼마나 많은 시간과 에너지를

---

22 Thomas S. Kraft, Vivek V. Venkataraman, Ian J. Wallace, Alyssa N. Crittenden, Nicholas B. Holowka, Jonathan Stieglitz, Jacob Harris, David A. Raichlen, Brian Wood, Michael Gurven, Herman Pontzer, 〈The energetics of uniquely human subsistence strategies〉, Science, 2021; 374 (6575)

소비하는지, 섭취한 음식 에너지가 얼마나 흡수되어 신체와 정신 활동에 활용되는지에 달려 있다. 인간은 두 발로 걷기를 하거나 도구를 만들어 사용함으로써 에너지 지출을 줄여 에너지를 효율적으로 활용하는 방안을 택했다. 그러나 에너지 획득 효율을 증가시킴으로써 필요한 에너지를 충족시켰다고 보는 것이 더 타당하다. 높은 에너지 획득 효율을 얻기 위해서 먹거리 획득에 투자하는 시간당 높은 에너지를 얻는 전략, 즉 칼로리와 영양소가 높은 먹거리를 비교적 짧은 시간에 얻어 에너지를 효율적으로 획득하는 전략을 취했을 가능성이 크다. 이렇게 함으로써 시간을 절약할 수 있고 남는 시간을 사회적 상호작용과 학습을 위해 사용하며 문화를 쌓아가고 발전해 올 수 있었을 것이다.

　사회적 교류와 문화 축적을 위해 다른 사람들과 음식을 나누어 먹는 것도 중요했을 것이다. 같이 먹을 수 있을 정도로 많은 양의 음식을 집으로 가져오기 위해 자신의 에너지를 상당히 집중해서 사용했다고 볼 수도 있다. 음식을 공유하는 것이 음식을 얻는 데 사용하는 자신의 에너지 소비 못지않게 중요하기 때문에 자신의 에너지를 기꺼이 사용했고 때에 따라 자신을 희생하기도 했을 것이다. 이러한 고위험 전략이 가능했던 것은 질이 높은 음식을 얻으려 할 때 따르는 고위험을 감수할 수 있게끔 사회적 공유가 안전망을 제공했기 때문이다. 예를 들어 영양을 사냥하는 것처럼 에너지가 큰 음식을 얻으려 할 때 실패할 가능성도 커지는데, 사냥에 실패해 빈손으로 돌아오더라도 다른 사람들이 자신에게 음식을 나누어 줄 것을 알았던 것이다. 음식을 공유한다는 가능성은 일부 구성원이 쉬면서 자유 시간을 즐길 수 있음을 의미한다. 이를 활용해 쉬고 배우며 창의적인 문화를 만들어 나간 것이다.

그런데 이 전략이 항상 성공할 수는 없었다. 음식 획득에 모두가 실패하는 경우나, 음식을 구하기가 어려운 상황도 종종 있기 때문이다. 고위험, 고수익 전략이나 음식 공유 문화 외에도 인류의 성공적인 생존을 위해서는 또 다른 조건이 있어야 한다. 먹을 것을 찾을 수가 없어 나무뿌리라도 먹을 때에도 생존과 출산 그리고 공동체의 문화가 지속되어야 했다. 이것을 가능하게 한 숨겨진 조력자는 무엇이었을까?

수렵채집 시기에 좋은 에너지원이었던 과일과 열매처럼 당으로 쉽게 전환되는 탄수화물이나 사냥을 통해 얻은 동물성 단백질은 위장과 소장에서 소화되고 분해되어 에너지로 쓰인다. 하지만 에너지원 획득에 실패하거나 기근의 시기에는 새로운 에너지원의 역할이 필요했다. 위장, 소장에서 소화가 되지 않는 질기고 거친 섬유성 식품, 예를 들어 나무뿌리나 줄기는 대장에 있는 미생물군에 의해 분해되고 사람에게 필요한 새로운 분자로 변환되어 영양소가 될 수 있다. 따라서 좋은 에너지원 획득에 실패한 경우나 기근 시기에 장내 미생물군의 역할은 사람이 활용하는 에너지와 영양소의 생산 측면에서 매우 중요하다.

기근 시기가 아니더라도 식이 섭취가 편향되거나 식물 섭취가 부족해지면 장내 미생물군이 영양소에 기여하는 중요한 역할이 줄어들게 되어, 성장 발달이 교란되고 또 여러 가지 질병에 걸릴 위험이 높아진다. 특히 뇌 성장 발달에 필요한 영양소 중 많은 부분이 장내 미생물군이 만들어 내는 부티레이트와 프로피오네이트 등의 짧은사슬 지방산과 같은 영양소들이다. 짧은사슬 지방산은 대장의 장벽을 보호하고 유지하며, 점액 생성이나 염증 방지 등을 통해서 장 건강을 지키는 역할을 한다. 뇌 발달과 중추 신경 보호에서도 매우 중요한 역할을 하는데, 신경 세포에 에너지를 제공하고 신경세포의 기능을 도와주는 미세아교세포Microglial cell의 성숙에도 영향을 미친다. 또한 신경 전달 물질과 신경계 영양 인자의 수준도 조절할 수 있어서 신경 기능뿐 아니라 기분에도 영향을 미친다. 이와 같이 짧은사슬 지방산은 뇌 발달과 뇌 기능에 광범위한 영향을 줄 수 있다.[23]

결국 공동체를 이루고 문화를 발전시키는 데 중요한 역할을 한 뇌와 신경 기능 발달에는 장내 미생물군의 도움이 있었다. 특히 장내 미생물군은 음식 획득이 어려워 초근목피로 생활하는 경우에도 에너지와 영양소를 공급함으로써 인간의 생존과 공동체의 유지가 가능하게 했던 숨은 조력자였던 것이다. 이는 에너지 획득을 위한 고위험 전략이 실패했을 때도 인간이 생존을 이어갈 수 있었던 이유였다.

---

23 Silva Ygor Parladore, Bernardi Andressa, Frozza Rudimar Luiz, 〈The Role of Short-Chain Fatty Acids From Gut Microbiota in Gut-Brain Communication〉, Frontiers in Endocrinology, 2020; VOLUME 11

길을 가던 치유는 비가 많이 와서 불어난 계곡물에 빠진 어린아이를 보고 뛰어들어 구했는데, 하마터면 같이 휩쓸려서 목숨을 잃을 수도 있었다.

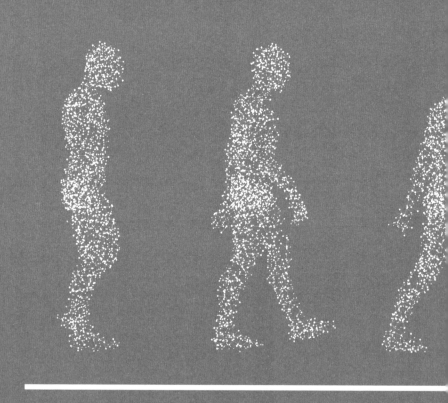

7장

협력 사회

1

공정함이 사회적 공유의 조건이다

에모리대학교의 프란스 드 발Frans de Waal은 두 마리의 원숭이를 대상으로 작은 돌멩이를 우리 안에 넣은 다음 그 돌멩이를 가져오면 보상으로 오이를 주는 실험을 했다. 오이가 원숭이에게 가장 매력적인 보상은 아니지만 이 일을 하기에 충분하다고 생각했기 때문이다. 처음에는 두 원숭이 모두 보상으로 오이를 받았다. 이후 한 원숭이에게만 보상을 바꾸어 오이 대신 포도를 주는 실험을 하였다. 포도는 원숭이에게 훨씬 더 좋은 보상이기 때문이다. 그런데 그 순간부터 오이를 보상으로 받던 원숭이가 화를 내고 오이를 던져 버리는 행동을 보였다. 오이가 없는 것보다 오이라도 가지는 것이 낫다는 경제적인 관점으로만 본다면 비합리적인 반응이라고 할 수 있다.

이런 행동 양상은 원숭이뿐 아니라 개에게서도 관찰된다. 그 이유는 이들이 협동적인 동물이며, 지속적으로 함께 일할 때 동료들이 무엇을 받고 있는지, 그래서 그들이 더 나은 거래를 하고 있는지 아는 것이 중요하기 때문이다. 이 실험은 같은 조건에 있을 때는 동등한 대우를 받는 것이 협력적인 사회를 만드는 원리임을 나타내고 있다. 실제로 이 실험을 어린아이들에게 했을 때도 원숭이에게서 관찰된 것과 매우 유사한 반응을 보였다. 이처럼 공정성에 대한 기초적인 감각은 사람뿐 아니라 사회성이 높은 동물에서 일반적으로 발달된 감각인 것이다.

그런데 원숭이에게서는 볼 수 있으나 개에게서 볼 수 없는 공정성에 대한 또 다른 측면이 있다. 다른 원숭이가 포도를 받지 못하면 포도를 받았던 원숭이도 포도를 거부하는 경우가 관찰된 것이다. 때로는 보상 그 자체보다도 공정성이 공동체 생활에서 더 중요하다는 것을 나타낸다. 즉 다른 원숭이보다 더 보상이 클 때도 신경을 쓴다는 것인데, 이는 높은 수준의 인지가 필요하며, 이 정도의 인지 수준은 "인간을 제외하고는 유인원에게서만 볼 수 있다"고 드 발 박사는 말한다.[1]

이 행동은 사회적 갈등을 피하는 데 도움이 될 것으로 보인다. 공정성에 대한 감각은 유인원에게서도 관찰할 수 있기 때문에 호모 사피엔

---

[1]　Frans de Waal, https://www.emory.edu/LIVING_LINKS/people/dewaal.shtml

스가 나타나기 오래전, 즉 수백만 년 전부터 발전되어 왔다고 할 수 있다. 이러한 공정성에 대한 감각은 오늘날에도 상당히 중요한 시사점을 가진다. 같은 노력과 수고를 하고 다른 결과를 얻는다면, 즉 어떤 사람은 상당한 혜택을 누리고 어떤 사람은 혜택을 누리지 못한다면 사회를 유지하는 데 매우 좋지 않다는 것을 기본적으로 인식하고 있는 것이다. 공정함은 인간이 사회적으로 서로 연결되어 있음을 나타내는 단서다. 공정함은 동등한 인격체로 대접받는다는 의미와 함께 잉여 자원이 있을 때 사회 구성원이 형평성 있게 나눌 수 있다는 것을 의미하기 때문에 공동체를 유지하는 중요한 원리 중 하나라고 할 수 있다. 공동체마다 문화적 차이는 있지만 이러한 원리를 바탕으로 대부분의 사회에서 인간은 사회가 공정하기를 원하고, 또 스스로 공정하고자 하는 마음을 가지며, 불공정한 것을 보면 부정적으로 반응한다.

우리 대부분은 평등의 개념에 익숙해 있는데 흔히 평등한 기회가 공정한 사회를 이룬다고 생각한다. 평등이란 모든 사람이 동등한 대우를 받고 동일한 자원과 기회가 제공되는 것을 의미하지만 평등한 조건만으로 공정한 사회를 만들 수 있는 것은 아니다. 예를 들어, 두 마을에 똑같은 약과 설비, 같은 수준의 의료진을 갖춘 보건소를 지었다고 가정해 보자. 한 마을의 보건소는 모든 사람이 쉽게 이용할 수 있지만, 또 다른 마을 사람들은 보건소에 갈 교통수단이 없거나 처방을 받아도 약을 살 여유가 없을 수 있다. 동일한 자원이 제공되지만 이용자가 처한 조건이 달라 혜택의 불균형이 나타난다면 공정하다고 할 수 있을까? 모든 사람에게 평등한 기회를 제공했더라도 결과적으로는 불공정을 초래했고 이로 인해 일부 사람들은 건강이 악화될 수 있다.

이 사례에서 불공정한 문제를 해결하기 위해서는 수혜자의 필요에 따라 자원이 균등하게 분배되도록 해야 한다. 보건소를 이용하기 어려운 마을에는 보건소에 갈 수 없는 사람들을 찾아가는 이동 진료 서비스를 추가로 제공하거나 교통편을 제공하여 보건소에 갈 수 있게 할 수 있다. 또한 가난한 환자들이 필요한 치료를 받을 수 있도록 무료나 아주 저가로 약을 구입하게 할 수도 있다. 공정한 사회는 소외되거나, 차별을 경험하는 사람들의 문제를 해결하는 사회다. 모든 사람이 서로 다른 위치에서 시작하지만 공정성을 구현하기 위해서는 특별한 지원과 조정이 필요한 것이다.

물론 능력이 많거나 노력과 기여가 큰 사람이 보상을 더 받는 것이 공정하다는 주장 역시 타당하다. 능력대로 보상받거나 노력한 만큼 대가를 얻어야 하다는 생각은 흔히 마땅히 받아야 할 것을 받는 것으로 당연하게 여기기도 한다. 능력이 각 개인에게 무작위적으로 주어지고 능력이 많은 사람이 더 많은 사회적 기여를 한다면, 사회 전체적으로 보았을 때 그 능력에 대해 더 큰 보상을 해 주고 그 성과를 공유하는 것이 공정할 뿐만 아니라 사회의 발전에 도움이 된다고 할 수 있다. 하지만 당연하게 보이는 이 생각도 공정한 생각이 되기 위해서는 능력이 편향되지 않도록 태어날 때부터 무작위적으로 분배되어야 한다. 또한 태어난 모든 사람이 희소한 재화나 자원을 놓고 동등하게 경쟁할 수 있도록 평등한 기회가 주어져야 한다. 그렇지 않으면 소위 '능력주의'는 가장된 정의를 외치는 꼴이 된다. 그런데 사실 유전적 다양성을 바탕으로 한 생물학적 다양성이 있을 뿐 아니라, 부모 세대의 사회적 지위에 따라 자손이 누릴 기회가 달라진다. 이때 어떻게 능력이 편향되지 않게 무작위적으로 분포될 수 있고 기회를 평등하게 제공할 수 있을까?

사회의 기본 구조 속에는 이미 구성원들의 사회적 지위가 형성되어 있으며 경제적, 사회적 여건에 따라 삶을 누리는 수준이 대략적으로 정해져 있다. 따라서 여건이 좋지 않은 집단에 속한 이들은 태어날 때부터 기울어진 운동장의 불리한 쪽에 서 있어야 한다. 《정의론》을 썼던 존 롤즈John Rawls는 이러한 불평등을 해소하기 위해 두 가지 원칙을 주장하였다. 하나는 기본적 권리와 의무가 평등하게 할당되어야 한다는 원칙이다. 다른 하나는 여러 가지 경제적, 사회적 불평등을 인정하더라도 이는 사회의 가장 밑바닥에 있는 사람들에게 상당한 보상적 이득을 줄 경우에만 정당하다는 원칙이다.[2] 즉 공정한 사회가 되기 위해서는 평등한 시작을 제공해 줄 수는 없지만 불공정을 어느 정도 해소할 수 있는 장치를 갖추어야 한다는 것이다.

---

2   홍성우, 《존 롤즈의 『정의론』읽기》, 세창미디어, 2015

2

협력적 사회는 자연선택되었다

공동체 사회에 어떤 새로운 생각이나 기술이 들어오면 처음에는 매우 낯설어하거나 배척당하여 채택되지 않을 가능성이 크다. 예를 들어 조선 시대 남성의 머리카락은 부모로부터 받은 것이므로 잘라서는 안 된다는 믿음을 가졌었다. 그래서 긴 머리를 상투로 만들어 지냈는데 1895년에 성인 남자의 상투를 자르고 서양식 머리를 하라는 내용으로 고종이 칙령이 내리자 변화가 생기기 시작하였다. 앞서 말했듯 당시에는 부모로부터 받은 신체의 일부를 훼손해서는 안 된다는 생각이 널리 퍼져 있어 처음에는 전국적인 반대로 어려움이 컸지만, 1900년 이후 남자의 단발은 전국 각지로 보급되었고, 1920년대부터는 여성 단발도

시작되었다.

단발과 같이 새롭게 들어온 문화는 상투와 같이 오랫동안 자리 잡고 있던 문화에 비하여 위생에 좋고, 머리 감기가 편리하며, 실용적이라 시간이 지나면서 널리 퍼졌고 결국 사회의 주된 문화가 되었다. 이처럼 공동체가 집단 규범에 순응하고 있다가도 새로운 변화를 수용하고 다시 사회적 조화를 만들어 가는 메커니즘은 인간 사회의 매우 독특한 발전 기전이다. 각 개인으로 보면 자신의 신념과 가치를 고집하는 사람이 존재하지만 사회적 소통으로 공동체의 이익을 위해 자신의 생각을 새롭게 적응시키는 사람들이 많아지면서 이들의 협력에 의해 새로운 사회로 변화하여 가는 것이다.

선행 인류의 사회가 침팬지나 보노보와 같은 다른 영장류의 사회와 비슷했음에도 어떻게 인간은 더 크고 협력적인 사회를 만들어 갔을까? 사슴과 토끼 사냥을 비교해 보면 협력의 이익을 잘 알 수 있다. 토끼는 혼자 잡을 수 있지만 사슴에 비해 좋은 음식은 아니다. 반면에 사슴은 더 좋은 음식이지만 혼자서는 잡을 수 없다. 모두 같은 상황에 처해 있으므로 토끼 추적을 중단하고 협력하여 사슴을 잡은 다음 전리품을 공유하는 것이 모두의 이익이 되는 것이다. 그런데 이러한 이익을 이해하고 실현하기 위해서는 협력적 사회를 이루기 위한 동기와 이를 추진하는 동력이 필요하다.

영장류가 가진 유전자 자연선택의 힘에 더하여 협력적 사회 관계에 대한 문화적 압력이 이러한 변화를 가져왔을 것이라 생각할 수 있다. 사회적 집단의 발전을 보면 협력적 사회를 만들어 낸 작은 집단 간에 문화적 누적에 의한 차이가 나타나고, 이러한 차이를 바탕으로 집단 간의 경쟁에서 보다 높은 경쟁 능력을 갖춘 집단이 그렇지 못한 집단을 누르고 선택되어 큰 집단이 되는 과정으로 이어졌다. 이러한 과정에서 문화적으로 앞선 협력적 사회 환경에서 일어나는 자연선택은 친 사회적인 태도를 가진 유전자를 선호했을 것이다. 제재와 보상의 제도에 의해 강화된 도덕 체계는 그러한 환경에서 잘 기능하는 사람이 사회적으로 성공하고 후세를 가질 가능성을 높였을 것이다.[3]

사회적 포유류도 협력을 하지만 주로 가까운 친족의 범위 내에서 이루어진다. 대개는 분업이나 거래처럼 보다 발전된 협력은 볼 수 없고 단순한 의사소통에 기반한 원시적인 협력에 그친다. 또한 약한 개체는 보호받지 못하고 강자가 두려움 없이 이익을 얻는 사회에서 벗어나지 못하는 한계를 가진다. 반면 이미 수렵채집 시기에 멀리 떨어진 거리에서 물자가 이동한 증거들을 보면 인류는 모르는 타인과도 협력했던 것으로 보인다. 이를 보면 분업이나 거래 같은 협력을 하였고 언어의 복잡성에 기반하여 충분히 의사소통했다는 것을 추론해 볼 수 있다. 또

---

3   Robert Boyd, Peter J. Richerson, 〈Culture and the evolution of human cooperation〉, Philos Trans R Soc Lond B Biol Sci, 2009; 364(1533): 32813288

헌 수렵채집 시기의 생활상을 나타내는 증거들을 보면 아프거나 약한 사람들도 보살핌을 받을 수 있었으므로, 공동체 구성원의 권리와 의무를 나타내는 도덕 체계에 의해 강자가 폭력적으로 이익을 얻지 못하게 규제하고 취약한 사람을 보호하는 기전이 있었다고 할 수 있다.[4]

사실 유전적인 적응에 의한 자연선택만을 생각하면 사람도 강한 개체가 이익을 얻는 원시적인 사회를 이루는 것이 타당할 것 같은데 도덕 체계를 갖춘 훨씬 발전된 사회를 이루게 된 것은 문화적 적응과 같은 또 다른 자연선택, 즉 문화적인 환경 선택의 과정이 있었기 때문이다. 즉 문화가 공동체 안에서 언어를 바탕으로 누적되면서 공동체 간의 사회문화적 수준 차이가 나타나고 이러한 차이는 공동체 간의 유전적 변이를 증가시킨다. 이는 다시 공동체 집단 간의 더 큰 사회문화적 수준 차이로 이어지게 되고, 이를 통해 집단의 경쟁 능력을 높이는 유전자가 확산될 가능성이 높아진다. 즉 제재와 보상이라는 제도적 장치를 갖추게 된 사회적 환경에서 역할과 기능을 잘하는 사람의 유전자가 더 많이 전달되고, 이 유전자가 다시 공감이나 수치심 등 사회적 감정의 발달을 촉진시켜 사회가 문화적으로 성숙한 발전 과정을 거쳤을 것이다.

---

4   Andrew Curry, 〈Ancient Bones Offer Clues To How Long Ago Humans Cared For The Vulnerable〉, Goats and Soda: STORIES OF LIFE IN A CHANGING WORLD, 2020 https://www.npr.org/sections/goatsandsoda/2020/06/17/878896381/ancient-bones-offer-clues-to-how-long-ago-humans-cared-for-the-vulnerable

수렵채집 시기에 자신이 속한 공동체가 소멸하지 않고 유지·발전하는 것이 공동체에 속한 구성원 개개인의 이익이라고 할 수 있다. 이를 위해서는 다른 구성원과의 협력이 매우 중요했을 것이다. 공동체 구성원 간의 협력은 상대방의 이익을 위해서 나를 희생하는 이타주의가 확산되면서 발전되었다기보다는 사기꾼을 사회적으로 선택해서 제거함으로써 나의 손해를 방지하고 한편으로는 공동의 이익을 얻으려는 상호주의를 바탕으로 발전했다고 보는 것이 타당하다. 이러한 맥락에서 이들은 사기꾼을 가려내는 노력과 함께 상호 간 협력을 가능하게 할 언어와 도구들을 만들어 내었던 것이다. 이후 역사를 거치면서 수많은 경쟁 그룹을 만나게 되고 보다 나은 협업 기술과 동기를 가진 그룹이 경쟁에서 이기면서 협업은 일반적인 생활의 방식으로 자리를 잡았다고 할 수 있다. 이렇게 하여 인간 사회는 점점 더 상호의존적으로 되고 인간은 더욱 협력적인 사회적 존재가 되었는데, 이를 통해 성공적인 공동체의 구성원들은 문화적 관습, 규범, 그리고 제도 등을 만들었다.[5]

---

5   Michael Tomasello, Alicia P. Melis, Claudio Tennie, Emily Wyman, and Esther Herrm, 〈Two Key Steps in the Evolution of Human Cooperation〉, Current Anthropology, 2012; 53(6) https://www.journals.uchicago.edu/doi/full/10.1086/668207

3
감시 사회와 공유 사회

도덕 체계가 너무 엄격해서 감시가 일상화된 사회는 성숙한 사회라고 볼 수 없다. 공리주의자인 제러미 벤담Jeremy Bentham은 18세기에 파놉티콘panopticon이라는 죄수 수감소를 설계한 바 있다. 이 건축물은 감시자가 외부로부터 들어오는 빛을 이용하여 감방에 있는 모든 죄수들을 들여다볼 수 있지만, 감방에 있는 죄수들은 감시자를 볼 수 없는 형태다. 따라서 죄수들은 항상 감시될 수 있다는 사실을 인지하게 된다. 벤담은 누군가가 나를 지켜보고 있다는 부담감을 이용해 해야 할 일을 하도록 만드는 데 이러한 건축물 구조가 크게 기여할 것으로 보고 파놉티콘을 제안하였다. 하지만 이는 인간이 가진 사회적 적응의 측면을 지나치게 이용하려는 생각이었다는 비판을 피할 수 없었다.

미셸 푸코 역시 파놉티콘을 두고 이러한 감시를 통해 "권력은 사람들의 행동을 관찰하여 축적한 지식을 이용하며, 지식과 권력은 서로를 강화해 간다"고 설명한다. 그 결과 감시받는 사람들이 규율의 위협을 내면화하게 되고, 자신을 스스로 통제하게 하여 현실에 순응하도록 유도한다고 말한다. 푸코에게 파놉티콘은 규율 상황에 놓여 있는 사람들과 사회적 통제 시스템이 어떠한 관계를 이루는지, 그리고 권력과 지식이 어떻게 상호작용하는지를 설명해 주는 하나의 은유였다. 오늘날 기업과 정부가 지식 정보를 이용하여 권력을 강화하고 사회를 통제해 나가려는 양상도 파놉티콘과 같은 감시 체계를 은밀하게 지속하는 것으로 볼 수 있다. 어떤 측면에서는 권력자든 일반 시민이든 모든 사회의 구성원이 감시와 통제의 대상이 됨으로써 누구나 감시망에 노출될 수 있는 평등화된 사회로 변하고 있다고 할 수도 있다.[6] 보이지 않는 수많은 눈을 인식하고 스스로를 규범과 규율에 맞추어 가는 사회라고 할 수 있는데, 어쩌면 이러한 모습이 현대적인 사회의 모습인 것이다.

이러한 사회가 가능한 이유는 인간의 유전자는 타인이 나를 판단하고 평가할 수 있다는 가능성만 존재해도 사회의 가치나 도덕에 부합하려는 태도를 보이도록 선택되어 왔기 때문이다. 독재 사회에서 감시

---

6   미셸 푸코, 《감시와 처벌》, 오생근 역, 나남, 2020

를 일상화시켜 사람들을 통제하려는 시도는 이러한 인간의 성향을 이용한 것이다. 그런데 오늘날에는 감시를 위하여 파놉티콘과 같은 특별한 건축물이 필요하지는 않다. 거리마다, 건물마다 있는 CCTV로 시민들의 행위를 모니터링하는 것이 오늘날의 파놉티콘이다. 어떤 의미에서 파놉티콘의 중심에 있는 망루는 건물과 거리마다 설치되어 있는 카메라의 선구자인 셈이다. 이를 통해 사람들이 관찰의 대상이 된다면 벤담이 생전에 만들지 못했던 파놉티콘이 우리 생활 곳곳에 설치되어 있는 것과 같다.

이러한 감시 도구보다 훨씬 더 철저하게 우리의 삶에 들어와 있는 감시 도구가 인터넷이다. 중요한 차이점은 벤담의 파놉티콘과 CCTV는 자신이 노출되어 감시된다는 것을 물리적으로 확인할 수 있지만, 구글이나 네이버처럼 온라인에 연결되어 정보 교환을 하는 과정을 통해서 이루어지는 감시는 마치 사적인 공간에 있는 듯해서 노출된 느낌이 들지 않을 수 있다는 것이다. 우리는 삶의 대부분을 온라인에서 보내며 많은 데이터를 공유하지만, 우리가 신체에 대해 느끼는 것만큼 데이터를 자신의 일부로 느끼지는 않는다. 따라서 우리는 인터넷의 익명성 속에서 실은 자신을 드러내 놓고 있는 셈이다.

사물 인터넷이라고 하는 사물 간의 상호연결성은 데이터를 통해 스스로를 더욱 드러낼 것이다. 우리 삶의 모든 것을 통신할 수 있어 우리의 생활에 대한 방대한 양의 데이터를 생성할 수 있을 것이다. 또 이 엄청난 양의 데이터가 정부나 기업이 관리하는 어떤 데이터 저장소에 들어갈 가능성이 있다. 특히 건강을 모니터링하는 도구들이 만들어지면서 나의 심박수와 심전도, 혈압과 같은 개인 정보들이 필요에 의해서가 아니라 동의를 거치지 않은 채 내가 원하지 않는 누군가가 들여다볼 수 있다. 이는 파놉티콘의 중앙 망루에서 빛을 비추어 감시하는 것과 같다. 만일 나의 생활 습관이 사회 규범에 반하거나 그렇지 않더라도 건강을 해치는 경우에는 언제라도 나의 삶에 끼어들 태세를 갖추고 면밀히 들여다보는 것이다. 건강이라는 중요한 이점을 얻기 위한 것이지만 그 비용으로 감시받는 삶이 되는 것이다.

이러한 갈등을 해소하기 위해 새로운 전략이 필요하다. 즉, 중앙의 감시자에 의해서 일방적으로 감시당하는 대상이 되는 것이 아니라 정보를 바탕으로 연결된 사회를 향한 사용자 중심의 권한을 가지는 것이 필요하다. 이를 위해서는 사용자 개인이 자율성을 유지하며, 데이터와 개인 정보를 제어하고, 요구 사항을 충족하는 응용 프로그램과 서비스를 선택할 수 있는 나만의 안전한 공간을 실현해야 한다. 데이터의 상호연결 속에서도 개인의 비밀정보를 보호할 수 있어야 하고 윤리적으로도 충분히 수용되며 또 사회적 이익도 얻을 수 있는 기술을 설계하고 사용할 필요가 있다. 기본적으로는 정보 교환을 위한 분산형 프로그램을 활용하여 데이터를 생성하고 저장하거나 제어할 때 각 개인이 액세스와 정보 제공 권한을 갖는 방식이다.

데이터에 대한 개인 권한이 강화되고 신뢰를 바탕으로 하여 상호 연결된 사회는 구성원들의 사회 활동 참여를 독려할 것이다. 각 개인은 사회적 감시로부터 자신을 보호해야 하지만, 한편으로는 자신의 정보를 활용하여 이익을 얻거나 가치를 만들어 가야 하기 때문이다. 이를 위해서는 자신의 정보를 정보 시스템에 연결하여 정보 교환의 이득을 얻을 수 있어야 한다. 파놉티콘의 목적은 중앙의 감시 체계를 이용하여 시민을 순응시키려는 것이었지만 새로운 전략은 각 개인이 스스로를 보호하면서, 정보 교환을 가능하게 하고, 시민을 참여적 주체로 만드는 것이다. 이러한 전략이 호혜성을 기반으로 한 미래 공유 사회의 기본 원칙이 되어야 한다.

4

사회적 공유지

우리가 꿈꾸는 사회는 망루안의 감시자나 빅브라더big brother의 감시를 받는 사회가 아니라, 자유롭게 자신을 실현하는 사회일 것이다. 이를 위해서는 온라인뿐 아니라 물리적 공간의 커뮤니티에서 자유롭게 돌아다니면서 사람들을 만나고 쇼핑하고 문화생활을 즐길 수 있는 권리를 확보해야 한다. 이는 자유 사회에서 당연한 권리라고 할 수 있지만 실제로 공간의 사적 소유가 광범위하게 진행되면서 이러한 권리를 누리기가 점차 어렵게 되고 있다. 제인 제이콥스Jane Jacobs가 주장하였듯이 "사람들이 만나고 수다 떨고 어떤 일이 일어나는지 지켜볼 수 있는 거리가 도시를 안전하게 만들고 또 공동체를 강화하는데 핵심적"이기 때

문에 거리와 도시를 설계할 때 이를 고려해야 한다.[7]

사회 인프라는 커뮤니티를 구성하는 사회적 공유지라고 할 수 있다. 이러한 사회적 공유지에는 상하수도, 전기, 대중교통과 도로, 공원, 보건의료와 복지 서비스 등이 있다. 이들을 개인이 소유하는 것이 아니라 사회적으로 소유하고, 공동의 비용으로 가격을 낮추면 커뮤니티 구성원의 삶의 질을 높일 수 있고, 가난한 사람들의 생활 비용을 덜어 줄 수 있어서 사회 안전망의 역할을 하기도 한다. 이러한 사회 안전망을 가장 확실하게 갖추는 방법 중 하나는 집을 소득이 낮은 사람들도 소유하거나 임차해서 거주할 수 있게 하는 것이다. 사회주택이나 부담 가능한 주택을 낮은 임대료를 설정하여 공급하게 되면 커뮤니티에 대한 소속감과 애착이 강해져 사회 구성원으로서 역할을 잘할 수 있을 것이다.

그런데 공유지가 축소되어 가는 대도시에서 사적 소유지를 공유지로 만들거나 부담 가능한 주택을 충분하게 공급하는 것은 현실적이지 않은 방안이다. 따라서 공유지와 함께 부담 가능한 사회주택을 포함한 사회 인프라를 갖추고, 커뮤니티 구성원이 시민으로서 권리를 바탕으로 자유를 누리면서 사는 조건을 만들기 위해서는 대도시가 아니라 새로운 비전으로 중소 도시를 만들어 가는 것이 더 현실적이다. 대도시

---

7   제인 제이콥스, 《미국 대도시의 죽음과 삶》, 유강은 역, 그린비, 2010

에서는 부동산 가격과 임대료의 상승으로 젠트리피케이션이 진행되고 있어, 사회주택과 같은 사회 인프라를 제대로 갖추는 것이 점점 더 어려워지고 있기 때문이다.

어떤 면에서는 젠트리피케이션이 도시의 경제적 변화와 활력을 만들어 내는 강력한 힘이지만 한편으로는 강제적이고 불필요한 이주를 초래하는 부정적인 영향을 준다. 젠트리피케이션은 지역의 부동산 가치를 높이면서 동시에 임대료도 상승시켜 저렴한 주택 공급이 감소하게 되고, 기존에 살고 있던 가난한 사회 취약계층은 쫓겨날 수밖에 없다. 젠트리피케이션으로 그 지역의 경제 성장과 투자 가치가 증가해 지역 경제가 혜택을 받는 것 같지만 정작 기존의 가난한 주민들은 그 혜택에서 배제되고 또 다른 가난한 지역으로 이주해야 한다.

이러한 젠트리피케이션 현상은 경제가 활성화되어 있는 대부분의 도시에서 나타나고 있고, 특히 대도시에서 가장 심하게 나타난다. 미국의 경우 뉴욕, 로스앤젤레스, 워싱턴 D.C, 필라델피아, 볼티모어, 샌디에이고, 시카고 등 7개 도시가 전국적으로 젠트리피케이션의 거의 절반을 차지했다. 이러한 현상은 살기 좋은 도시로 알려졌던 네덜란드의 암스테르담이나 캐나다의 몬트리올도 예외가 아니다. 서울의 연남동도 경의선 주변에 공원길을 만들면서 오래된 주거 지역이 음식료 상권으로 완전히 탈바꿈하였고 이 과정에서 젠트리피케이션을 겪을 수밖에 없었다.

대도시의 거주 지역이 상권으로 빠르게 탈바꿈하면서 나타나는 이러한 현상은 이제 지구 어느 대도시에서도 볼 수 있다. 지구 반 바퀴를 돌아 포르투갈 리스본에 가 보아도 사정이 똑같다. 리스본에서 집을 임대해서 사는 시민의 이야기를 들어보자. "저는 관광객이 증가하고 단기 임대에 대한 규제가 없어 젠트리피케이션이 심화되는 리스본의 역사적 중심지에 살고 있습니다. 임대료는 이제 감당하기 어렵고, 주택 블록 전체가 단기 임대 아파트와 호스텔로 전환되고 있습니다. 집주인들은 관광 사업을 시작하기 위해 사람들을 매일 퇴거시키고 있습니다"[8].

이제 대도시는 구역이 나뉘고 배타적인 장소가 되고 있다. 중앙 정부뿐 아니라 지방 정부도 이를 해결하기 위한 아무런 조치도 취하지 않고 있으며 도시 재정비 혹은 도시 재생처럼 멋진 말로 현혹하며 젠트리피케이션을 부추기기까지 한다. 이제는 대도시뿐 아니라 주변에 있는 중소 도시로까지 이러한 현상이 퍼지고 있다. 물론 젠트리피케이션이 부정적인 측면만 있는 것은 아니다. 스타벅스와 같은 잘 알려진 브랜드가 들어서고 상업 투자와 취업 기회가 늘어나고, 부동산 가치가 증가하면서 지역 전체의 개발이 촉진된다. 그러나 이 효과는 대개 부동산 소유자나 중산층 이상이 누리게 되고 기존의 저소득 주민들은 누

---

8   The Guardian News, ⟨We are building our way to hell: tales of gentrification around the world⟩ https://www.theguardian.com/cities/2016/oct/05/building-way-to-hell-readers-tales-gentrification-around-world

리기 어려운 것이 현실이다. 결국 소득이 낮은 이들은 이주하게 되고 지역 사회에 대한 분노를 갖게 된다. 언뜻 보기에는 지역 사회에 새로운 인구가 유입되면서 다양성이 커지는 듯이 보이지만 실은 지역 사회가 갖고 있던 원래의 사회적 다양성이 깨지고 공동체 의식은 약화되는 것이다.

젠트리피케이션은 수건돌리기 같은 측면도 있다. 어떤 지역이 성하면서 젠트리피케이션이 일어나다가도 임대료 등의 비용 과다 문제가 발생하면 외부의 인구 유입이 중단된다. 그리고 비용이 상대적으로 저렴한 또 다른 지역으로 옮겨가고 다시 젠트리피케이션이 나타났던 처음의 지역은 공동화되는 현상이 발생할 수도 있다. 예를 들어 서울의 경리단길이나 가로수길이 번창하고 유명 브랜드들이 들어섰지만, 그곳만의 특색이 사라지면서 성수동이나 연남동 등 다른 지역으로 상권이 옮겨가는 현상이 나타나고 있다. 도시 개발 혹은 재생이라는 이름으로 상업 자본을 부추기고 단기적인 이익을 거둔 후 떠나는 젠트리피케이션을 막기 위해서는 지속적으로 공동체의 특색을 유지하면서 상업적 활성화의 성과를 지역 공동체가 공유할 수 있도록 하는 노력이 필요하다.

주민들이 지역 사회의 공동체 의식을 갖추고 살아 갈 수 있는 방안은 멋지게 거리를 꾸미고 부동산 가치를 높이려는 정책이 아니라 사회적 공유지에 대한 주민들의 접근과 자유로운 이용을 보장해 주는 것이어야 한다. 그중 대중교통의 인프라는 사회적 공유지의 핵심적인 요소다. 대중교통이 있어야 사람들이 직장, 학교, 병원, 상점과 문화적 활동 공간에 대한 접근이 용이해질 뿐만 아니라, 자가용으로 인한 교통혼잡과 공해가 유발되는 것을 막을 수 있다. 대중교통은 가능한 공적 소유가 되는 것이 바람직하지만 사영화되더라도 공공적인 사회적 인프라의 역할을 충실히 수행할 수 있도록 운영되어야 한다.

레오나르도 다빈치의 〈모나리자의 미소〉가 어느 개인 소장자의 집에 숨겨져 다른 누구도 볼 수 없는 세계를 상상해 보라. 세상은 이러한 작품을 공유하지 못함으로써 문화적으로 빈곤해지고 천재와의 공감을 경험하지 못할 것이다. 사실 〈모나리자의 미소〉라는 작품도 인류가 가진 공동의 문화적 자산이다. 즉 그림 그리는 데 사용되는 도구와 기법이 없었으면 아무리 다빈치가 천재라고 하더라도 세상에 나올 수 없었을 것이다. 거장의 작품에도 인류 공동의 노력과 성과가 녹아 있으며, 이는 곧 기본적으로 문화 공유지로서의 성격을 갖는다. 그렇기 때문에 미술관이나 박물관이 존재하고 공동체의 구성원들은 적은 비용으로 이러한 소장품들을 관람하고 즐길 수 있어야 한다.

한편 1870년대 영국 버밍엄의 시장으로 도시 공유지 발전에 크게 기여한 조지프 체임벌린 Joseph Chamberlain 을 비판적으로 살펴볼 필요가 있다. 그는 슬럼을 없애고 새로운 거리와 공원을 만들었으며 학교, 시립 목욕탕, 도서관을 짓고, 공동의 가스와 수도 공급 체계를 만들었다. 또한 예술적, 문화적 측면을 구현하는 기관에 시민들이 자유롭게 접근할 수 있도록 하였다.[9] 자치구 사회주의Municipal socialism로도 불렸던 그의 개혁주의 정책은 빠르게 산업화되면서 겪은 자본주의의 구조적 모순을 해결하고자 하였고, 교육, 노령연금, 노동 문제와 같이 광범위한 문제를 애국심과 공동체주의로 극복하고자 하였다. 그러나 그의 접근 방식은 권력가들의 강제적인 개혁 추구 방식이었으며 당시에 부상하고 있던 파시즘과도 연결되어 있었다고 할 수 있다. 시민 참여적 민주주의가 기반을 이루지 못한 상태에서 공유정신이나 공동체주의를 확산시키려는 전략은 위험할 수 있다는 것을 시사한다.

9   가이 스탠딩, 《공유지의 약탈》, 안효상 역, 창비, 2021

분산적 공유와 새로운 생산 방식

분산적 공유의 예를 전력 시스템의 변화에서 찾아보자. 최초의 전력 시스템은 발전기가 건설되고 전선이 가정이나 회사에 연결되어 전력 소비자에게 전력을 공급하는 단순한 시스템이었다. 전력의 생산과 소비가 분리되고, 전선들이 이를 연결하는 시스템이라 발전기가 고장이 나거나 전선이 단선되는 일이 생기면 소비자는 전력 공급을 받을 수 없는 상황에 처한다. 최근에는 이러한 문제들에 대처하기 위하여 여러 지역에서 전기 공급 방식을 분산형으로 바꾸기 시작하였다. 즉 규모는 작지만 더 많은 발전기를 설치하고 또 여분의 전선들을 연결하여 특정 지역의 발전기가 고장 나거나 특정 전선이 단선되어도 전기의 흐름이

끊기지 않게 하는 것이다. 즉 발전기와 교환기의 복잡한 상호연결망을 통해 여러 발전기로부터 발생하는 전력을 조정하고 전달 방향을 바꾸어 가면서 발전량을 여러 사용처에 배분할 수 있게 되었다. 이는 전기 공급의 불안정성을 해결하면서 동시에 효율적인 공급이 이루어질 수 있는 방법이다.

분산적 공유는 뇌의 신경망 체계가 갖는 통신 메커니즘이다. 뇌의 수많은 뉴런이 서로 연결된 신경망이 학습하는 방법은 특정한 이미지나 경험을 뇌의 어느 장소에 저장하는 방법이 아니라 그 패턴들을 복잡하게 연결된 신경망에 학습시키면서 규칙이나 보편성을 만들어 가는 방법을 취한다. 따라서 뇌의 특정한 장소가 아니라 분산적이지만 서로 연결된 신경망이 사물에 대한 인식과 학습에 중요한 역할을 하게 되고 이는 뇌세포 일부가 손상되어도 인식 장애나 사회적 기능에 큰 영향을 주지 않으면서 활동할 수 있는 이유가 된다.

이러한 분산적 공유 방식은 뇌세포의 생물학적 작용에서부터 사회생활에 이르기까지 시스템의 불안정성을 극복하면서도 효율적인 기능을 할 수 있게 하는 방법이다. 분산형 체계는 환원론적으로 구성 단위가 있고 이런 단위들이 조합을 이루어 전체가 만들어져 중앙에 있는 사령탑의 통제를 받는 중앙집중형 체계와는 다르다. 중앙집중형 체계가 시스템이 작동하는 원리를 쉽게 이해할 수 있고 또 매우 효율적으로 움직이는 체계라고 할 수 있으나 근본적으로는 어느 일부가 손상되면 전체가 제대로 작동하기 어려운 체세이기 때문에 위험에 대비하여 생존력을 높이는 목적으로는 부족한 면이 있다. 반면 분산형 체계는 작동하는 원리가 복잡하고 또 어느 정도 시스템이 돌아가기 위해서는 학습과 시간이 필요하지만, 위험에 부딪혔을 때 기능을 회복해서 생존력을 높일 수 있는 커다란 장점이 있다.

도시는 복잡한 연결망으로 이루어진 분산형 공유지라고 할 수 있다. 자동차나 자전거가 있는 사람은 누구나 도로에서 운전할 수 있고, 걷거나 휠체어를 사용할 수 있는 사람은 누구나 보도를 이동할 수 있다. 어떤 개인이나 회사도 누군가를 배제하거나 독점적인 사용 권한을 주장할 권리가 없다. 거리뿐 아니라 운하와 수로, 주요 항로, 기본 과학 지식, 수학적 알고리즘, 그리고 일상생활에 필요한 기본적 지식 등 이 모든 것이 자유시장경제에서도 공유지로 유지되어 왔다. 이러한 공유지가 경제적, 사회적, 과학적 활동을 자유롭고 불편하지 않게 수행할 기본 여건을 제공하기 때문이다.

공유지는 사용자가 정보, 지식, 그리고 문화의 공유로부터 직접적인 이익을 얻게끔 하기도 하지만, 생산에 참여하는 행위자를 크게 늘리고 다양화하는 매우 중요한 역할을 하기도 한다. 자유시장경제를 이끌어가는 힘이 표면적으로는 애덤 스미스가 이야기한 바와 같이 '이기심'에 의해 이루어지는 것 같지만 사실 그것은 우리가 공유지에서 얻는 이익을 너무 당연하게 여겨 생산 기여도를 크게 고려하지 않기 때문이다.

개인의 이기심이 경제 활동의 동기를 만들고 자유시장경제의 경쟁에서 다른 사람보다 앞서기 위해 좋은 상품을 만드는 역할을 하지만 이러한 이기심은 공유지를 이용하면서 긍정적으로 작동할 수 있다. 예를 들어 19세기 후반 2차 산업혁명 시기에 대규모 기계와 자동화된 생산으로 텔레비전, 냉장고, 자동차 등이 대량 생산되고 신문 등이 대량 유통되면서 정보도 증가했다. 이러한 생산 기반은 공유적인 자원이 되어 과거에 소수만이 높은 비용으로 할 수 있었던 생산 활동을 더 많은 사람이 적은 비용으로 쉽게 할 수 있도록 하는 기반이 되었고 이로 인해 자유시장경제가 활성화된 것이다.

이제는 많은 정보의 공유를 바탕으로 사람들이 자신의 음악을 만들고, 자신의 생산 활동을 하며 다른 사람과 다양한 협업도 가능하게 되었다. 이러한 협업, 특히 공간과 시간에 크게 얽매이지 않은 협업이 가능해지면서 생산성은 더욱 크게 높아졌다. 일론 머스크Elon Musk는 전기자동차의 혁신을 이룸으로써 오늘날 자유시장경제를 주도하는 사람이 되었지만, 그의 경쟁력 대부분은 사실 정보의 공유와 사회적 공유 인프라에서 나온 것이다. 이처럼 공유 자원을 공간과 시간에 얽매이지 않고 분산적으로 더 넓게 활용하기 시작하면서 새로운 생산성에 기초한 사회가 열릴 것이다.

특히 공유자원 기반 생산은 '동료 생산peer production'이라는 새로운 생산 방식을 출현시키고 있다. 이는 개인이나 그룹이 스스로 만들어 내는 것보다 훨씬 복잡한 제품을 대규모 협력으로 만드는 방식이다. 동료 생산의 가장 잘 알려진 예가 위키피디아Wikipedia이다. 참여도가 높은 수천 명의 기여자와 참여 수준은 낮지만 여전히 활동적인 수만 명의 개인으로 구성된 사회적 생산 공유지다. 이와 같이 동료 생산에 기반한 사회적 공유지는 새로운 사회를 만드는 중요한 혁신이 될 것이다. 이러한 혁신이 성공하기 위해서는 어떤 문제의 솔루션에 대한 개념, 실행의 분권화, 다양한 참여의 동기 부여, 소유에 대한 거버넌스모든 당사자들이 책임감을 가지고 투명하게 의사결정을 할 수 있게 하는 제반 장치와 관리의 분리가 잘 갖추어져야 한다. 특히 무엇을 해야 하는지 결정할 때 제도적 위계 체계에 의해서가 아니라 참여자 간의 토론과 자유로우면서도 책임질 수 있는 선택으로 중요한 사항들을 결정해야 한다. 미래 사회에는 이러한 새로운 생산 활동 방식, 예를 들어 어떤 장소에 기반한 중심지가 아니라 사회적 생산 공유지가 되어 분산형 생산 기반을 제공하는 방식이 기업의 생산 활동에서 중요한 역할을 담당할 것이다. 또한 기업에 소속된 종사자뿐 아니라 관심이 있는 사람들이 다양한 아이디어를 참여적으로 실현할 기회를 제공하여 우수한 아이디어가 선택되는 방식으로 진화할 것이다.

중년이 된 치유는 빠르게 변하는 세상을 마주하면서 당황스러운 경우들이 자주 생겼지만 다시 교육을 받으면서 새로운 동료들을 만나고 멋진 삶을 다시 시작할 수 있게 되었다.

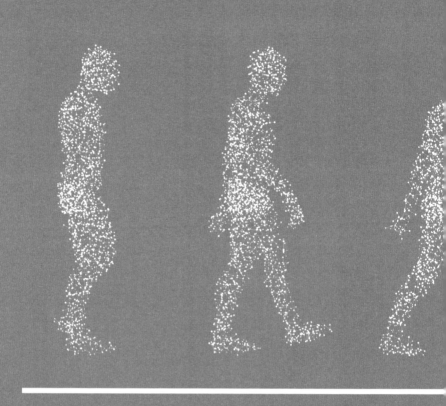

새로운 공유지의 개척

1

삶의 허브가 되는 집

인류의 조상인 수렵채집인들은 종종 여러 가족 단위로 구성된 수십 명의 그룹으로 살면서 거주 지역에서 수렵채집에 의해 얻을 수 있는 먹거리에 의존했다. 그런데 한 장소에 오래 머물면 수렵채집에 의한 식량 확보는 한계에 부딪히게 된다. 따라서 먹거리를 충분히 얻을 수 없는 경우 이를 더 얻을 수 있는 장소로 이사해 새로운 거주지를 마련해야 했다. 호모 사피엔스가 아프리카에서 나와 유라시아를 거쳐, 전 세계로 퍼져 나갔던 가장 중요한 이유는 바로 먹거리를 찾기 위해서였다.

식량이 풍부하다면 수렵채집 집단은 같은 장소에 오랜 기간 머물면서, 식량을 효과적으로 저장하는 방법과 경쟁 집단으로부터 영토를 보호하기 위한 방법을 찾을 가능성이 크다. 그런데 수렵채집 생활에서 이러한 경우는 일반적인 현상이었다기보다 매우 예외적이었을 것이다. 반면에 식량이 충분하지 않으면 집단을 유지하기 위해 이동해야 한다는 것을 의미한다. 이동을 하게 되면 새로운 지형과 기후, 그리고 맹수와 같은 포식자를 만나서 생명의 위협을 보다 많이 느낄 수밖에 없다. 따라서 여러 가족으로 구성된 수십 명의 무리는 서로를 도와 대자연에서 살아남는 방법을 찾아야 했고, 서로 돕지 못한 그룹은 위험을 극복하지 못하여 사멸했을 것이다. 이와 같이 인류의 협력 지향성은 잦은 이동과 임시 주거지의 설치 과정을 거치면서, 또 자연선택의 강한 압력을 받으면서 강화되어 왔다.

주거지는 수렵채집인의 생명을 보호하는 데 매우 중요했으며 대개는 자연적으로 형성된 보호소를 생활 공간으로 사용했다. 바람과 비, 그리고 맹수를 피하기 좋은 자연 지형을 이용했고, 그중에서 동굴은 밖에서 수렵채집 활동을 하다가 내부에 들어와 안전하게 쉴 수 있는 생활 공간을 만들 수 있었기 때문에 인기가 높았다. 그러나 이러한 초기 수렵채집인의 생활 공간은 기본적으로 모여서 같이 먹고 쉬는 장소에 그쳤으며, 거주지의 생활 공간이 명확하게 구조화되어 있지는 않았다. 하지만 40만 년 전에 불을 보다 잘 관리하고 사용할 수 있게 되면서 화로가 정착촌 내에 나타나기 시작했다. 이는 음식을 만들어 먹거나 같이 모여 이야기를 나누는 공간이 생겼다는 것을 의미한다.

시산이 지나면서 거주지 안에 인공 구조물들이 조금씩 들어서고 제작 수준도 점차 높아지면서 거주지는 훨씬 더 창의적으로 조직화되었다. 일부 사회에서는 나무 지지대로 오두막이나 천막을 짓거나 매머드 뼈로 출입구 형태를 만들기도 했으며, 화로의 빛을 이용해 조명을 하는 등 거주지 내 공간을 지정된 사용 영역으로 구성했다는 명확한 건축적 특징을 가지고 있었다. 게다가 건축을 위한 재료와 도구를 먼 거리에서 운송하여 사용해 정보의 공유와 인적 네트워크가 수렵채집 시기에도 어느 정도 있었음을 나타낸다. 이러한 건축물을 통해 안정화된 거주지는 문화적 유산을 남기기 시작했다. 수렵채집인이 남긴 가장 위대한 업적이라고 할 수 있는 프랑스 라스코 동굴의 그림은 놀라운 문화적 발전을 보여 주고 있다. 수렵채집인의 상징적 사고를 표현한 동굴 벽화는 오늘날 현대인의 작품으로 보아도 손색이 없는 수준이다.

이처럼 공동체 구성원들의 생존과 번성을 위해 생활 공간을 공유하면서 재구성하였던 수렵채집인의 생활 방식에는 분명히 사회적 측면이 있다. 공동체에는 주거를 위한 건축물들이 하나둘씩 늘어나면서 가족 구성원과 친족을 넘어 다른 사람들에게도 확장되는 네트워크를 만들었고 이렇게 사회적 관계망을 확장하려는 노력이 협력을 촉발, 강화해

---

1   Groeneveld Emma, "Prehistoric Hunter-Gatherer Societies" World History Encyclopedia, Last modified December 09, 2016. https://www.worldhistory.org/article/991/prehistoric-hunter-gatherer-societies/.

나가는 데 도움이 되었을 것이다. 따라서 주거용 건축물들이 모인 공동체는 단순한 거주지가 아니라 공유적인 장소였고, 구성원 간의 공감을 바탕으로 애착을 느끼며 서로 연결되고 친숙함과 소속감을 일으키는 사회적 장소였다.

이동에 용이한 오두막과 텐트가 집보다 훨씬 먼저 주거 용도로 사용되었는데, 일반적으로 집보다 규모가 작고 공간적 구분과 지속성은 떨어진다고 볼 수 있다. 이후에 나타난 집은 이보다 규모가 크고 내부 공간의 구조화가 비교적 잘 이루어져 있다. 그런데 인류의 거주지가 오두막과 텐트에서 빠르게 집으로 전환되어 가면서 거주지가 발전해 왔다고 할 수는 없다. 사실 수렵채집인이 살았던 지역과 시기에 따라 생활 방식이 상당히 차이가 났기 때문에, 거주지의 공간적 구조는 사람과 장소, 그리고 주변 환경과 생활 양식의 상호의존적인 관계 속에서 이해해야 한다. 수렵채집 시기에 갑자기 농경이 퍼지면서 신석기 시대로 들어온 것이 아니라 농경과 더불어 정착 생활을 하려는 경향이 서서히 퍼져 나갔기 때문에, 집을 중심으로 한 거주지는 오랜 시간에 걸쳐 발전하여 오면서 안정적인 정착촌을 형성했다고 볼 수 있다.[2]

2   Lisa A. Maher and Margaret Conkey, 〈Homes for Hunters? Exploring the Concept of Home at Hunter-Gatherer Sites in Upper Paleolithic Europe and Epipaleolithic Southwest Asia〉, Current Anthropology 2019; 60(1) https://doi.org/10.1086/701523

사실 정착촌 형성의 의미는 집보나 사람 간의 관계에 있다고 할 수 있으며, 사회적 관계와 주거는 다양하게 영향을 주고받으면서 발전하였다. 집은 사람들이 일상 생활을 수행하는 공간적 배경이 되고, 한편으로는 사회적 관계가 발생하는 주된 장소가 되었다. 농경 생활이 본격화된 후기 신석기 시대에 이르러 공동체 안에 많은 집을 지어 살면서 더 큰 사회를 만들어 나갔다. 이러한 공동체는 오랜 기간 같이 주거하는 동반자라는 사회적 의미를 강조하면서, 집을 중심으로 지속적인 관계를 만들고 공동체의 자원과 문화를 공유하였다.

한편 20세기 이후에 지어진 주택들의 외관은 지역과 시기에 따라 다르기는 하지만 내부에 공간적인 구분이 명확해 현관, 거실, 식당, 침실 등으로 나누어져 있다. 대개는 부모와 자식이 4~5인 정도의 가족 단위를 이루고 한 주택에 살며 다른 가족과는 공간을 분리하는 형태다. 하지만 이러한 가족 단위의 주택 개념은 이미 '전통적인' 주택이라는 과거의 개념이 되어 버린 듯하다. 빠르게 변화하는 가족 구성의 변화와 미래 사회의 요구를 잘 반영할 수 없기 때문이다. 미래의 주택은 변화되는 가족의 구조를 수용해야 하고, 한편으로는 다른 가족과의 공유적 공간 사용의 추세를 반영해야 한다. 사실 단위 가족의 구성원 수가 줄어들고 있지만 가족 개개인은 더 많은 생활 공간이 필요하다. 따라서 변화하는 가족 구조를 반영하면서 가족 구성원 각자가 원하는 공간을 마련해야 한다. 집은 쉴 수 있는 피난처이자 사적인 공간이지만, 점점 더 공동의 공간으로 변하여 갈 것으로 전망된다. 이미 다양한 형태의 공유 주택이 실험적인 수준을 넘어 대중화되고 있어서 집의 공간 구분과 사용에 있어서 혁신이 일어날 것임을 예고하고 있다.

여러 세대가 함께 사는 주택도 인기를 얻어 가고 있다. 이는 생물학적 친족, 즉 조부모, 부모와 자식들이 같이 살던 과거의 대가족과는 다르다. 가족의 개념이 생물학적인 단위 개념을 넘어, 같은 집에서 동거하는 여러 세대의 개념으로 바뀌어 가는 추세를 반영한다. 이를 잘 활용하면 당사자 모두가 공동의 이익을 얻을 수 있을 뿐만 아니라 지속 가능한 커뮤니티를 만들어 나갈 수 있다. 예를 들어 노인이 고립되는 것을 방지하고 커뮤니티 안에 더 오래 머무르도록 도와줄 수 있고, 학생들에게는 저렴한 주택에 대한 접근성과 부모와 같이 살던 집을 떠나 독립할 기회를 줄 수 있다.

기후 변화가 가속화되면서 주택도 에너지 소비의 상당 부분을 차지하고 있다. 이제는 에너지를 효율적으로 사용할 뿐 아니라 가급적 화석 연료가 아닌 재생가능 에너지원을 사용하는 방향으로 변화해야 한다. 즉 미래의 좋은 주택은 지속 가능성이 중요한 척도여야 한다. 이러한 지속 가능한 주택은 인간의 건강과 안전에 해를 끼치거나 너무 많은 에너지를 소비하지 않는 주택을 의미한다. 따라서 냉난방, 소음, 환기와 실내 공기 질 등의 문제를 거주자들의 건강과 안전을 중심으로 해결하면서 건물의 에너지 효율성을 높이는 집을 만들어 가야 한다.

전통적인 개념의 집은 가족 단위의 구성원들이 대화하고, 먹고, 쉬고, 자는 용도로 주로 사용되었지만 앞으로는 계속해서 확장되는 새로운 용도와 결합할 것이다. 미래의 집은 일하고, 학습하고, 자신을 돌보고, 운동하고, 정원을 가꾸고, 재활용하고, 더 나아가 에너지를 생산하는 용도로 확장될 것이다. 이렇듯 우리가 집을 사용하는 방식의 변화는 주택 공간의 구성에도 상당한 영향을 미칠 것이다. 따라서 공유성과 사생활 보호의 두 가지 원칙 위에 가족 구성원의 변화를 수용할 수 있도록 집 구조와 기능의 유연성과 확장성을 높이는 솔루션이 필요하다. 이러한 솔루션의 기본 방향은 집을 사회생활에서의 도피처인 '삶의 쉼터'라는 개념을 넘어 공동체 사회의 중심이 되는 '삶의 허브'로 만들어 가는 것이다.

2

교육은 공동체의 중심이다

교육은 공동체에서 생존하고 번성하는 방법을 학습하고, 타인과의 관계에서 공감과 이해를 높이며, 지식과 기술을 익혀서 자신뿐 아니라 공동체 전체의 이익과 발전을 이루기 위한 목적으로 이루어진다. 따라서 교육은 본질적으로 공유지에 속한다. 어떤 사람이 교육을 많이 받으면 다른 사람은 기회를 빼앗겨서 교육을 제한받는 것이 아니라, 즉 제한적 공급에 대해서 수요자의 끝없는 경쟁을 유발하는 제도가 아니라 미래의 공동체에서는 모든 사람이 좋은 질의 교육을 받을 수 있도록 제도를 만들어야 한다. 이를 위해서는 비용의 제한을 넘어 모든 사람이 좋은 교육을 받을 수 있는 새로운 체계가 필요하다.

교육은 또한 공동체 사회의 중심이 되어야 한다. 지역 사회에서 학교가 중심이 되어야 한다는 개념은 한 세기 전으로 거슬러 올라가 존 듀이John Dewey 같은 진보적인 교육자들로부터 시작됐다. 미국 버몬트주의 작은 마을에서 자란 듀이는 지역 사회생활이 지역의 거리와 주민들을 연결하는 개인 네트워크들로 구성되어 있다고 믿었다. 그는 또한 학교가 학생들을 교육하는 동시에 커뮤니티 생활의 중심이 되어야 한다고 생각했다. 교육은 사회의 가장 시급한 문제, 특히 민주적 공동체를 만들어 가는 데 중점을 두어야 하며, 학생들을 지역 사회 봉사에 참여시키고 민주 사회를 만들어 가기 위한 참여와 헌신을 준비시키는 역할을 해야 한다고 믿었다.[3]

커뮤니티 기반 교육은 실제 미국에서 산업화 시대의 도래와 함께 벌어진 생활상의 변화와 사회적 혼란에 대응하여 사회적 결속을 만들고 커뮤니티 거주자의 삶을 개선할 수 있는 기회를 제공했다. 여러 면에서 지역 사회의 붕괴와 민주주의 제도에 대한 도전이 점점 더 분명해지는 오늘날, 듀이의 민주적 공동체를 위한 커뮤니티 교육의 개념은 어느 때보다 중요하다고 할 수 있다. 특히 현재 일어나고 있는 정보화 시대의 사회적 격변은 과거 산업혁명만큼이나 크기 때문에, 커뮤니티

---

3   C. Kim Cummings, 〈John Dewey and the Rebuilding of Urban Community: Engaging Undergraduates as Neighborhood Organizers〉, Michigan Journal of Community Service Learning 2000; 97–109

생활의 중심을 이루는 공동체 교육의 필요성도 그만큼 크다.

지역 사회 공동체에서 교육은 지식의 공유지일 뿐 아니라 창의적이고 실천적인 공유지의 역할을 할 수 있어야 한다. 교육은 특정한 목적을 위해서 교사가 학생들을 학습시키고 그 결과 학생들이 어떤 자격이나 기술을 습득하여 그 이후 무언가를 할 수 있게 하는 과정이 아니라, 학생들이 함께 참여하여 교사와 학생이 공동으로 무언가를 탐구하고 만들어 가는 방식으로 이루어지는 것이 바람직하다. 이러한 새로운 방식의 교육에서는 교육이 도구적이고 일방적인 틀에서 벗어나 교사가 학생들에게 주제를 공유하고 소개하면서 공동의 탐구 과정이 되도록 유도하게 될 것이다. 학교는 교육이 이루어지는 특정한 장소가 아니라 교육자와 학생이 공동체를 위하여 만들어 가는 특정한 시간과 공간으로 상상할 수 있다.

역사적으로 보면, 공유지란 아직 누군가의 소유로 할당되지 않았거나, 사유화되지 않은 공간이거나, 적어도 토지 소유자가 다른 사람들이 그곳에서 생존을 추구할 수 있도록 허용한 공간이었다. 이러한 개념은 영국의 삼림헌장에 의해 예시되었지만, 다양한 형태로 세계 대부분의 지역에서 실제로 존재하였고 또 실행되어 왔다. 이 공간에서 자유민과 평민이 삼림이나 토지가 제공하는 천연자원을 공유함으로써 생계를 유지했다. 이러한 개념은 오늘날 천연자원의 착취와 사유화에 저항하고 지속 가능한 방법으로 자원을 활용하고자 하는 운동과 연결되어 있다.[4] 공유지는 사실 장소석 의미로만 국한되는 것이 아니다. 우리가 일상생활에서 형성하는 사회적 관계와 연대를 의미하며, 소유하거나 거래의 대상이 되는 것이 아니다.

확장된 공유지의 개념은 학교의 역할과 맞닿아 있다. 학교는 세상과 떨어진 장소가 아니라 세상과 함께 하는 공유지로 특정한 정치적 혹은 경제적 이해 관계에 의해 전유되거나 사유화되지 않은 공간으로서 세상을 이해하고 같이 살아가는 방식을 배우고 실천하는 곳이어야 한다. 따라서 학교는 공유지로써 미래의 민주 시민을 키우는 민주적 공동체의 토대가 되어야 한다. 특히 지구 공동체와 더불어 살아가기 위해 생태계와 사람의 상호관계를 이해하고, 다른 사람과의 협력을 통하여 지속 가능한 사회를 형성하기 위한 교육이 이루어지는 곳이어야 한다.

또한 교육은 공동체에 활기차게 참여할 수 있도록 구성원을 준비시키는 과정으로 이해해야 한다. 오늘날 교육이 성공적으로 이루어지지 않는 이유는 지식과 기술을 제대로 전달하지 못해서가 아니라 공동체의 구성원들이 가져야 할 가치관과 역할에 대해서 충분한 교육과 훈련을 하지 못한 결과라고 할 수 있다. 그런 면에서 교육의 목적과 방법의 대전환이 필요하다. 공동체는 시간적이고 장소적인 특성이 있을 뿐 아

---

4   Morten Timmermann Korsgaard, 〈Education and the concept of commons. A pedagogical reinterpretation〉, Educational Philosophy and Theory, 2019; 51(4): 445–455

니라 공동체를 구성하는 사람들 간의 관계라는 또 다른 의미를 지닌다. 따라서 교육 과정은 지금 우리가 살고 있는 사회에서 다른 구성원들과 협력하여 보다 나은 삶을 살 방법을 가르쳐 주는 시간이자 공간이어야 한다.

미래를 향해 보다 앞서서 나아가고자 하는 교육기관은 이미 교실의 경계를 초월한 새로운 학습 형태를 시험하고 있으며, 전통적인 역할을 넘어 스스로의 역할을 확대하고 있다. 미래 사회는 현재와 같이 교사가 일방적으로 정보를 제공하고 학생은 주어진 정보를 수용하는 형태의 학습을 중심으로 하는 교육 체계로부터 탈피할 것을 요구한다. 정보 학습은 지식과 기술을 습득하고 전문가를 배출하는 것이 목적이었지만, 이제 사회는 어떤 특수한 분야의 전문가를 양성하는 것만을 교육의 목적으로 삼을 수 없다. 혁신적인 교육은 전문성을 갖추게 하는 학습을 넘어 사회의 가치관을 습득하고 공동체 사회에 참여하고 공동체를 활성화할 수 있는 시민적 덕성을 갖춘 교육이어야 한다.

오늘날 새롭게 시도되는 무크MOOC와 같은 온라인 강좌나 테드TED와 같은 유튜브 대중 강연은 새로운 교육 형태를 내세우고 있지만 공동체 구성원의 지혜와 경험을 나누는 참여적 교육, 즉 공유지로서의 역할은 여전히 부족하다. 이러한 디지털 교육 방법은 저명한 교수가 지식을 효과적으로 전달하는 수단이 되기는 하지만 일방적인 정보 제공 방식을 벗어나지 못하고 있기 때문이다. 이는 교육 대상을 공동체의 참여자로 보는 것이 아니라 가격 경쟁력을 갖춘 프로그램을 만든 후 편리한 방법으로 정보를 주입하는 대상자로 보는 것이고, 비판과 토론이 사라지게 함으로써 참여적 민주주의 교육의 기회를 박탈하는 결과를 초래할 우려마저 있다.

따라서 미래의 교육은 지식과 기술을 습득하는 정보 학습 교육을 넘어, 의사 결정을 위한 정보 검색과 분석, 그리고 이러한 정보를 활용할 수 있는 종합적 역량을 갖추게 하는 것이어야 한다. 이와 더불어 자신이 습득한 전문성을 기반으로 하여 공동체의 다른 구성원들과 효과적인 팀워크를 이룰 수 있는 역량을 함양하는 학습으로 변화되어야 한다. 이러한 역량을 개발하는 것을 목표로 할 때, 교육 과정에서 어떠한 학습을 제공했는지가 아니라 학생들이 갖추어야 할 역량, 즉 공동체 사회의 구성원으로서 역할을 충분히 할 수 있는 능력의 배양에 초점을 맞추는 평가와 피드백이 중요해질 것이다.

한편 증강 현실, 가상 현실, 인공지능 등의 발전으로, 교육 콘텐츠 전달 방식 또한 다양해지고 있다. 교육 어플리케이션과 전자 도서, 학교 간 공유 플랫폼 등 온라인 기반의 교육 환경이 제공되면서 학습의 물리적 제약이 점차 사라지게 될 것이다. 자동화된 평가, 학생 간의 상호 학습, 개인 맞춤형 과제, 그리고 가상회의 시스템 등 기술의 발전은 전통적인 교사 위주의 교육에서 학생이 스스로 능동적으로 교육 활동에 참여하는 방향으로 변화될 수 있는 기반이 된다. 또한 이러한 교육

기술 및 방식의 변화에 힘입어 교사들은 단순히 지식 전달자가 아니라 교육 디자이너이자 코치 그리고 조력자로서 학생들에게 개인별 맞춤 학습을 제공할 수 있다. 따라서 미래의 교육 공간은, 다양하고 창조적인 학습을 제공함으로써 사회가 요구하는 전인적인 교육을 실현하는 배움의 장으로서 역할을 하게 될 것이다.[5]

한편 중장년층의 새로운 삶의 설계를 위해서, 또 젊은 노인의 사회적 생산 참여를 지원하기 위해서는 이들을 위한 새로운 교육 과정과 시스템이 필요하다. 중장년층과 젊은 노인들에 대한 재교육을 통하여 사회의 새로운 참여자와 생산력으로 활동할 수 있게 한다면 생산 활동에서 은퇴를 앞두거나 은퇴를 한 이들이 다시 새롭게 생산 활동을 하면서 사회적 관계를 만들어 나갈 수 있고, 이는 비단 이들 인구 집단뿐 아니라 사회 전체에 이득이 되기 때문이다. 이들 인구 집단의 신체적이고 정신적인 특성에 맞춰 교육 방법도 교실 교육이 아니라 주거지에서 온라인이나 소그룹 지도, 혹은 개별 지도 등을 할 수 있는 방향으로 새롭게 만들어 가야 할 필요가 있다.

이를 위해서는 젊은 학생들만을 대상으로 만들어진 교육 체계와 자원을 중장년층과 젊은 노인에게도 교육이 제공될 수 있도록 교육 자

---

5   삼정KPMG 경제연구원, 〈2025 교육산업의 미래: 기술혁신과 플랫폼, 공유경제를 중심으로〉, 삼정KPMG, 2019

원을 공유적으로 재분배하는 새로운 제도를 만들어 가야 한다. 공식적인 교육 과정을 대학까지로 보았을 때 중장년층과 젊은 노인의 입장에서는 학교 교육을 마친 지가 25년이나 30년을 훌쩍 넘는다. 빠르게 변화하는 사회에 적응하고 참여할 수 있는 능력을 갖추지 못하면 이들은 현대 사회의 부적응자 또는 가치 없는 낙오자가 될 수 있는 것이다. 나이가 들어서도 새로운 배움에 대한 열망을 가진 동물은 인간이 유일하기 때문에, 인생의 후반부에도 교육이 작동할 수 있을 뿐만 아니라 배움에 대한 욕구 충족을 통해서 삶의 만족도를 높일 수 있다. 또한 이들 인구 집단은 교육에 참여하는 것 자체만으로도 전반적인 건강 상태를 개선할 수 있다. 특히 정신 건강과 복지 수준에는 교육 참여가 직접적인 영향을 미친다. 따라서 나이가 들어서도 계속해서 배울 수 있는 시스템을 만들게 되면 중장년층과 젊은 노인 인구 집단이 노동 시장에 더 오래 참여하고, 정신적인 능력을 유지하고, 건강과 복지를 누리는 데 큰 도움이 될 것이다.

3
대학은 지식 공유지가 되어야 한다

새로운 교육은 디지털 기술을 이용한 기술적 혁신을 통해 온라인으로 비용의 장벽 없이 제공될 수 있다. 그런데 그보다 더 중요한 것은 지역 사회 구성원에게 진정한 민주주의 교육을 제공할 수 있어야 한다는 것이다. 따라서 강사와 교육 참여자들의 활발한 토론과 숙의, 그리고 실천적 과정이 교육 내용에 주요한 부분을 차지하는 것이 바람직하다. 이를 위해서는 누구나 온라인에서 논문이나 유용한 정보를 무료 혹은 적은 비용으로 자유롭게 받아볼 수 있는 기반이 기본적으로 갖추어져야 한다. 즉 디지털 도서관이 이러한 교육의 지식 공유지로 자리를 잡고 지식은 아주 제한적인 경우를 제외하고는 보편적인 인류의 공동자산이 되어야 한다.

　알렉산드리아 도서관은 기원전 4세기에 알렉산더 대왕의 친구이자 후계자였던 프톨레마이오스 1세 때 건립되었고 전성기에는 50만 부의 두루마리 문서를 갖고 있었다고 알려졌다. 아마 진정한 세계의 정복은 인간의 지적 활동에 대한 탐구와 지식의 축적으로 이루어질 수 있다고 믿었는지 모른다. 실제로 알렉산드리아에는 기하학원론을 쓴 유클리드 Euclid와 지구의 둘레를 계산한 에라토스테네스 Eratosthenes 등 철학자, 과학자, 그리고 수학자들이 모여들었다. 이와 같이 도서관의 목적은 문서나 서책을 중심으로 정보를 대량으로 저장하고 사람들이 정보와 지식에 접근할 수 있게 하기 위함이다. 요즘의 도서관은 문서나 서책 외에도 온라인에서 얻을 수 있는 정보를 얻을 수 있는 곳일 뿐 아니라 문학과 예술의 참여적 공간으로도 사용된다. 이러한 도서관의 목적은 시대에 따라 변해 왔지만 독점적 특허나 지식의 약탈적 사용에 저항하고 공동체 구성원들을 위한 지식 공유지로서의 역할을 해야 하는 것은 분명하다.

　지식은 본질적으로 누구나 이용할 수 있는 공유지에 속해야 한다. 어떤 새로운 지식도 실은 오랜 세월에 걸쳐서 쌓아온 인류의 지식에 기반하여 만들어지고 유통되기 때문이다. 개인이 독창적으로 만들어 낸 지식이라고 할지라도 사실은 타인의 지식을 바탕으로 하여 새롭게 만들어 낸 것이기 때문에 어떤 지식을 특정 개인의 독점적 소유권으로만 보는 것은 정당하지 않다. 그러나 오늘날의 지식재산권의 체계는 이러한 지적 공유지를 축소시켜 왔으며 이를 통해서 막대한 부를 일부 기업과 개인에게 주고 소득이 낮은 사람들은 이러한 지식과 그 생산물을 쉽게 이용할 수 없게 만들었다. 물론 특허 제도를 통해 지식에 대한 일정 기간의 독점권을 주어서 지식 개발을 장려하는 인센티브가 없다면 이 역시 경쟁과 선택이라는 자연의 기본 원칙을 훼손하고 인류가 지금까지 발전해 왔던 방법을 활용하지 못하게 막는 것이다. 문제는 특허권 같은 지식재산권을 과도하게 보호하는 방향으로 제도가 운영되면 인류가 공동으로 이룩하여 온 공동체의 기반이 흔들릴 수 있다는 점이다.

1955년 소아마비 백신을 개발했던 조너스 소크Jonas Salk는 백신 특허에 대한 질문을 받자 "글쎄요, 특허권은 없습니다. 태양에 특허를 낼 수 있나요?"라고 대답했다. 사실 백신에 대한 정보를 지식재산권으로 바꾸어 다른 사람들이 이용하지 못하도록 하는 것은 생명을 지키는 것보다 상업적 이득을 얻는 것이 중요하다고 보는 것이다. 코로나19 백신과 관련하여 대부분의 회사가 생산 비용의 보전과 특허권으로 인한 이득의 보장을 이유로 백신 개발 정보를 공유하지 않고 있는 이유다. 물론 특허를 얻을 전망이 없다면 조너스 소크 같은 위대한 연구자가 아닌 한, 일반 기업은 연구에 투자하지 않을 수도 있다. 그렇게 되면 발명과 경제 성장은 늦어지고 결국 인류의 사회적, 경제적 진보는 더딜 것이다.

따라서 지적재산권은 백신 개발의 중요한 동기가 되는 부분이며 기술혁신에 있어서 매우 중요한 역할을 한다. 지적재산권이 없었으면 코로나19에 대해서 여러 국가에서 만든 백신과 이에 대한 임상 시험이 지금과 같은 규모와 속도로 진행되지 않았을 것이다. 그러나 이러한 백신에 대한 전 세계 수요가 모든 백신의 전 세계 연간 총 공급량보다 훨씬 더 많다는 점을 생각하면 제조 능력을 늘리기 위해 노력해야 한다. 이를 위해서는 백신 제조에 대한 지적재산권과 중요한 기술 노하우를 공유하는 것이 바람직하다. 특히 변이에 의한 대유행이 지속적으로 발생하는 것을 막으려면 백신 제조 능력이 낮은 지역에서도 백신을 생산할 수 있도록 글로벌 제조 능력을 키워야 한다. 백신 개발 업체에게 인센티브를 적절하게 보장하면서 지적재산권의 공유와 생산 능력의 분산화를 이루는 것이 향후 팬데믹에 대비하는 가장 중요한 전략 중 하나가 될 것이다.

한편 12세기에 처음으로 등장한 대학은 교수와 학생의 길드 조직이었다. 길드라는 이름은 겔드Geld에서 왔는데 이는 공동의 목적을 위한 개인들의 결사체라는 뜻이다. 즉 유명한 교수가 사는 도시에 이방인들인 학생들이 모여들면서 신분을 보호하기 위해 이익 결사체를 만든 것이 대학의 시작이다. 이 이방인들은 학교가 속해 있는 도시에서 볼 때 시민으로서 법률적 권리를 갖지 못한 외부인이기 때문에 불합리한 피해를 언제든 당할 수 있었다. 그래서 이탈리아의 볼로냐, 프랑스의 파리, 영국의 옥스퍼드 등에서 이러한 결사체가 내적 단결력을 갖추고 체계를 이루면서 우니베르시타스Universitas 즉 대학으로 발전하여 간 것이다. 대학이 형성될 수 있었던 또 다른 이유는 중세를 거치면서 교회가 독점하고 있었던 지식을 교회 밖으로 확산시키려는 움직임이 힘을 얻어 갔기 때문이다.

물론 대학이 지식에 대한 공동체의 소유권, 즉 지식 공유지에 대한 적극적 옹호자였다고 할 수는 없다. 역사적으로 보면 대학은 16세기 종교 개혁의 과정에서 종파를 대변하는 지적 전위대의 역할을 하였고, 17~18세기에는 절대주의 군주들을 위한 행정 개혁에 앞장섰으며, 19~20세기에는 연구 성과물이 사회 제도를 만들고 경제 성장에 활용되거나 때로는 전쟁의 수단으로 이용되었다. 즉 대학은 지식 생산자 또는 인재 양성지로써 역할은 충실히 하였으나 지식을 공유하려는 노력이 대학의 중요한 가치라고 인식하지는 못하였다. 오늘날에도 대학은 지식을 공유하려는 근본적인 변화를 추구하고 있지는 않다.

대학은 진리를 탐구하는 학문의 장이다. 진리를 바탕으로 공동체의 번영을 꾀하는 역할을 하는 것이 바람직하지만 요즘의 대학은 신자유주의의 영향을 받으면서 사회 내에서 공유지적 위치를 갖지 않고 시장의 요구에 부응하기 위한 노력만을 주로 한다. 이러한 노력이 시대의 흐름에 따른 변화라고 애써 주장하지만 대학의 본질과 가치에 대한 진지한 고민과 성찰은 거의 실종되다시피 한 셈이다. 도서관이나 대학관과 같은 공동체의 문화 공유지는 부의 불평등으로 인한 문화생활의 불평등을 줄일 수 있는 기반이 될 뿐 아니라 공동체의 연대 의식을 높이는 핵심적인 요소라고 할 수 있다. 그런데 현재의 대학은 이러한 문화 공유지로서 역할을 하지 못하고 오히려 불평등을 확대하고 재생산하는 통로가 되어 가고 있다.

존 스튜어트 밀John Stuart Mill은 1867년 세인트 엔드루스 대학의 총장으로 임명될 때 "대학의 목적은 유능한 변호사, 의사, 엔지니어를 만드는 게 아니라 재능 있고 교양 있는 인간을 만드는 것"이라고 하였다. 교양 있는 시민이 우선이고 기술 교육은 그다음이라는 내용이다. 즉 공동체의 문화와 시민됨에 대한 교육이 있어야 과학기술이 공동체를 위해 쓰여질 것이라는 주장이다. 물론 오늘날처럼 과학기술이 사회를 견인해 가는 추동력이 훨씬 더 커진 시점에 존 스튜어트 밀의 주장을 그대로 받아들이기는 어렵다. 하지만 공동체 구성원이 사회를 만들어 가는 주체로서의 소양을 키우는 것이 대학의 가장 중요한 목적임에는 변함이 없을 것이다.

4
네트워크가 새로운 생산 기반이 되다

1760년에 시작된 1차 산업혁명은 인류 역사에 획기적인 변화를 가져
왔다. 특히 석탄은 나무보다 비용이 덜 들면서 열에너지 효율이 훨씬
컸기 때문에 기존 에너지원이었던 나무를 대체하고 각종 산업에 적용
되어 산업혁명에 불을 지폈다.[6] 증기 기관도 처음에는 가동 비용이 감
당하기 어려울 정도였지만 성능이 좋은 엔진이 개발되고 저렴한 가격
으로 생산할 수 있는 조건이 만들어지면서 산업혁명이 확산되는 데 결

---

6   Broadberry S, Fremdling R & Solar P.M, 〈European Industry〉, Groningen:
GGDC Working Papers 2008; Vol. GD-101: 1700-1870

정적인 역할을 하였다.[7] 철은 산업의 근간이므로 제철법의 발전도 산업 혁명을 가능하게 한 중요한 요인이었다. 값이 비싼 목탄 제철법에서 석탄을 이용한 코크스 제철법이 확산되면서 철 생산이 크게 증가했고, 특히 증기 기관이 코크스 제철 생산에 사용되면서부터 생산량은 기하급수적으로 늘어났다. 이처럼 석탄, 증기 기관, 그리고 철은 각각 산업 혁명에 크게 기여했을 뿐만 아니라 교통수단의 획기적인 발전 또한 가져왔다. 이 세 가지 요소를 모두 이용함으로써 철도와 열차가 만들어졌고 이로 인해 이동이 쉬워지면서 교통 혁명이 일어났다.[8] 이와 더불어 전례 없는 속도로 많은 인구가 주거지를 바꾸어 도시로 왔으며, 이렇게 늘어난 노동력을 기반으로 영국의 도시들은 과거에는 상상도 하지 못했던 규모의 식량과 석탄, 원자재를 공급받으며 폭발적인 성장을 이뤄냈다.[9] 영국을 시작으로 프랑스, 벨기에 등 유럽 대륙에 위치한 국가들도 산업혁명이 확산되면서 같이 발전하기 시작했다.

7   Jeremy Greenwood, 〈The Third Industrial Revolution: Technology, Productivity, and Income Equality〉, Federal Reserve Bank of Cleveland, Economic Review, 1999; 35(2): 02–12

8   E.A. Wrigley, 〈The Supply of Raw Materials in the Industrial Revolution〉, The Economic History Review, New Series, 1962; 15(1): 1–16

9   Dan Bogart, Xuesheng You, Eduard J. Alvarez-Palau, Max Satchell, Leigh Shaw-Taylor, 〈Railways, divergence, and structural change in 19th century England and Wales〉, Journal of Urban Economics, 2022; Volume 128. https://doi.org/10.1016/j.jue.2021.103390

1860년부터 1900년까지의 기간은 종종 제2차 산업혁명 시기라고 불린다. 현대 사회의 기반을 이루는 새로운 기술들이 대부분 이 당시에 발명되었기 때문이다.[10] 2차 산업혁명은 과학을 기술과 본격적으로 접목했다는 점에서 1차 산업혁명과 차이가 있다. 또 다른 차이점은 아주 작은 규모의 작업에서부터 거대한 공장의 기계 배치에 이르기까지 산업 생산의 과정을 기계화하고 자동화했다는 점이다.[11] 그 결과, 2차 산업혁명은 1차 산업혁명의 다소 제한적이고 지역화되었던 성공을 훨씬 더 광범위하게 확산시켰다. 또한 철도와 전신망, 그리고 대도시의 전기와 상하수 시스템 등으로 도시의 하부 구조가 크게 변화하면서 도시민의 생활은 과거와는 비교할 수 없을 정도로 획기적으로 변화하였다. 특히 전력 공급은 계층과 계급을 넘어 모든 사람에게 산업혁명의 혜택을 주었다.[12] 그 결과, 자동차, 냉장고, 전화 등 생활 전반에 걸친 모든 영역에서 커다란 변화가 일어났고 노동자와 일반 대중을 포함한

10   Andrew Atkeson and Patrick J. Kehoe, 〈The Transition to a New Economy After the Second Industrial Revolution〉, National Bureau of Economis Research No.8676, 2001

11   Mohajan, Haradhan, 〈The Second Industrial Revolution has Brought Modern Social and Economic Developments〉, Published in: Journal of Social Sciences and Humanities, 2019; 6(1): 1–14

12   Joel Mokyr, 〈The Second Industrial Revolution, 1870–1914〉, In Valerio Castronovo, ed, Storia dell'economia Mondiale, Rome: Laterza publishing, pp. 219–245, 1999

사회계층 모두가 그 혜택을 볼 수 있게 되었다.

한편 산업화 과정을 지켜보았던 애덤 스미스는 노동의 분화가 노동 생산력의 향상을 가져왔고 산업과 직업의 분화를 일으켰다고 주장했다. 스미스는 일자리가 점점 더 미세하게 정의된 전문 과제로 분리되고 있으며, 각각의 작업은 그 작업만을 담당하는 전문 노동자 또는 기계에 의해 이루어질 것이라고 설명했다. 그 이유로 다음과 같은 세 가지를 들었다. 반복을 통해 각 노동자는 주어진 작업에 익숙해질 것이고, 작업 변경을 하지 않기 때문에 시간 또한 절약될 것이며, 기계의 설계가 점점 전문화되면서 효율적인 생산이 가능해질 것이다.[13] 예를 들어 핀 공장에서 일하는 10명의 노동자가 핀 생산에 필요한 작업을 나누어 맡으면 하루에 4만 8천 개의 핀을 만들어 낼 수 있지만, 노동의 분업이 없다면 한 명의 노동자가 하루에 하나의 핀을 만들기도 어려울 것이라고 주장했다.[14] 즉 10명의 노동자의 분업은 개별적인 10명의 노동자가 생산할 수 있는 10개의 핀을 4만 8천 개로 늘리는 놀라운 생산성 향상을 이룰 수 있다는 것이다.

한편 생산에 기계가 도입되면서 노동 과정이 기계의존적이 되었고,

---

13 Raphael Kaplinsky, 〈Restructuring the capitalist labour process: some lessons from the car industry〉, Cambridge Journal of Economics, pp. 451-470, 1988

14 Adam Smith, 《An Inquiry into the Nature and Causes of the Wealth of Nations》, Jonathan Bennett, 2017

이로 인한 작업 조직 변화는 공장에서의 대량 생산으로 이어졌다. 그런데 기계에 의한 자동화가 진행되면 노동이 생산성 향상에 기여하는 부가가치는 줄어들고 노동자의 임금과 고용은 감소할 수 있다.[15] 이 경우 노동자는 자동화가 대체한 생산 과정에서 배제되고, 새로운 기술을 익혀야만 생산에 다시 참여할 수 있게 된다. 하지만 익숙한 노동 기술을 버리고 새로운 기술을 익히는 것은 쉽지 않기 때문에 노동자의 생산성 기여도는 낮아지고 빈곤과 실업이 증가할 수밖에 없게 된다. 사실 이러한 우려는 현실로 나타나서 2차 산업혁명이 인류의 복지에 크게 기여했던 시효가 끝나가고 있었다. 1929년 10월 뉴욕 증시 대폭락을 계기로 전개되었던 1930년대 경제 대공황이 이를 증명하였다.

이렇게 2차 산업혁명이 가져온 변화가 잠시 주춤할 때 다시 새로운 도약을 이룰 수 있는 도구가 탄생했다. 컴퓨터와 인터넷이 등장한 것이다. 1990년대에 이르러서는 지구 전체가 컴퓨터의 통신망으로 연결되어 정보 시스템을 공유할 수 있게 되었다. 이로 인해 인간 활동 전체가 정보의 힘에 의존하면서 하루가 다르게 가속화하는 기술 혁신에 따라 생활 방식 자체가 크게 달라졌다. 예를 들어, 과거에는 지식을 얻기 위해서는 학교의 강의실에 가야 했지만 이제는 온라인 접속을 통하여 수

---

15 Daron Acemoglu, 〈Automation and New Tasks: The Implications of the Task Content of Production for Labor Demand〉, MIT Initiative on the digital economy, 2018

백만 명의 학생들이 강의실이 아닌 곳에서도 지식을 습득할 수 있게 되었다. 집에서 근무하는 것도 이제는 더 이상 비정상이나 예외적인 경우가 아니게 되었다. 정보통신망을 기반으로 회사의 정보 시스템에 접속하여 근무하는 것이 회사에 출근하여 근무하는 것과 차이가 없기 때문이다.

현재 제조, 서비스, 금융 분야에서 다국적 기업은 세계 경제의 핵심이 되었는데, 다국적 기업이 폭발적인 성장을 하게 된 이유에는 기술 발전에 따른 네트워크의 강화가 주된 요인이다.[16] 특히 인터넷의 비약적인 발전 속도는 다국적 기업이 공장과 본사를 각기 다른 국가에 두고 있어도 마치 한 공간에 있는 것처럼 일할 수 있도록 만들었고, 그 결과 유례없는 규모로 대량 생산을 할 수 있는 기반을 다지게 되었다. 그리고 이는 국제적 차원의 대량 생산 시스템으로 이어지며 생산의 글로벌화가 이루어졌다. 이렇게 인터넷 네트워크를 기반으로 한 정보기술의 진보는 노동 생산성을 다시 끌어 올리는 역할을 하였다. 예를 들어, 미국의 연평균 성장률을 보면 1980년에서 1995년 사이에 1.4% 정도였지만 1996년 이후에는 2.7%로 증가했다. 이러한 변화가 생긴 주된 이유는 정보 기술이 발달하면서 노동 생산성이 다시 증가하였기 때문

---

16 Manuel Castells, 〈Information Technology, Globalization and Social Development〉, United Nations Research Institute for Social Development, 1999

이다.[17]

　21세기에 들어서 사물인터넷(IoT)의 발전으로 인류는 또 다른 변화를 맞이하게 되었다. 사물인터넷은 사물 간의 정보 교환이 어디에서든 일어날 수 있는 네트워크화된 상호 연결 서비스를 말한다. 인간은 사물 간의 상호작용을 통해 사물을 보다 쉽게 통제할 수 있게 되었고, 이러한 변화는 삶의 질을 향상시킬 수 있는 여러 가지 새로운 응용 프로그램을 만들어 내는 기반이 되었다.[18] 이제는 블루투스, 무선 주파수 식별, 와이파이, 내장형 센서 등 서로 간의 통신이 가능해진 기기가 널리 보급되어 우리의 삶을 더 풍요롭게 만들고 있다. 또한 초기 단계 인터넷을 인간 세계와 사이버 세계가 통합된 메타버스와 같은 미래형 인터넷으로 탈바꿈해 가고 있다.[19] 석탄, 증기 기관, 철이 기계를 중심으로 산업혁명을 일으켰지만 이제는 디지털 네트워크를 중심으로 새로운 산업혁명 시대로 들어가고 있는 것이다.

　새로운 정보통신기술과 함께, 네트워크가 탈 중심화라는 시대적 변

　17　Yoshihito Saito, 〈The Contribution of Information Technology to Productivity Growth International Comparison〉, International Department Working Paper Series 01-E-6, 2000

　18　Xia et al, 〈Internet of Things〉, INTERNATIONAL JOURNAL OF COMMUNICATION SYSTEMS 2012; 25: 1101-1102

　19　Gubbi et al, 〈Internet of Things (IoT): A Vision, Architectural Elements, and Future Directions〉, Future Generation Computer Systems, 2013; 29(7): 1645-1660

화 추세를 따라 인간과 사물 서로 간의 상호작용을 촉진하는 방향으로 사회를 변화시켜 나가는 것에 주목할 필요가 있다. 탈 중심화와 네트워킹이라는 새로운 논리 및 형태가 과거 농업 혁명이래 중앙집중형 성장과 발전을 추구하였던 문명을 새로운 방향으로 이끌어 가고 있는 것이다. 이처럼 새로운 정보화 시대에 중요한 조직 형태는 네트워킹이다. 네트워크 자체로만 보았을 때는 단순히 상호 연결된 노드들의 집합일 뿐이지만, 사실 노드 간의 관계를 자세히 보면 구심점을 중심으로 서열이 있고 비대칭적이다. 그러나 구심점을 중심으로 형성된 노드 간의 관계도 네트워크가 확장되면서 위계질서 중심의 비대칭적인 관계가 흩어지고 탈 중심화 되어 간다. 이렇게 탈 중심화 되어 가는 디지털 네트워크는 지금까지 문명이 구축해온 권위 기반의 사회에서 벗어나 새로운 문명 사회를 이루는 기반이 되어 가고 있는 것이다.

5

폐쇄적 길드에서 개방적 공유지로

길드는 14세기 피렌체에서 동종 직업인의 집단으로서 그 모습을 갖추고 세상에 나타났다. 당시 피렌체에서는 21개 직업 길드가 도시에 사는 동종 직업인의 윤리적 삶과 노동 생활을 관리했다. 이러한 직업 길드는 길드 구성원의 보호자 역할을 하면서 이들 공동체의 사회적 연대감을 고취시키는 역할을 했다. 즉 길드 구성원 간의 윤리, 시민으로서 자부심, 기술에 대한 장인 정신, 전문직의 행동 양식 등의 전통을 만들어 갔다. 동종 직업을 가진 사람들이 모여서 직업 공동체 가치를 강화하는 역할을 한 것이다.[20]

20　가이 스탠딩, 《공유지의 약탈》, 안효상 역, 창비, 2021

길드는 특정 지역에서 공예품 생산이나 상품 거래를 감독하는 장인 또는 상인의 이익 결사체라고 볼 수도 있다. 초기에는 군주와 같은 통치자들이 거래를 감독하고 자재 공급을 안정적으로 유지하기 위해 길드의 권리를 면허처럼 관리했지만, 이러한 권리는 이후 대부분 시 정부로 넘어갔다. 이러한 규제를 통하여 길드에 속한 사람만이 도시 내에서 상품을 판매하거나 기술을 연마할 수 있었고, 최소 또는 최대 가격, 거래 시간, 견습생 수와 같은 여러 가지 사항에 대해서도 통제를 받았다. 따라서 길드의 규칙은 자유 경쟁을 감소시키고, 길드 구성원 외의 참여자를 배제시켰지만, 한편으로는 직업과 기술에 대한 전문성을 중시하고 상품과 기술의 질적 수준을 유지시키는 역할을 하였다.

이러한 전문성에 대한 강조는 특정 기술이나 판매망을 가진 그룹의 폐쇄성을 키우고 그 그룹의 배타적 이익을 옹호한다. 물론 전문가 집단이 기술 발전을 주도하면서, 특히 산업혁명 이후 사회 발전에 큰 기여를 한 것은 부인할 수 없는 사실이다. 그런데 미래의 사회에서도 폐쇄적으로 운영되는 전문가 집단이 사회 발전을 계속해서 주도할 수 있을 것인가? 그렇지 않을 가능성이 크다. 사회의 성장에 필요한 지식과 기술의 생성이 이제는 개별적인 전문가 집단에서 생성해 내는 지식과 기술로는 수요를 감당할 수 없다. 사회가 중앙집중적이고 권위주의적인 형태에서 분산적이고 탈권위주의적인 형태로 변해 가는 것은 사람들이 민주적인 사회를 바라기 때문만이 아니다. 지식과 기술이 다양한 네트워크에서 협력적이고 융합적으로 생성되어야 오늘날 사회의 성장 수요에 맞출 수 있기 때문이다.

따라서 비즈니스 네트워킹은 이제 경력 개발과 전문적 성공을 위한 최고의 자원 중 하나다. 좋은 네트워크는 취업 기회를 주고, 승진 가능성을 높이며, 사회적 안전망을 제공한다. 또한 네트워킹을 통해 혼자서는 찾을 수 없는 기회에 접근할 수 있다. 이러한 네트워크는 나와 상호작용하는 모든 사람으로 구성되며, 이들 모두는 잠재적으로 귀중한 전문적인 지원을 줄 수 있는 자원이 된다. 이와 같이 네트워크를 통하여 다양한 분야에 대한 통찰력을 얻을 수 있으며 자신이 종사하는 분야의 전문성을 더욱 향상시킬 수 있는 방법을 얻을 수 있게 된다.

업무와 관련하여 네트워크를 만들고 발전시키는 가장 확실한 장소 중 하나는 직장이다. 따라서 이제 직장은 출근하여 업무를 수행하는 장소라는 의미를 넘어 네트워크를 만들어 연결하고 네트워크 안에서 소통하며 교육을 제공하거나 학습하는 공간이 되고 이러한 활동을 통하여 생산력을 향상시키는 장소로 변해 갈 것이다. 물리적 장소의 의미를 벗어나서 네트워크 안에서 활동하는 공간이 되는 것이다. 네트워크 속에서 조언과 지도를 기꺼이 제공하는 멘토를 만나면 사회생활의 성숙함과 다양한 경험을 얻는 데 도움이 될 수 있고, 특정 기술을 보유한 동료와는 서로의 기술 발전을 위하여 정보를 공유할 수 있다. 이러한 네트워킹을 통해 스스로 발전하여 직장뿐 아니라 사회적으로 더 가치 있는 사람이 될 수 있다. 직장은 나를 고용한 회사의 발전을 위해서 업무를 제공하는 장소라는 의미를 벗어나 네트워킹을 통하여 나와 동료, 그리고 회사가 같이 성장해 나가는 장소가 된다.

이러한 네트워크는 직장을 폐쇄적 공간으로 두지 않고 개방적 공간으로 만들어 나갈 것이다. 동종 기술을 가진 전문가 집단으로 구성된 길드가 폐쇄적 조직으로서 오늘날 전문가 직업군의 뿌리였다면, 이제는 다양한 기술을 가진 여러 집단과 구성원들이 개방적으로 네트워크를 구성해 가며 발전을 이끌어가는 시대다. 지금까지의 직장이 장소에 기반을 둔 업무 공간이었다면 네트워크 시대에는 시간과 장소에 구애받지 않는 업무 공간이 다양한 형태로 등장할 수 있다. 지금까지는 직장이 일하는 공간이었지만 앞으로는 일하는 공간이 직장이 된다는 의미다.

사실 이러한 변화는 이미 시작되었다. 코로나19로 촉진된 변화의 흐름은 목적 의식의 공유를 바탕으로 협업 문화를 이루고, 비즈니스 가치를 창출하기 위한 새로운 업무 생태계를 만드는 것이 미래의 직장이 나아가야 할 방향이라는 것을 보여 준다. 이러한 미래의 직장은 공동의 목적을 이루기 위한 참여를 촉진하고 생산성을 높이며 효율성을 창출한다. 특히 코로나19 팬데믹은 직장을 바라보는 시각을 크게 바꾸어 놓은 커다란 계기가 되었다. 코로나19에 걸린 직원이 생기면 바로 기업은 건물을 폐쇄하고 작업 방식을 변경했다. 폐쇄적 공간에 대한 위험성이 실재하는 위험으로 드러났던 것이다. 재택 근무와 원격 작업의 도입만 보아도 코로나19가 없었으면 10년 정도 걸릴 일이 1년 사이에 일어난 셈이다. 이제는 직장이 서로 가까이 모여서 시간을 보낼 수 있는 장소가 아닐 수 있다는 사실에 의해 촉진된 업무 환경의 변화는 직장에 대한 우리의 관점을 크게 바꾸어 놓았다. 특히 디지털 작업 공간이라고 말할 때 그동안은 데스크톱이나 랩톱, 모니터, 인터넷과 인트라넷, 협업 소프트웨어 등으로 정의하는 장소적 공간이었지만, 이제는 이러한 물리적 작업 공간과 사이버 작업 공간이 통합된 공간이 디지털 작업 공간이 되어 가고 있다.

한편 기술이 미래의 작업 공간을 완전히 규정할 수는 없지만 물리적 작업 공간은 사이버 작업 공간에 매끄럽게 연결되어 사람들이 어디에 있던지 공동의 의사 결정 프로세스에 잘 통합할 수 있도록 변화해 갈 것이다. 이 경우 업무 지원은 사람이 하는 것이 아니라 디지털 도구 혹은 디지털 직원이 하게 되고, 미래 직장은 이러한 디지털 직원과 인간 지원이 장소에 구애받지 않고 함께 일하는 곳이 된다. 새로운 직장 모델에는 플랫폼을 기반으로 하여 디지털과 인간의 협업이 이루어지는데, 이를 위해서는 신뢰를 바탕으로 한 가치의 공유, 협업적 사회에 대한 참여 의식, 그리고 이를 가능하게 하는 관리 기술의 혁신이 있어야 한다. 한편 기업의 경영진은 직원들의 사용자 경험을 지속적으로 개선하고 디지털 역량을 높이며 비즈니스가 원활히 수행되도록 서비스 프로세스를 지속적으로 발전시켜야 한다. 특히 회사의 리더는 빠르게 변화하는 외부와 내부 환경의 변화에 대응할 수 있도록 직원의 능력에 대한 파악과 필요한 기술을 지원하고, 끊임없이 새로운 운영 모델을 만들고, 미래의 기술과 작업을 받아들일 전략을 준비해야 한다.

치유는 사이버 세상에 있는 또 다른 치유를 만나고 대화하면서 자신을 되돌아볼 수 있었다. 이러한 대화를 통해 자신의 능력이 이전보다 훨씬 커지고 자존감 또한 높아진 것을 느꼈다.

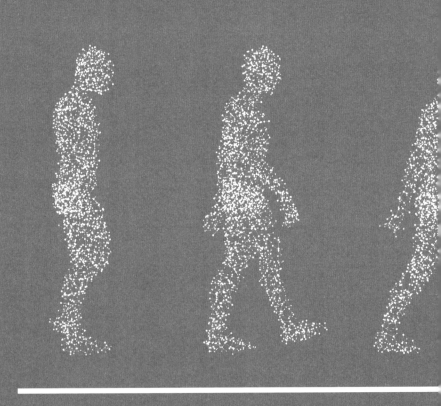

9장

디지털 공유지

1

건강에 대한 새로운 전략

세계보건기구 WHO는 1948년에 건강을 "단순히 질병이나 허약함이 없는 상태가 아니라 신체적, 정신적, 그리고 사회적으로 완전한 웰빙 상태"라고 정의했다. 건강을 질병이 없는 상태로 정의하고 임상 진단과 치료의 역할을 강조하는, 그간 대부분의 사람들이 이해했던 건강의 개념보다 훨씬 발전적이고 적극적으로 건강을 정의하고 있다. 이러한 정의에는 건강을 웰빙과 명시적으로 연결함으로써 건강을 달성하고 유지하기 위해 사회적 자원이 필요하다는 기본권의 개념이 들어가 있다고 할수 있다.

조지 엥겔George Engel은 개념을 조금 더 발전시켜서 건강과 질병의 신체적, 정신적, 사회적 요인뿐 아니라, 이들 요인 간의 상호작용을 고려해야 한다고 주장했다. 환자의 고통을 공감하고 적절하게 대응하기 위해서는 질병이 갖고 있는 생물학적, 정신적, 사회적 측면에 동시에 주의를 기울여야 한다는 것이다.[1] 질병이라는 현상은 인체의 생물학적 분자에서부터 사회라는 거시적 조직에 이르기까지 여러 수준의 작용에 의해 영향을 받는다. 이러한 시도는 질병의 원인을 생물학적인 요인으로 보고 그 원인을 제거하거나 작용을 차단하는 것을 목적으로 했던 전통적인 서양 의학의 패러다임에서 벗어나 환자 중심의 새로운 접근으로 전환하자는 의미다. 엥겔이 강조했던 점은 질병의 원인에 대한 환원주의적인 개별 단위적 접근에서 벗어나 사회적인 환경까지 보는 전체론적인 접근으로 변화되어야 한다는 것이었다.

그런데 전체론적 접근은 실질적으로 건강 상태를 이루는 방안을 마련하기가 매우 어려워진다는 현실적인 문제점이 생긴다. 신체적이고 정신적인 부분뿐만 아니라 사회적으로도 완전하게 웰빙에 있는 사람들은 거의 없기 때문에 정의 자체가 비현실적이라는 측면이 있다. 또한 현재 만성질환이나 장애를 안고 살아가는 사람들은 앞으로 건강해질 가능성이 거의 없어진다. 더욱이 '완전한 웰빙'에 도달하는 것을 목표

---

1   Francesc Borrell-Carrió, Anthony L. Suchman, Ronald M. Epstein, 〈The Biopsychosocial Model 25 Years Later: Principles, Practice, and Scientific Inquiry〉, Ann Fam Med, 2004; 2(6): 576582

로 하게 되면 완전하지 않은 모든 건강 상태가 병적 상태가 됨으로써 이를 모두 치료해야 된다는 논리, 즉 사회의 과잉 의료화를 조장하는 문제점도 있다.

이와는 반대로 WHO의 정의가 건강의 광범위한 결정 요인을 충분히 고려하지 않았다는 지적도 있다. 이전의 개념에 비하면 건강에 대한 책임을 개인적 영역에서 공동체의 집단적 영역으로 변화시켰지만 여전히 기후 변화나 생태계 변화가 초래하는 건강 위협에 대해서는 담지 못하고 있기 때문이다. 오늘날 인류의 건강을 크게 위협하는 요인으로 코로나19 같은 신종 감염병과 기후 변화에 의한 재해를 빼놓을 수 없다. 이제 생태계 교란의 심각한 영향과 급속한 지구 환경의 변화 속에서 질병을 보는 시각에 생태학적 영향을 추가할 필요가 생긴다. 그런데 건강 개념에 생태학적인 고려가 포함되고, 건강을 유지하고 증진시키는 전통적인 개념이 생태계와의 조화라는 개념까지 확장되면 지금까지의 건강과 질병에 대한 접근이 바뀌지 않으면 안 된다. 현재처럼 질병을 진단하고 약물이나 수술로 치료한다는 대응적 전략으로는 생태학적 건강이라는 더 큰 개념의 건강 상태에 도달할 수가 없다.

질병에 걸리는 근본적인 이유 중 하나는 우리가 갖고 있는 유전자가 변화에 적절하게 적응하지 못했기 때문이기도 하다. 인류 문명, 특히 현대 문명이 만들어 내는 변화는 그 자체도 위협적이지만 지나치게 빨리 변화를 가져오는 속도에 더욱 큰 문제가 있다. 인간은 스스로 감당할 수 없는 수준의 변화를 문명이란 이름으로 만들어 내고 있다. 한편으로 이 문명은 건전한 인간의 존재 기반을 흔들고 인류에게 질병을 만들어 내고 있는 셈이다. 현재 인류의 문명은 환경과 유전자의 조응 관계를 크게 벗어나게 할 만큼 환경적 변화를 가져왔고 또한 이를 가속화시키고 있다. 따라서 질병 발생의 기본적인 이유라고 할 수 있는 환경 변화와 유전자 적응 사이의 불일치를 줄이기 위한 전략이 필요하다.

우선 현대 인류의 환경과 생활 습관을 적절하게 바꾸어 유전자가 최적으로 적응했던 상태에 가깝게 되돌리는 노력이 필요하다. 즉, 채소, 과일, 견과류, 어류 등의 다양한 섭취를 하면서 포화지방산이 많은 육류와 염분과 설탕, 그리고 가공식품의 섭취를 줄여야 한다. 쌀이나 밀과 같은 곡물도 가능한 정제가 덜 된 상태로 섭취하는 것이 중요하다. 또한 운동 등 신체 활동량도 상당히 늘려서 수렵채집 시기의 수준에 가까이 가도록 해야 하며 흡연이나 음주 등의 생활 습관을 개선하는 노력도 있어야 한다. 추가로 화석 연료에 대한 사회적 의존성을 줄여 기후 변화, 대기오염이나 새로운 화학물질에 의한 건강 영향도 줄여야 한다.[2]

미생물과의 공존이라는 새로운 전략도 취해야 한다. 인간을 둘러

---

2   홍윤철, 《질병의 탄생》, 사이, 2014

싼 환경과 인간의 장내에 있는 미생물과의 관계는 호모 사피엔스가 출현하기 훨씬 이전부터 오랜 기간에 걸쳐 만들어진 관계다. 그런데 이 관계를 최근의 문명 생활이 교란시키고 있다는 점이 질병의 중요한 원인이다. 변화된 환경에 대해 유전자가 적응을 하지 못해 질병이 생기듯이 미생물, 특히 장내 미생물군과의 공생적 관계가 깨지면서 많은 질병이 발생한다. 공생적 관계를 복원하고 장내 미생물군을 활용하여 건강을 유지하고 증진하는 새로운 전략이 필요하다.

가장 근본적인 전략은 인류의 생존과 안녕에 직접적으로 연결된 지구 생태계와의 공존 전략이다. 우리가 살고 있는 지구 환경은 우리에게 음식, 거주지 등 기본적인 필요를 충족해 주고 공기와 물을 정화하며 토양을 비옥하게 해 준다. 뿐만 아니라 우리가 여가를 즐기고 문화를 향유할 수 있도록 한다. 생태계와의 균형은 인간에게 위험한 병원체와 매개체를 적절히 통제함으로써 질병의 전파를 막는 역할도 한다. 결국 건강이란 인간을 둘러싼 지구 환경과의 조화에 의해 얻어지는 것이며 이는 상호 간의 적응이 필요하다. 이런 면에서 지구 자원의 남용은 인간의 존재 기반을 위협하고 환경과 인간 사이의 새로운 긴장 관계를 초래하는 것이다. 따라서 지구 자원을 아끼고 환경을 보존하려는 노력은 바로 인간의 건강과 안녕을 지키는 길이라고 할 수 있다. 결국 이전략들은 유전체, 장내 미생물 그리고 생태계와의 관계를 공존과 공생, 공유의 전략으로 바꾸어 나가는 것이다.

중요한 전략이 하나 더 있다. 친밀한 인간관계를 바탕으로 서로 지지하고 나누는 공동체 문화를 만들어 소외되고 개별적인 존재에서 벗어나 서로 협조하고 연대하는 사회문화를 만들어 나가는 것이다. 호모 사피엔스의 역사는 인간 개인의 발달에 대한 역사가 아니라 인간 공동체의 역사라고 보아야 하기 때문에 이웃과의 사회적 관계를 건강하게 만드는 전략이 결국은 나의 건강 전략이 되는 것이다. 이는 나와 이웃과의 관계만이 아니라 사회적으로 돌봄이 필요한 사람들에게 충분한 돌봄을 제공하는 체계를 포함한다. 영유아와 신체적, 정신적 장애를 가진 사람들은 돌봄을 받지 못하면 삶을 유지하기 어려워진다. 더욱 안전한 사회가 되기 위해서는 취약한 계층에 대한 돌봄 체계를 잘 갖추어야 한다.

특히 사회가 고령화되면서 돌봄이 필요한 노인 인구가 크게 증가할 것이고 사회는 이들에게 적절한 돌봄 서비스를 제공해야 지속 가능한 사회가 될 것이다. 그런데 이러한 서비스 제공의 책임을 개인이나 가족에게 돌리는 것은 적절하지 않다. 노인 인구에 대한 돌봄 서비스는 커뮤니티의 자원을 상당히 사용하게 되고 비용 또한 많이 들 것이기 때문이다. 따라서 개인이나 가족이 서비스 제공에 대한 책임을 지는 구조는 돌봄 서비스를 받는 노인과 그렇지 못한 노인의 양극화 현상이 매우 커져 사회적 갈등이 심화될 것이다. 돌봄은 인간 공동체를 건강하게 만드는 전략이기 때문에 사회가 책임지는 공동체 전략이 되어야 한다. 지속 가능한 사회를 만들어 나가기 위해서는 노인 돌봄을 사회적 책임으로 만들어 가야 한다.

새로운 전략을 채택하여 질병을 예방하고 건강을 관리하기 위해서는 개입의 수준을 개인에 국한하는 것이 아니라 가족과 집, 이웃과 커뮤니티, 그리고 도시 수준으로 넓혀야 한다. 신체적, 정신적, 사회적 안녕 상태를 개인에 대한 개입으로만 달성하는 것은 불가능하다. 더 큰 규모의 전략적 접근을 통하여 커뮤니티를 구성하는 요소, 예를 들어 도시를 이루는 건물, 상하수도, 전기, 교통 등의 기본적인 도시 구성 인프라와 함께 교육, 문화, 휴식, 의료와 돌봄 같은 서비스 체계들이 유기적으로 잘 갖추어지도록 해야 한다. 이를 바탕으로 인간 유전체와의 조화와 미생물군과의 공생 그리고 사람들 사이의 건전한 사회적 관계가 이루어질 때 비로소 건강한 사회가 될 수 있다.

2

웰빙을 위한 조건

건강을 '웰빙'으로 정의하려는 개념에는 더 나은 삶을 추구하고자 하는 적극적인 열망이 담겨있다. 웰빙의 정의는 다양하지만 기본적으로 '기분 좋고 잘 기능하는 것'을 뜻한다. 이는 각 개인의 삶의 경험과 생활 환경이 충족적인지, 자신의 삶을 사회적 규범이나 가치와 비교했을 때 적절한지를 포함하는 개념이다. 웰빙의 개념은 좋은 느낌과 적절한 사회적 기능의 두 가지 주요 요소로 구성된다. 행복감, 만족감, 즐거움, 호기심과 더불어 인생에서 긍정적인 경험을 많이 한 사람이 가지는 특징적 느낌이다. 이것과 함께 웰빙을 위해 중요한 것은 사회적 기능이다. 긍정적인 관계를 경험하고, 자신의 삶을 어느 정도 통제할 수 있고, 목적 의식을 갖고 사는 것 모두 웰빙의 중요한 속성이다.

웰빙을 이루기 위해 사람들이 일상생활에서 취할 수 있는 몇 가지 중요한 행동으로는 사람들과 서로 연결하고, 사회 활동을 적극적으로 하고, 주변 일에 관심을 갖고, 계속해서 배우고, 또 남에게 베푸는 삶을 사는 것이다.[3] 웰빙을 위해 가장 중요한 점은 주변 사람들과 연결하여 좋은 사회적 관계를 유지하는 것이다. 특히 집, 직장, 학교 또는 지역 사회에서 가족, 친구, 동료, 이웃과 서로 좋은 관계를 잘 유지하는 것이 중요하다. 관계성은 삶의 자산이기 때문에 이를 발전시키는 데 시간을 투자해야 한다. 이러한 관계가 잘 구축되면 매일의 삶이 풍요로워지며, 웰빙이 증진될 뿐만 아니라 사회 구성원으로서 역할을 보다 잘할 수 있다. 또한 사회적 관계가 좋아지면 여러 가지 정신질환에 대한 완충제의 역할을 할 수도 있다. 영국에서 16~64세 성인의 정신과적 이환율에 대한 전국 조사를 한 결과 정신질환이 있는 사람들과 없는 사람들 사이에 가장 중요한 차이가 사회 참여라는 것이 나타났다.[4]

다른 사람들과 가깝게 지내고 좋은 감정을 느끼는 것은 인간의 기본적인 욕구이며 기능이라고 할 수 있다. 누구나 다른 사람들과 연결되

---

3   https://neweconomics.org/uploads/files/five—ways—to—wellbeing—1.pdf

4   Jenkins R, Meltzer H, Jones P, Brugha T, Bebbington P, 〈Mental health and ill health challenge report (London: Foresight Mental Capital and Wellbeing Project)〉, 2008

어 있기는 하지만 사회적 관계망은 사람에 따라 다르고 또 같은 사람이라도 시간에 따라 달라진다. 어떤 사람은 광범위한 사회적 관계망을 가지고 많은 사람들과 어울리지만 깊이는 별로 없는 경우가 있고, 어떤 사람은 적은 수의 사람들과 어울리지만 깊은 사회적 관계를 가지고 있는 경우가 있다. 어떤 경우가 더 건강한 사회적 관계망을 이룬다고 단정적으로 이야기하기는 어렵다. 대개 깊이 있는 관계는 지지적 성격이 크고, 광범위한 관계는 커뮤니티에서 다른 사람과의 친숙함과 유대감을 높이는 데에 중요하다.

활동적인 생활은 그 자체가 웰빙이 된다. 따라서 야외에서 걷거나 달리기를 하고, 실내에서 요가나 체조 혹은 댄스와 같은 신체 활동을 많이 하는 것이 좋다. 집안에 틀어박혀 있는 것보다는 밖으로 나가는 것이 좋다. 자전거 타기와 정원에서 꽃과 나무를 돌보는 일도 크게 도움이 된다. 그런데 이러한 활동들이 좋다고 무조건 하는 것보다는 그중 자신이 좋아하고 현재의 체력 수준에 맞는 신체 활동을 찾는 것이 더 중요하다. 또한 신체 활동이 반드시 강도가 높아야 할 필요는 없다. 걷기 정도의 신체 활동도 효과가 있으며 다른 사람과 같이 걷게 되면 사회적 관계를 증진시키는 데도 도움이 된다.

많은 연구에서 규칙적인 신체 활동을 하면 우울증과 불안 등 정신 건강의 문제가 줄어든다고 보고하고 있는데, 이 현상은 모든 연령에서 나타난다. 특히 장기 추적 연구를 통해 신체 활동이 노년의 인지 저하와 우울 증상 및 불안의 발병을 예방한다는 것이 밝혀졌다. 신체 활동이 이러한 효과를 가져오는 이유는 생물학적 반응뿐 아니라 심리 사회적 효과 때문이라고 할 수 있다. 예를 들어, 신체 활동에 참여하면 자기 효능감, 숙달감, 그리고 상황대처 능력 등에 자신감을 증가시키기 때문에 웰빙에 도움이 되며 우울증 예방에도 효과적이다. 신체 활동은 특히 노화와 관련된 인지 저하를 늦추는 효과가 있어 중년 이상의 사람들에게 필수적이다.

일상생활에서 주변을 여유와 호기심을 가지고 바라보는 것도 웰빙에 좋다. 계절의 변화를 느끼고 거리를 걷든, 사무실에서 창밖을 바라보든, 아니면 기차 여행을 하든, 그 순간의 삶을 즐기는 것이 필요하다. 아름다운 풍경을 즐기고 멋진 순간을 느끼면서 세상과 그 세상을 바라보는 자신을 느끼는 것도 중요하다. 그러면 자신에게 중요한 것이 무엇인지를 좀 더 깨닫게 되고 자신의 삶과 세상을 이해하는 데 도움이 된다. 이렇게 주변과 자신을 바라보고 깨닫게 되면 웰빙 자체가 향상될 수 있다. 이런 경험을 즐기면 자신을 보다 잘 알게 되고, 자신의 가치와 내재적 동기에 따라 삶의 우선순위도 바뀔 수 있다. 웰빙의 향상도 세상을 바라보고 행동하는 자신의 가치와 일치해야 이루어지기 때문이다. 가치와 행동의 변화가 내면화되어 완전히 자기화가 이루어지면 지속적으로 행동 변화가 이루어지는 기반이 된다.

계속해서 배우는 것도 중요하다. 배움은 끝이 없고 나이가 들어서도 새로운 걸 시도해 보는 것이 좋은데, 세월이 지나도 무언가를 배울 수 있는 능력은 인간만이 가진 특징 중 하나다. 따라서 오랫동안 관심이 있었지만 하지 못했던 일을 찾아보거나 그동안 개발하지 못했던 능력을 키우는 것도 좋다. 집에 있는 오래된 자전거를 고치거나, 악기를 연주하거나, 좋아하는 음식을 요리하는 법을 배우는 것도 큰 도움이 된다. 달성할 수 있는 도전 과제를 설정하고 이를 위해 노력하면 그만큼 더 자신감이 생기고 삶이 재미있어지며 웰빙이 향상된다. 이런 의미에서 성인을 위한 평생 학습은 개인의 자존감을 높이고 사회적 상호작용을 장려하여 활동적인 삶을 살 수 있는 기회를 제공할 수 있다.

성인 교육에 참여하게 되면 웰빙과 삶의 만족도, 긍정적인 가치관에 좋은 영향을 주는 것으로 보고되고 있다.[5] 삶의 목표를 스스로 정하고 그 목표에 접근할 수 있을 때, 그리고 그 목표가 자신이 생각하는 삶의 가치와 일치할 때 이러한 목표 지향적 행동은 웰빙의 향상을 가져온다. 따라서 성인 학습을 통하여 목표를 설정하는 연습을 하게 된다면 더 높은 수준의 웰빙을 이룰 수 있는 기회인 것이다. 실제 여러 연구에서 목표를 설정하고, 계획을 수립하는 기술을 가르치면 이를 익힌 사람들의 웰빙이 향상되는 것으로 나타났다. 노인들도 학습 활동에 참

---

5   Feinstein L and Hammond C, 〈The contribution of adult learning to health and social capital〉, Oxford Review of Education 2004; 30: 199221

여하면 우울증 같은 기분 장애에서 벗어나는 데 도움이 될 수 있다. 다시 말해 성인 학습 참여는 자부심, 자기 효능감, 목적 의식과 희망, 수행 능력 그리고 사회적 소속감을 향상시켜 개인의 웰빙과 회복력에 긍정적인 영향을 미친다.

공감을 바탕으로 사회적 관계를 좋은 방향으로 만들어 나가면 웰빙이 더욱 증진된다. 친구나 지인뿐 아니라 낯선 사람에게도 호의를 베풀면 더 넓은 커뮤니티와 연결된 자신을 보게 되고, 주변 사람들과 보람 있고 행복한 관계를 형성할 수 있다. 감사하는 마음으로 자원봉사를 하면 힘들어 지치는 것이 아니라 오히려 웰빙이 향상되는 것을 느낄 수도 있다. 따라서 커뮤니티 그룹에 가입하여 지역 사회 활동에 참여하는 것도 중요하다. 제임스 릴링 James Rilling 등 연구자들은 '죄수의 딜레마 게임'에 대한 연구에서 상호 협력이 본질적으로 삶을 살아가는 최선의 장기적인 전략임을 나타낸다고 주장한다.[6] 우리가 하는 사회적 협력이나 참여와 같은 행동의 대부분은 보상을 얻거나 처벌을 회피하려는 동기가 깔려 있다고 본다. 지역 사회 생활에 참여하여 이웃을 돕고, 나누고, 베풀고, 공동체 지향적인 행동을 하면 보상적으로 정신적 웰빙의 향상을 가져온다. 개인이 지역 사회에 기여할 수 있을 때, 그 사

---

6   Rilling J, Glenn A, Jairam M, Pagnoni G, Goldsmith D, Elfenbein H, Lilienfeld S, 〈Neural correlates of social cooperation and non-cooperation as a function of psychopathy〉, Biological Psychiatry, 2007; 61: 12601271

회적 협력에 대한 보상의 기제가 뇌에서 작동하면서 긍정적인 감정이 증가하기 때문이다. 이를 보면 인류가 공동체적인 삶을 지향하는 쪽으로 발전해 오면서 사회적 협력을 증진시키는 방향으로 자연선택이 일어났다는 것을 알 수 있다. 이처럼 행복감과 삶의 만족도는 지역 사회 생활에 대한 적극적인 참여와 깊이 연관되어 있다.[7]

특히 노인의 경우 자원봉사를 하게 되면 삶에 더 긍정적인 영향과 의미를 부여하는 것으로 나타났으며, 이는 더 나아가 사망률의 감소로 이어질 수 있다.[8] 따라서 노인이나 은퇴자의 삶의 만족도를 위해서는 사회생활 참여가 중요한데, 이웃과 나누는 행위에 참여하면 지역 사회에서 사는 목적 의식과 자존감도 향상된다. 노인이나 은퇴자 외에도 다른 사람에게 자신의 능력을 되돌려 주려는 노력을 하면 연령과 관계없이 누구에게나 웰빙이 증진된다. 어린이와 청소년의 경우에도 봉사 활동은 사회적 인지 발달에 중요하다. 지역 사회에서 이러한 행동의 기회를 많이 만들어 개인과 커뮤니티 사이의 연결을 강조하는 것이 중요하다. 베풀고 나누는 행동을 통해 개인과 커뮤니티는 더욱 새롭고 강력한 관계로 이어질 가능성이 있다.

7   Huppert F, 〈Psychological well-being: evidence regarding its causes and its consequences (London: Foresight Mental Capital and Wellbeing Project)〉, 2008

8   Greenfield EA, Marks NF, 〈Formal volunteering as a protective factor for older adult's psychological well-being〉, Journals of Gerontology, Series B: Psychological Sciences and Social Sciences, 2004; 59B: 258264

먹거리 또한 웰빙 생활에 매우 중요하다. 우리가 섭취하는 음식은 신체 활동에 필요한 칼로리와 영양소만을 공급해 주는 것이 아니라 기분, 정서 그리고 인지 등 신경정신계에 직접적인 영향을 미친다. 건강한 식생활이 신체적, 정신적 건강에 도움을 준다는 의미를 넘어 지속 가능한 사회와 생태계의 보존이라는 측면에서도 살펴보아야 한다. 식생활은 생산과 소비에 있어서 가장 중요한 부분이고 한편으로는 자연 생태계와 장내 미생물군과의 생태학적 공존 체계와도 밀접한 관련성을 갖고 있다. 그리고 인간은 이러한 거대 생태계나 미세 생태계를 이루는 구성원 중 단지 하나의 종에 불과하고 생태계가 교란될 때 개인과 사회의 질병으로 나타날 수 있다.

결국 지역 사회에서의 웰빙은 구성원들의 잠재력을 발굴하고 실현하기 위해서 사회적, 경제적, 환경적, 문화적 조건을 어떻게 만들어 나가느냐에 달려 있다. 무엇보다 신뢰를 바탕으로 사회적 지원을 충분히 제공함으로써 시민 참여를 촉진하고, 모든 구성원이 민주적으로 참여할 수 있도록 권한을 부여하는 것이 중요하다. 또한 안전을 중심에 두고 주택, 교통, 교육, 의료, 공원, 여가활동, 그리고 문화와 예술에 대한 접근성을 높여야 살기 좋은 커뮤니티가 될 것이다. 모든 구성원들의 기본적인 요구 사항이 충족되면서 공정하고 정의롭게 대우받을 수 있고, 한편으로는 구성원들의 다양성과 잠재력을 충족시킬 수 있어야 웰빙의 조건을 이루는 커뮤니티가 된다.

3

디지털 공유지

디지털 공유지는 아직 많은 사람에게 뚜렷하게 자리 잡은 개념은 아니지만, 가치를 창출하고 관심사를 공유하는 커뮤니티를 조직하기 위한 새로운 패러다임이라고 할 수 있다. 디지털 공유지는 온라인 커뮤니티를 기반으로 한다. 서로 비슷한 생각을 가진 사람들과 결속하여 자신의 주권을 표현할 수 있는 수단이자 장소의 역할을 한다. 이는 스스로를 조직화하는 대중이 함께 모여 새로운 유형의 시민권을 행사할 수 있는 수단일 수 있고, 권위주의적이고 조작적이며 강압적으로 변한 현재 인터넷 기반의 시장에 대해 실행 가능한 대안으로 작용할 수도 있다.

디지털 공유지를 활용하여 자신을 주장하고 표현하는 사람들을 이제 전 세계에서 찾아볼 수 있다. 이들은 각자의 지역 사회에 뿌리를 두고 있지만 국제적으로는 인터넷 시민이라고 할 수 있다. 이들은 인종적, 문화적, 지적 다양성을 용인할 뿐만 아니라 이를 즐긴다. 공짜로 사용할 수 있는 소프트웨어나 오픈 액세스 출판물 또는 기타 수많은 사람의 개인 사이트를 통해서 네트워크를 만들어 가지만, 스스로를 더 큰 변화를 만들어 가는 역할을 하고 있다고 여긴다. 혁신과 변화에 대한 열정을 공유하며, 현재의 주류를 이루는 사회 구조와 기능의 편협함에 대해 비판적인 시각도 갖는다. 이들은 또한 인류가 지식을 공통의 자원으로 공유하면 무한한 가능성의 세계가 열린다는 것을 알리는 역할도 한다.

디지털 공유주의자들은 스스로를 엘리트라고 생각하는 경향이 있는데, 자신들의 규칙이 자유와 혁신을 통해 기존 제도를 압도한다는 생각을 하기 때문이다. 이들은 적시에 고도로 전문화된 전문 지식을 제공할 수 있는 전문 웹사이트나 실무적인 커뮤니티에 연결하는 방법을 잘 알고 있다. 이제 우리가 무엇을 '안다'라고 할 때의 의미는 과거처럼 정보를 기억하고 반복할 수 있는 능력이 아니라 정보를 찾고 사용할 수 있는 능력으로 바뀌었다. 디지털 공유주의자들은 위계적 제도에 대항하여, 혁신적이고 열린 공간을 만들어 가는 것이 발전을 위한 중요한 원천이라는 것을 잘 안다. 이들은 직접적인 접근과 참여를 갈망하고 이에 대한 장애물, 예를 들어 자격증에 기반한 독점이나 사람들의 자유를 억제하려는 통제를 싫어한다.

인터넷 등 통신 기술의 생성과 발전은 서로 모르는 개인이 만나 지식을 공유하는 사이버 커뮤니티를 만드는 훌륭한 기회를 제공했다. 디지털 공유지를 이루는 기반이 되는 커뮤니티는 구조와 목적이 다양하며 각 커뮤니티 유형마다 고유한 특성이 있다. 디지털 공유지에서 지식은 개인이 아닌 집단이 소유하고 관리하는 공공재로 간주하므로 지식창출에 기여하는지 여부에 관계없이 모든 커뮤니티 구성원이 지식에 액세스할 수 있다. 디지털 공유지는 과거에는 없었던 새로운 공유지이자 일반적인 공유지가 갖는 제한적인 속성을 넘는 신세계인 것이다.

그러나 디지털 공유지의 존재만으로는 지식 생성과 공유를 보장할 수 없다. 디지털 공유지에서 지식을 창출하려면 노력과 시간을 투자해야 하므로 커뮤니티 구성원들은 온라인 커뮤니티에서 집단 지식에 기여하기 위해 노력해야 한다. 지식 공유에 기여하지 않고 지식을 개인적인 이익만을 위하여 활용하는 사기꾼 전략을 쓰는 사람이 많아지면 디지털 공유지가 유지되고 발전하기 어렵다. 하지만 지식을 공유하는 데 기여하기만 하고 개인적인 이익에 관심이 없는 이타주의자가 저절로 많아지리라 기대할 수는 없다. 따라서 디지털 공유지에는 지식 공유를 장려하는 인센티브가 필요하다.

디지털 공유지에 대한 몇 가지 기본 특성은 우선 커뮤니티의 구성원이 어디에 있는지 중요하지 않다는 점과 커뮤니티의 발전이 구성원의 지식 기여도에 의해 결정된다는 점이다. 그리고 디지털 공유지는 회원들이 자유롭게 참여하여 지식을 공유하거나 커뮤니티를 언제든 떠날 수 있는 열린 환경이라는 점도 중요한 특징이다. 이러한 개방성은 커뮤니티가 구성원의 자격과 기여를 유지하기 위해 구성원들에게 가치를 제공해야 함을 의미한다. 즉 디지털 공유지는 장소에 관계없이 사람들이 자발적으로 참여하여 의사소통하고 지식을 공유해서 참여자들이 가치를 얻어갈 수 있는 개방형 네트워크다.

디지털 공유지는 정보와 기술의 배포, 그리고 정보에 대한 공유적 소유권으로 구성된 네트워크라고 할 수 있다. 소유권은 커뮤니티에서 집합적으로 생성 또는 공유되는 비독점적인 정보나 지식에 대해 커뮤니티 구성원들이나 제3자가 무료로 자유롭게 사용할 수 있는 권한이다. 따라서 정보나 지식은 많이 사용될수록 그만큼 가치가 높아지고 많은 사람이 지속적으로 사용하는 경향을 지닌다. 한편 디지털 공유지를 생성하고 제공하는 사람들은 커뮤니티의 정보나 지식을 사용하는 사람들의 상호작용 프로세스와 공유 리소스를 관리하는 데 개입할 수 있다. 독점적 소유자는 아니지만 공유적 소유권에 대한 관리자의 역할을 하는 것이다. 결국 디지털 공유지는 아무 관리도 하지 않은 채 모든 사람이 사용할 수 있는 '버려진 공터'가 아니다. 커뮤니티의 관리자가 지속적인 사용을 위한 감독과 관리를 수행하며 디지털 공유지의 가치와 커뮤니티의 집단 이익을 위해 노력하는 곳이다. 대표적인 디지털 공유지의 예로는 위키피디아와 같은 온라인 백과사전이나 R과 같은 오픈 소스 통계소프트웨어가 있다.

디지털 공유지를 처음으로 시도했던 커뮤니티는 리차드 스톨만 Richard Stallman이 1980년대에 설립한 '자유 소프트웨어 운동 Free software movement'이다. 상호 도움을 통해 소프트웨어를 개선하는 70년 대 프로그래머 문화에서 영감을 받은 스톨만은 자유 소프트웨어의 사용과 배포를 장려하기 위해 이 운동을 고안하였다.[9] 이와 같은 디지털 공유지가 등장하게 된 것은 사람들이 점차 전통적인 시장이나 정부, 혹은 법과 제도가 그들의 필요를 잘 충족시키지 못한다는 사실을 새롭게 깨닫기 시작하면서부터다. 일부 개척자들은 대담하게 새로운 대안을 만들어 냈는데, 무료 혹은 오픈 소스 소프트웨어를 만들고 라이선스를 공유하는 것이었다. 이러한 움직임은 소프트웨어를 넘어서 문화 창작물의 과도한 저작권법에 반대하고 라이선스를 공유하고자 했던 '자유 문화 운동 Free culture movement'으로 이어졌다.

온라인 공유지는 '바이럴 Viral'하게, 즉 바이러스가 퍼지듯이 지식과 정보가 퍼져 나가게 하는 가치를 지닌다. 바이러스에 비유하는 이유는

---

9   Bollier David, 《Viral Spiral: How the Commoners Built a Digital Republic of Their Own》, New York, London, New Press http://www.learcenter.org/pdf/ViralSpiral.pdf, 2008

인터넷에서 새로운 아이디어와 혁신이 놀라운 속도로 확산되는 방식이 마치 바이러스가 퍼지는 것과 비슷하기 때문이다. 인터넷에 공개된 동영상, 블로그 게시물, 광고는 예상치 못한 방식으로 타인의 의식 속으로 흘러 들어가 새로운 창의성과 문화의 원료가 된다. 결국 창의성을 바이러스처럼 퍼뜨린다고 할 수 있다. 네트워크 환경에서 공개적으로 발표된 참신한 아이디어는 뜻하지 않은 길을 찾아 아주 새로운 가치를 만들어 내기도 한다.

디지털 공유지는 우리 시대의 혁신을 주도하는 강력한 힘 중 하나다. 소셜 네트워크나 온라인 커뮤니티와 같은 인터넷상의 다양한 통로를 통해 서로 협력하는 개인은 우리 사회를 성장하게 하는 힘이 될 것이다. 사회적 생산이나 크라우드 소싱기업 활동의 일부 과정에 대중을 참여시키는 것 같은 현상은 사회적 협력에 의하여 창출된 가치가 점점 더 전통적인 시장과의 경쟁에 있어서 우위를 점하고 있는 것을 보여 준다. 보다 개방적이고 접근 가능한 디지털 공유지를 통해 보다 많은 사람들의 지혜를 효율적으로 활용하여 혁신을 가속화하고, 한편으로는 새로운 형태의 민주주의를 실천하는 디지털 아고라 광장을 만들어 갈 수도 있다.

이처럼 검색 엔진이나 어플리케이션 프로그램 또는 소셜 네트워크를 통해 디지털 공유지가 생성되며, 다양하게 아이디어가 재조합되면서 혁신이 일어나고, 이를 통해 새로운 가치가 확산되고 있다. 어쩌면 알렉시스 토크빌Alexis Tocqueville이 1831년에 프랑스에서 미국으로 건너

갔을 때 느꼈던 놀라움, 즉 서로 잘 모르는 시민들이 자발적으로 활발하게 모임을 가지면서 의견을 교환하는 민주 사회를 경험하고는 충격과 함께 찬탄을 보냈던 바로 그 혁신이 새롭게 일어나고 있는 것이다. 학위나 자격증 또는 재산과 관계없이 서로 모르는 사람들이 크든 작든 새로운 문화와 상업의 질서를 구축하는 디지털 공유지에 뛰어들고 있기 때문이다. 그동안 사회의 주류를 형성해 왔던 권위주의자와 전문 집단이 아니라 아마추어와 일반 시민에 의해 움직이는 경제, 사회, 그리고 문화 활동이 발전의 신흥 동력이 되고 있다. 이외에도 수많은 개인 작가, 음악가, 영화 제작자가 어플리케이션 도구와 디지털 공유지 자원을 사용하여 새로운 세계를 만들어 가고 있다. 이들은 권위주의의 옷을 벗은 새로운 전문가 그룹이라고도 할 수 있다.

4

메타버스의 세계로 가다

메타버스란 현실의 나를 대리하는 아바타를 통해 일상 활동과 경제생활을 영위하는 3D 기반의 가상 세계다. 여기서 일상 활동과 경제 생활은 현실과 분리된 것이 아닌, 현실의 연장선상에서 일어나는 행위가 포함된다. 현실 세계가 가상 공간과 결합하여 마치 현실이 가상 공간으로 확장된 것을 의미하는 것이다. 메타버스라는 말은 현실과 가상이 합쳐진 초월을 의미하는 메타Meta와 세계를 뜻하는 버스Verse의 합성어로서 닐 스티븐슨Neal Stephenson이 1992년 출간한 소설《스노우 크래시Snow Crash》속 가상 세계 명칭인 '메타버스'에서 유래됐다.

메타버스에는 세계를 바라보는 새로운 시각이 담겨 있다. 메타버스

세계는 설계자와 참여자에 의해 채워지고 확장되며 발전한다. 지금까지 디지털 세계의 콘텐츠나 서비스는 설계자가 의도한 목적대로만 소비해 왔다. 이제 참여자는 수동적 사용자가 아니라 같이 즐기고 경험할 수 있는 새로운 디지털 공유지를 이용하여 콘텐츠를 취향대로 소비하고 생산, 확산시키는 능동적 사용자가 될 수 있다. 따라서 메타버스라는 새로운 디지털 공유지의 참여자들은 누구나 콘텐츠 창작자가 될수 있다. 메타버스는 3D 디지털 콘텐츠로 구성된 세상이며 그 세계를 누구나 무한히 확장할 수 있기 때문에 참여자들은 자발적으로 새로운 세계를 구축하는 창작자이자 이용자가 된다. 공간과 콘텐츠를 무한히 생산함과 동시에 새로운 커뮤니티를 만들어 가는 것이다. 새롭게 진화하고 확장하는 공유지라 한마디로 규정하기는 어렵지만 미래 사회의 새로운 패러다임으로 존재할 것이라는 사실은 부인할 수 없다. 메타버스는 갑자기 우리 앞에 등장했다기보다는, 이미 디지털 공유지 속에서 조금씩 자라왔다. 디지털 공유지의 세계가 경제 사회 문화의 중요한 활동지로 등장함에 따라 보다 발전적인 모습으로 다가온 것이다.

디지털 공유지에는 위험한 함정도 있다. 디지털 공유지를 새로운 영토로 생각하고 영토 획득과 권력 추구를 목표하는 사람이 나타날 것이기 때문이다. 마크 저커버그Mark Zuckerberg는 메타버스가 사람들에게 힘과 능력을 실어 줄 것이라고 약속했지만, 누군가의 권력은 누군가에게 희생을 가져올 수도 있다는 점을 잊어서는 안 된다. 특히 메타버스의 얼리어답터들은 다른 사람보다 먼저 그들의 영향력을 키우고, 새로운 경제를 개척하고, 인플루언서가 될 방법을 모색할 것이다. 게임하고, 일하고, 사교하고, 물건을 사는 새로운 방법을 찾는 데 만족한다면 메타버스는 디지털 공유지로서의 순기능을 하지 못하고 기존 권력의 질서를 디지털 세상에서 새롭게 만들거나 강화하는 것에 불과하다.

메타버스라는 단어가 소설에 처음 등장했을 때 저자인 닐 스티븐슨은 통제되지 않은 기업이 사회를 완전히 장악하는 디스토피아 사회를 상상했다. 실제로 이러한 역기능이 벌어질 가능성이 매우 크다. 누구나 새로운 디지털 세상에 들어가 원하는 것을 할 수 있는 공간을 메타버스의 세계라고 할 수 있지만 그 디지털 세상의 창시자의 영향을 벗어날 수가 없기 때문이다. 마치 무한한 자유와 권한을 누리는 것 같으나 현실과 분리된 디지털 세상에서의 자유와 권한, 즉 파놉티콘 같은 공간에서의 자유와 권한인 것이다. 이러한 메타버스의 제한성을 극복하고 실재하는 '나'의 자유와 권한을 높이기 위해서는 현실을 살고 있는 나의 능력을 높여 주는 방식으로 메타버스의 역할이 바뀌어야 한다. 가상의 나를 실현하는 방식에서 현실 세상에 살고 있는 나의 능력을 강화하는 방식이 되어야 하는 것이다.

그런데 게임의 형식이나 가상 회의의 형태로 만들어서 참여를 유도하는 메타버스를 표방한 프로그램들은 물리적 세계 즉 현실적 세계의 내 능력을 강화시키는 것이 아니라, 나를 잊게 하고 새로운 '가상의 나'

가 사는 가장된 세계로 이끈다. 나를 숨긴 채 디지털 페르소나를 만들어 살게 하는 방식인데, 이는 현실 세계의 나와 분리되고 소외로 이어지며 더 나아가 현실 세계에 사는 '나'를 무시하거나 부정하는 결과를 초래할 수도 있다. 가상의 정신 세계에 살면서 현실의 세계는 돌보지 않는 것이다. 위험성을 극복하여 메타버스가 진정한 디지털 자아와 물리적 자아의 통합이 되면서, 현실에 살고 있는 '나'라는 자아를 돕고 강화시키는 방향으로 작동하려면 중독성 있는 게임 방식이 아니라 신체적, 정신적, 사회적 기능과 역할을 도와주는 방식으로 발전해야 한다.

개인의 신체뿐 아니라 인지와 정신에 대한 모니터링을 통해 개인의 정보에 대한 끊임없는 기록이 이루어지고, 이를 바탕으로 한 피드백이 통제의 수단으로 활용되면 개인의 행동을 규범 속에 길들이려는 규범화의 유혹을 정부나 기업 혹은 커뮤니티 운영자가 받을 수 있다. 규율에 대한 유혹은 권력과 통제에 대한 유혹이고, 순응적 인간을 만들어 생산적이고 효율적인 사회를 만든다는 합목적성으로 포장될 소지가 있다. 이는 메타버스가 디지털 파놉티콘에 사는 규범화된 인간 사회를 만드는 데 쓰일 것인가 아니면 디지털 공유지에서 자유롭게 활동하는 인간 사회를 만들 것인가 하는 문제를 제기한다. 주체적 '나'를 보호하고 강화하기 위해서는 나의 정보가 타율적 관리를 위해 사용되는 것이 아니라, 나의 주체적 의사결정을 지원하기 위한 목적으로 사용되어야 한다.

5

디지털 자아와 물리적 자아의 공존

지그문트 프로이트 Sigmund Freud 는 성격이 이드 Id, 자아 Ego, 초자아 Superego 로 구조화되어 있으며 이 세 가지는 우리 삶의 다른 단계에서 각각 발달한다고 보았다. 그리고 이들은 뇌의 해부학적인 영역과는 다르지만 각각 독립된 시스템으로 작동하면서 서로 영향을 주고받는다는 것이다. 프로이트에 따르면 이드는 성적이고 공격적인 충동과 숨겨진 기억을 포함하는 마음의 원시적이자 본능적인 부분이고, 초자아는 도덕적 양심으로 작용하여 규범으로 통제하며, 자아는 이드와 초자아 사이를 중재하는 현실적인 부분이다. 성격의 세 가지 부분은 고유한 특징을 포함하지만 상호작용하여 성격 전체를 형성하며 개인의 행동에 각각 상대적으로 영향을 미친다.

이드는 성격을 구성하는 원시적이고 본능적인 요소다. 이드는 생존 본능에서 예술 감상에 이르기까지 일종의 성적 에너지인 리비도를 포함하여 모든 충동과 무의식의 밑바탕을 이룬다. 어떤 면에서는 삶과 자기실현의 에너지원이라고 할 수도 있다. 그것은 성적 본능 혹은 생명 본능이라고 할 수 있는 에로스Eros와 공격적 본능 혹은 죽음 본능이라고 할 수 있는 타나토스Thanatos를 포함하여 태어날 때 선천적으로 갖고 태어나는 생물학적 구성 요소라고 할 수 있다. 따라서 이드는 기본적인 충동과 욕망에 반응하는 무의식적인 부분이다. 이드는 결과에 상관없이 충동과 욕망이 충족되었을 때 즉각적인 쾌감을 느끼는데, 사고의 과정이 원시적이고 비논리적이며, 때로는 비합리적이기도 하고 환상 지향적이기도 하다. 또 대체로 이기적이고 욕망적인 성격을 띠게 된다.

자아는 성격의 의식적인 부분이다. 그것은 내가 누구인가에 대해 생각할 때 인식하는 '나'이며 대개 다른 사람들에게 보이려고 시도하는 '나'이다. 자아는 비현실적인 이드 즉 충동과 욕망의 충족만으로는 외부 현실 세계와 충돌이 생기기 때문에 이러한 간극을 중재하기 위해 발달한다. 따라서 이성에 의해 작동하면서 밖으로 보이는 성격을 결정하는 요소다. 사회적 현실, 규범과 규칙 등 현실 원칙에 따라 작동하기 때문에 이들의 요구를 충족시킬 방안을 모색하면서도 종종 부정적인 사회적 결과를 피하기 위해 충동과 욕망을 억제하거나 타협하는 역할을 한다. 프로이트가 말했듯이 자아는 힘센 말과 같은 이드를 통제해 앞으로 나아가게 하는 기수다. 말을 탄 기수가 말의 힘을 적절히 통제하지 못하여 말이 제멋대로 가게 되면 사고가 날 뿐 아니라 기수 또한 다치게 된다. 따라서 욕망과 현실 세계가 충돌하지 않고 앞으로 잘 갈 수 있게 하는 기수의 역할, 즉 자아의 능력을 잘 배양하고 강화시키는 것이 현실의 사회를 살아가는 데 있어서 매우 중요하다.

어렸을 때 부모와 주변 사람들로부터 배운 사회의 가치와 도덕 체계로부터 형성되는 초자아의 역할도 중요하다. 초자아는 양심의 소리이자 자기 비판의 근원인 무의식의 일부다. 이는 자아가 말의 기수 역할을 어떻게 하는지에 따라 자부심, 만족감 같은 보상이나 혹은 수치심과 죄책감 같은 처벌로 등장한다. 따라서 초자아는 양심이라는 내면의 목소리로 이드의 충동성을 제어하고, 자아가 현실적 목표를 넘어 도덕적 목표로 나아갈 수 있도록 설득하는 역할을 한다. 그런데 현대 사회에서는 공동체의 규범 자체가 빠르게 변화하면서 초자아가 자기 역할을 제대로 하기 어려운 상태가 되고 있어, 자아는 갈피를 잡기 어려운 곤란한 상황을 맞닥뜨리곤 한다. 결국 내면에서 나오는 규범의 목소리를 들을 수 없는 자아는 종종 초자아로부터 소외되고 훌륭한 기수가 되기 어려워 불안과 부적응의 나락에 떨어진다.

한편 초자아의 역할을 대신하려는 것이 정보를 이용한 사회적 감시 체계다. 미셸 푸코에 의하면 권력은 사람들의 행동을 관찰하고 감시하여 그 결과 감시받는 사람들로 하여금 스스로 자신을 통제하게 하여 현실에 순응하도록 한다.[10] 오늘날에는 초자아의 역할이 중심을 잡지 못하고 흔들리고 있기 때문에 초자아의 규율을 대신하여 정보를 이용한 사회적 통제 시스템이 역할을 강화해 나갈 수 있다. 그러나 이러한 감시 체계의 목적은 지식 정보를 이용하여 권력을 강화하고 사회를 통제해 나가려는 목적이므로 자아를 강화시키는 역할을 할 수는 없다. 오히려 사회적 통제 시스템이 강화될수록 자아는 위축될 수밖에 없다. 보이지 않는 감시자가 되어 자아를 공동체의 규범 틀에 맞게 제한하기 때문이다.

따라서 변화의 속도가 매우 큰 현대 사회에서 불안과 부적응을 극복하고 공동체의 구성원으로서 자기 역할을 제대로 수행하기 위해서는 자아를 도와주고 지켜주는 또 다른 자아가 필요하다. 또 다른 자아는 사회적 변화를 충분히 수용하면서 새롭게 형성되는 사회의 가치와 규범을 자아에게 납득시키고 자아가 변화하는 현실 세계에서 기수의 역할을 충분히 잘할 수 있도록 돌보고 도와주는 역할을 해야 한다. 새로운 자아의 등장으로 점점 더 늘어나고 있는 우울과 불안이 완화되고, 빠른 사회의 변화 속도에 적응하지 못하고 있는 사람들의 사회적 참여와 적응이 크게 개선될 수도 있을 것이다. 그렇다면 새로운 자아는

10   미셸 푸코, 《감시와 처벌》, 오생근 역, 나남, 2020

무엇이며 또 다른 자아가 긍정적이고 지지적인 역할을 하기 위해서는 어떠한 모습이어야 할까?

최근 들어 아바타나 메타버스와 같은 디지털 자아로 운영되는 프로그램들이 등장하면서 가상 존재에 대한 우리의 의존도가 나날이 높아지고 있다. 이제는 디지털 자아에 의존하여 다른 사람들과 의사소통하고, 디지털 네트워크에서 만들어진 온라인에서의 정체성이 오프라인 정체성에 영향을 주며 자신과 주변 세계를 이해하고 만들어 간다. 인간의 정체성이 디지털과 물리적인 영역에서 서로 영향을 주면서 만들어져 이제는 떼려야 뗄 수 없는 합성물, 즉 메타 셀프가 나를 대표하여 역할을 하는 시대에 들어서고 있는 것이다.

메타 셀프라고 부르는 이 공생적인 인간-디지털 합성체는 우리의 물리적 자아와 디지털 자아의 혼합물이다. 이는 현대 인간의 삶을 기반으로 하지만 디지털 세계에 함께 존재하며 나를 나타내는 새로운 자아라고 할 수 있다. 물리적 자아의 꿈과 이상에 따라 의도적으로 만들어지는 새로운 자아이며 물리적 자아의 확장이라고 할 수도 있다. 디지털 자아는 스스로 투자하고 형성시키는 자아이기 때문에 되고 싶은 사람이 되도록 만들 수 있고 제한적 능력의 물리적 자아를 디지털 세계에서 제한 없이 실현하는 방법이 될 수도 있다. 예를 들어 회사에서 가장 능력 있는 사람, 친구들 사이에서 최고의 대화 상대, 첫 데이트에서 가장 매력적인 자신의 모습을 만들 수 있다. 이러한 모습은 물리적 자아에서는 실현이 어렵지만 자신이 원하는 나의 모습을 디지털 자아가 실현해 주는 것이다.

자아의 실현은 '사회 속에서의 나'를 전제로 하지 않고는 생각할 수 없다. 나와 더불어 살아가는 가까운 가족, 친구, 동료 그리고 사회적 관계로 맺어진 많은 사람 속에서 나를 어떻게 표현하고 성취해 나갈 것인가의 문제이기 때문이다. 그런데 오늘날의 사회에서는 디지털 연결망 없이는 대부분의 사람들과 대화할 수 없고, 내가 얻는 정보의 대다수를 얻을 수 없다. 디지털 채널들은 이제 세상을 향한 나의 눈과 귀가 되었다. 디지털 수단이 없으면 사회 속에서 나의 실현이라는 목적을 달성할 수가 없게 된 셈이다. 물리적 자아와 디지털 자아의 통합인 메타 셀프는 이제 인간의 존재, 즉 사회 속에서 나의 실현이라는 목적을 이루는 실존적 수단이 되었다. 그렇기 때문에 메타 셀프의 등장은 디지털 세계를 현실 세계와 통합시킴으로써 우리 자신과 세계를 이해하는 방식에 큰 영향을 미친다. 더 나아가서는 인간 사회가 앞으로 어떻게 펼쳐져 나갈지를 좌우하게 될 것이다.

실제로 이미 우리는 디지털 세계의 다양한 인터페이스를 통해 물리적 세상에 있는 많은 시스템인 뉴스, 엔터테인먼트, 음식, 직업, 자동차 운전 그리고 의료 서비스를 통해 사회와 만나는 접점을 풍부하게 하거나 심지어 과거의 전통적인 접점을 대체하는 과정에 있다. 이런 변화의 와중에 이미 물리적 자아와 디지털 자아의 융합된 모습이 있다. 아직 디지털 자아의 형성기이기 때문에 융합된 메타 셀프의 개념이 초보적인 수준에 머물러 있는 것 같지만, 이미 공유적 메타 셀프가 세상을 사는 나를 대표하는 세계로 발을 들이고 있다.

기술적으로는 인공지능이 디지털 자아의 비서 역할을 하게 될 것이다. 아침에 일어나 이제는 더 이상 화장실이라고 부를 수 없는 홈 클리닉에서 디지털 자아를 마주하여 나의 건강 상태와 하루 일과를 점검하고 하루를 시작하게 될 것이다. 곧 물리적 자아와 디지털 자아의 만남은 디지털 비서에게 지시하는 수준을 넘어 서로 논의하고 해결해야 할 문제에 대한 대책을 세우는 수준으로 진화할 수도 있다. 신체적 조건 속에 갇혀 있던 자아가 제한된 조건을 벗어나 확장되고 강화되는 것이다. 이제까지 인류가 신경세포의 네트워크로 이루어진 뇌의 사고와 신체 활동을 통해 자아를 실현해 왔다면 이제는 그 네트워크가 신체적 한계를 넘어 디지털 자아를 통해 무한히 확장되는 것이다.

메타 셀프는 우리 자신의 멋지고 유용한 확장이 될 수 있다. 디지털 자아와 물리적 자아가 완벽한 하나의 팀이 되어 쇼핑하고, 다른 사람과 사랑과 우정을 나누고, 사회 경력의 다음 단계를 찾아가는 모습을 생각해 보라. 물리적 자아는 이제 디지털 자아와 하나가 되어 편안한 대화, 올바른 통찰력과 지식으로 훨씬 쉽고 능숙하게 사회적 관계 속에서 자기 역할을 할 것이다. 이렇게 메타 셀프는 새로운 공유적 관계에 기반한 인류 발전의 수단이 될 수 있다.

치유는 멋진 도시 숲이 만들어지고 예쁜 가게들이 들어선 거리의 한 카페에 앉아서 창밖 거리를 지나는 사람들을 보다가 문득 "이전에 여기서 살던 사람들은 다 어디로 갔을까?" 의문이 들었다.

10장

새로운 도시

1
도시, 거주지가 되다

도시의 역사를 거슬러 가 보자. 수렵과 채집을 위해 이동 생활을 했던 인류는 농업혁명을 기점으로 정주 생활을 시작했고, 적은 인구 단위로 모여 살던 주거지는 점차 더 많은 인구가 함께 모여 사는 정착지로 발전했다. 요르단강 서안에 자리 잡았던 여리고에는 기원전 7천 년 무렵에 성벽을 쌓아 올려 정착촌을 보호했던 주거지가 존재했는데 대략 2천 5백 명 정도의 인구가 모여 살았을 것으로 추정된다. 기원전 4500년경에는 최초의 도시라고 할 수 있는 우르크가 메소포타미아 지역에서 생겨났다. 우르크에 모여 살았던 인구는 5만 명 정도로 추산된다. 많은 인구가 사는 도시로 성장한 것은 획기적인 발전이었지만, 아직은 단순히 성벽을 쌓고 사람들이 모여 사는 밀집 주거지였을 뿐이다.

기원전 2000년 무렵에는 최초로 신전을 세운 도시인 우르가 만들어졌다. 이 무렵부터는 신전을 중심으로 권위를 기반으로 한 행정 체계가 자리를 잡고 도시로서의 면모를 갖기 시작했다. 우르에는 6만 명의 인구가 살았을 것으로 추정되며 대외적 교류 또한 활발했던 것으로 보인다. 이후 도시 국가를 넘어, 제국으로 확장되기 시작하면서 도시에 거주하는 인구의 수는 기하급수적으로 증가했다. 기원전 430년경 전성기의 바빌론 도시에는 20만 명의 인구가 살았으며, 로마에서는 서기 1세기에 1백만 명의 인구가 살고 있었다. 아시아 또한 도시의 성장 과정은 다를 바 없었고 규모 면에서도 적지 않았다. 기원전 400년 장안에는 10만 명의 인구가 살고 있었으며 서기 700년 무렵에는 인구 1백만 명이 거주하는 거대 도시가 되어 있었다.[1]

일부 도시가 거대화되기는 했지만 전 세계적으로 보면 도시 인구가 전체 인구 중에서 차지하는 비율은 높지 않았다. 3천 년 전까지 보면 인구가 5만 명을 넘는 도시는 전 세계에 고작 4개밖에 없었고, 2천 년 전까지도 40개 정도의 도시만이 5만 명을 넘는 인구를 갖고 있었다. 대항해 시기와 제국주의 시대를 거치면서 인구의 이동과 교류가 급격히 증가하고 사람들이 훨씬 더 많이 도시에 모여 살기 시작했지만, 19세기

---

[1]　Ian Morris, 〈SOCIAL DEVELOPMENT〉, Stanford University Press, 2010

초까지만 해도 도시 인구는 전 세계 인구의 5퍼센트에 불과했다. 그러다가 19세기 이후 현대 사회로 들어서면서 도시화가 급격히 진행되었고, 현재는 도시 인구가 전 세계 인구의 50%를 넘어서는 놀라운 변화를 이루게 된 것이다.[2]

도시의 규모가 커지게 되면, 도시의 정적인 요소와 동적인 요소 모두 생산성 증가에 기여한다. 정적 요소라는 의미에서 대도시는 더 많은 전문화와 더 많은 분업이 이루어지는 공간으로, 그 자체만으로 생산성의 증가를 가져온다. 하지만 도시의 더 중요한 이점은 아마도 전문화나 분업이 가져오는 이점보다 도시로 모든 것이 집중되는 동적 요소에서 나올 것이다. 도시는 사업이 집중되는 활동의 중심지이기 때문에, 기술 진보의 핵심인 새로운 개념과 새로운 아이디어는 이러한 환경에서 일어날 가능성이 가장 높다. 도시의 역동성이 경제를 비롯하여 사회 전체의 급속한 발전을 이끌게 되는 것이다.

실제로 큰 규모의 도시가 더 높은 생산성을 가진다는 것은 경험적으로 증명되었다. 도시 규모와 생산성 사이의 관계는, 도시들이 생산성을 높이기 위해 더 큰 규모로 성장하는 것을 통해 알 수 있다. 이렇게 도시의 크기가 생산성에 유의미한 영향을 미친다는 증거들이 쌓이면

---

2   Anthony J. Michael, 〈Human Frontiers, Environments and Disease: Past Pattern, Uncertain Futures〉, Cambridge University Press, 2001

서 생산성 향상을 위해서는 대도시로 성장하여 가는 것이 필요했다.[3] 이러한 배경 하에 사람들은 점점 도시에 모여들게 되었고, 21세기에 들어 전 세계에 1백 만명 이상이 거주하는 도시가 371개가 되었다. 이 도시들은 2018년까지 548개로 증가했으며, 2030년에는 706개 도시에 1백만 명 이상의 인구가 거주할 것으로 예측하고 있다. 인구 1천만 명이 넘는 도시는 '거대 도시 Megacity'라 부르는데, 전 세계적으로 2018년의 거대 도시는 33개였고, 2030년에는 43개로 증가할 것으로 예상된다. UN은 2030년에 전세계 인구의 8.8%에 해당하는 인구가 1천만 이상의 거대도시에 살 것으로 예측했다.[4]

이처럼 21세기 들어 더욱 가파른 속도로 도시에 인구가 모여 살게 됐고, 도시는 이전보다 훨씬 거대화되고 있다. 도시에 집중된 양질의 일자리와 사회 기반 시설들은 농촌에 있던 인구를 도시로 불러들이기에 충분히 매력적인 조건이었다. 더욱이 도시에 인구가 밀집되기 시작하면서 생산성은 증대되고 장점은 극대화되었다. 그런데 도시의 발전과 경제 성장의 중요 요인으로 말하는 역동성이란, 인구의 밀집으로 형성되는 사람 간의 가깝고 잦은 상호작용을 의미한다. 하지만 오늘날 사회는 사람과 사람의 직접적인 접촉보다 네트워크상에서의 교류가 더 활

3   Sveikauskas et al, 〈URBAN PRODUCTIVITY CITY SIZE OR INDUSTRY SIZE〉, JOURNAL OF REGIONAL SCIENCE, 1988; 28(2); 185-202

4   UN, Population Division, 〈The World Cities in 2018〉, New York: UN, 2018

발하게 이루어지고 있는 추세다. 이미 20세기 말부터 네트워크를 기반으로 하는 다국적 기업의 생산량은 전 세계 민간 생산량의 3분의 1을 뛰어넘었다.[5] 이는 더 이상 대도시와 그것이 가진 역동성이 경제 성장의 주된 원동력이 아니라는 것을 의미한다.

이러한 변화를 감안한다면 앞으로는 거대 도시가 더욱 확장되고 사람들이 도시로 몰리는 현상이 계속될 가능성은 크지 않다. 사실 미래에는 물리적으로 집적화되어 있는 거대 도시는 오히려 줄어들 가능성이 크다. 물리적으로 거리가 떨어져 있는 곳이라도 디지털 네트워크로 서로 연결되어 생활의 불편함이 없어지고, 행정 서비스나 교육뿐 아니라 의료에 있어서도 거리의 접근 제한성이 없어지면서 삶의 질을 그대로 유지하거나 더욱 향상시킬 수 있기 때문이다. 도시 크기의 변화 추세, 디지털 네트워크로 인한 거리 제한성의 감소, 그리고 최근에 활발하게 제안되고 있는 밀집 도시로의 개발 등을 감안하면 미래의 도시는 중소 규모이면서 밀집된 형태로 만들어지는 것이 바람직할 것이다. 결국 미래 사회의 도시화 추세는 점차 거대 도시 중심에서 중소 도시 중심으로 변화하는 양상을 나타낼 것이다.[6]

---

5   Manuel Castells, 〈Information Technology, Globalization and Social Development〉, United Nations Research Institute for Social Development, UNRISD Discussion Paper No. 114, Palais des Nations 1211 Geneva 10 Switzeland, 1999

6   홍윤철, 《질병의 종식》, 사이, 2017

한편 도시 개발의 모형들이 이와 같이 발전해 왔지만 도시의 효율성과 경제적 생산력만 강조한 나머지, 도시에 사는 사람들의 건강은 그동안 중요한 고려 대상이 되지 못하였다. 물론 산업혁명 시기에 노동자들의 열악한 생활 환경과 이로 인한 건강 상태가 경제에 미치는 영향을 경험적으로 습득하면서 현대 도시들이 기본적인 위생 시설을 갖춘 것은 사실이다. 하지만 오늘날 현대인이 겪는 질병 중에는 한 번 발생하면 하나의 도시나 국가에 그치지 않고 광풍처럼 전 세계를 휩쓰는 팬데믹이나 인구 노령화와 함께 지속적으로 늘어나고 있는 만성질환이 중요한 질병으로 등장하고 있다. 이러한 팬데믹이나 만성질환을 개인의 생활 습관 개선을 통해 예방하거나 치료해 보려고 하지만, 개인의 노력만으로는 현대 도시의 환경이 초래하거나 악화시키는 질병의 문제를 해결하기가 쉽지 않다. 이러한 질환들은 질병을 일으키는 근본 원인이라고 할 수 있는 사회적 요인들에 의하여 영향을 받기 때문이다. 따라서 미래의 도시는 건강에 영향을 주는 사회적 결정 요인들을 중심에 놓고 건강을 증진시키는 방향으로 계획해야 하다.

건강한 도시는 시대적 요청이다

아리스토텔레스Aristoteles가 적절한 도시 인구의 규모로 세운 기준은 "시민들이 서로를 단순히 알 뿐만 아니라 서로가 어떠한 사람인지 잘 알 수 있어야 한다"는 것이었다. 서로를 충분히 알 수 없다면 시민들은 누구를 믿고 공직을 맡길 수 있을지 알 수 없으며, 지도자들은 자신이 이끄는 시민들을 잘 이해할 수 없을 것이다. 당시 그리스 폴리스에는 대개 1만 명 가량이 살고 있었는데, 아테네처럼 큰 도시에는 30배인 30만 명 정도의 인구가 살고 있었다. 아리스토텔레스는 아테네의 정치가 혼란스러운 것을 보면서 인구의 크기가 아테네에 살고 있는 인구수 이상이 되는 대도시는 무질서하고 부실하게 통치될 수 있기에 아테네와 같은 크기의 도시가 최대 도시 규모라고 보았다.

　도시화는 전 세계적인 현상으로 앞으로 수십 년간 더 지속될 전망이다. 전 세계 인구는 2030년 80억 명으로 증가하며, 2050년에는 전세계 인구 중 도시 인구 비율이 68%에 이를 것으로 예상하고 있다. 유엔 경제 사무국UN DESA은 '2018 세계 도시화 전망' 보고서를 통해 향후 약 30년 사이 25억 명이 도시 지역에 새로 정착할 것으로 예측했다. 도시화가 빠르게 진행되면서 도시 계획과 정주 계획, 주거 환경의 중요성이 더 커지고 있다. 특히 도시민의 안전성을 제고하기 위해서는 도시내 기업, 학교, 녹지 공간, 병원 등의 시설이 보행자가 쉽게 접근할 수있도록 계획되고 조성되어야 한다. 이러한 도시의 안전성은 여성, 어린이, 노인, 장애인 등 취약계층 보호를 위해서도 매우 중요하다.

　최근 세계 각지에서 중요 의제로 언급되고 있는 15~20분 내 도보생활권을 실현한다면 환경과 건강 그리고 비용적 측면에서 좋은 효과를기대할 수 있을 것이다. 또한 다양한 높이로 건물들을 배치하면 도시공간 내 자연 환기와 온열 환경의 개선을 촉진하여, 여름철 에어컨 사용을 줄이고 온열 질환 감소에 기여할 수 있다. 도시와 주변 지역 간 대중교통 연결, 적절한 보행 환경 조성, 자전거 이용 등은 대기오염과 소음공해를 저감하면서 도시민의 신체적, 정신적 건강에도 긍정적인 요인으로 작용할 것이다. 결국 잘 설계된 도시 계획과 주거 환경은 도시민의 안전과 건강에 다양한 이점으로 작용한다.

건강한 주거 환경은 적절한 주거 공간이 마련되어야 하는 것과 함께 전기 설비, 상하수도 시설, 폐기물 처리, 공조 시설, 채광 및 조명 시설 등이 주거 환경 안에 적절하게 갖추어져야 함을 의미한다. 커뮤니티의 교통 시스템, 대기오염과 소음에 대한 대책, 녹지와 휴식 시설의 배치, 재난 정보 및 관리 체계 등 환경 계획도 안전과 건강을 고려하여 세워야 한다. 그리고 이들 주제 간의 연계와 상호작용에 대한 면밀한 검토를 통하여 서비스가 원활하게 제공될 수 있는 최적화 방안을 마련해야 한다. 한편 커뮤니티를 계획하고 설계할 때는 지역 내 다양한 이해 당사자들을 참여시키는 것이 바람직하다. 특히 이해 당사자들 중에서 취약계층이 소외되거나 배척되지 않도록 하는 것이 중요하다. 이들의 목소리를 담아 계획에 반영할 수 있는 포용적이면서 균형 있는 개발 정책이 필요하다. 이러한 노력은 커뮤니티와 도시의 지속 가능한 발전과 삶의 질 제고를 위한 기반이 될 것이다.

20세기에 들어오면서부터는 항생제의 개발, 상하수도 등 보건위생 인프라의 확충, 현대적 병원 시스템의 도입 등에 따라 여러 가지 질병이 크게 감소하거나 통제 가능해졌다. 현대인의 생활 양식은 먹거리의 변화, 신체 활동의 감소, 사회적 스트레스, 도시 생활과 잦은 여행 등 과거와는 크게 달라졌고 이 생활 양식에 영향을 받는 질병의 양상도 변화되었다. 급격한 고령화와 적은 신체 활동, 인위적인 생활 환경 등으로 인해 20세기 후반부터 당뇨병, 비만, 심혈관질환 등 만성질환이 급증했고, 21세기에 들어서는 퇴행성 질환과 자가면역질환이 정신질환과 함께 급증하고 있다. 21세기에 5~7년을 주기로 발생하고 있는 사스, 신종 플루, 메르스, 코로나19 등의 대규모 전염병은 현재의 도시 형태가 "과연 건강한 삶을 보장할 수 있는가?"라는 질문을 던지고 있다.

현재처럼 대도시의 대형 병원에 좋은 의료 장비와 높은 수준의 의료진이 모여 있고, 대도시가 아닌 지역에는 의료의 수준이 떨어지는 대도시 중심의 중앙집중형 의료 시스템을 계속해서 유지한다면 앞으로도 팬데믹과 같은 초위험 상황을 대응하기 어려울 것이다. 대도시에 있는 대형 병원은 중등도 이상의 질병을 갖고 있거나 질병에 취약한 사람들이 많이 모여, 가장 안전해야 하는 곳이 실제로는 더 위험한 장소가 될 수 있다. 따라서 포스트 코로나 시대에는 대형 병원 중심의 중앙집중형 의료 시스템에서 수준 높은 의료 시스템을 지역 사회에 갖추게 하는 분산형 커뮤니티 의료 시스템으로 개편되는 것이 바람직하다.

건강은 사람이 정상적인 기능을 하는 데에 필요한 기본 조건이다. 미래의 공동체, 특히 노령 인구가 많아지고 인구가 감소하는 미래 사회가 지속 가능한 사회가 되려면 반드시 건강이 사회의 중심 의제가 되어야 한다. 기술이 발달하고 인공지능이 인간을 대신하는 시대가 다가왔다고 해서 인간이 더 이상 필요하지 않거나 효용성이 없다고 말할 수는 없을 것이다. 사회는 인간의 생존과 번영을 위한 틀이고, 우리가 미래에 대해 논의하고 준비하는 이유는 전 연령대의 모든 인구가 건강하고 활동적이며 더불어 살아가기 위한 것이기 때문이다. 이를 위해서는 도시 계획을 완전히 새롭게 수립하고 미래를 위한 대책을 본격적으로 준비해 나가야 한다. 특히 빠르게 진행되고 있는 고령화와 출생 감소, 기후 변화와 온난화 문제 등에 대처하기 위해 미래 사회에서는 의료와 돌봄이 중심이 된 도시 그리고 건강한 활동이 보장된 도시를 계획하고 만들어 나가는 것이 중요하다.

이제는 개인과 사회가 안전하고 건강하게 지속될 수 있는 새로운 형태의 커뮤니티와 도시가 필요하다. 한국은 수도권 대도시 중심의 높은 인구 밀도, 유례가 없는 고령화와 저출생의 사회 현상, 때마다 찾아오는 미세먼지와 태풍, 폭염이나 혹한 등과 같은 기후 관련 문제도 겪고 있기 때문에 건강과 안전 문제를 중심에 두고 도시를 설계할 필요가 있다. 이 모든 사안들은 각각 개별적인 것이 아니라 모두 연관되어 있는 메가 리스크인데, 이러한 문제들에 대처하는 기본 전략은 중앙집중형이 아니라 분산형 전략이어야 한다. 따라서 질병보다는 사람 중심, 병원보다는 집이나 지역 사회 중심, 그리고 대도시보다는 그에 못지않은 삶의 질과 경쟁력을 갖춘 중소 도시 중심의 사회를 만들어 가야 한다. 중소 도시를 중심으로 한 새로운 도시의 실현은 현재의 위태로운 사회를 지속 가능하게 하는 솔루션이 될 것이다. 나와 가족의 건강과 삶의 질을 보장하고 커뮤니티를 지속 가능하게 하는 새로운 도시 건설이 시대적으로 요구되고 있다.

3

포용 도시로 가는 길

최근 도시의 불평등도 심화되고 사회적 약자들이 사회적 관계와 경제적 관계 그리고 지역 사회 참여에서 배제되는 현상들이 나타나면서 도시에도 그러한 현상들이 공간 측면에서 나타나기 시작했다. 때로는 도시의 공간적인 배치 자체가 도시민들의 사회적 관계와 건강 상태를 더 나쁘게 만드는 원인이 되기도 한다. 거리에서 떠도는 홈리스가 전 세계에 걸쳐 1억 5천만 명에 육박하고, 적절한 주거가 없는 사람들까지 포함하면 16억 명에 이른다. 더욱이 코로나19와 같은 팬데믹 상황은 사회적 약자를 더욱 막다른 길에 몰아넣고 있다. 저소득층이 거주하는 공동주택과 다닥다닥 붙어있는 슬럼가는 위생 환경이 열악하기 때문에 전염병에 노출되기가 쉽다. 주거 환경이 코로나19와 같은 전염병을 확산시키고 건강을 위협하는 큰 위험 요소가 되고 있는 것이다.

이러한 열악한 주거 환경의 문제는 한국에서도 여전히 존재한다. 특히 노인 인구의 주거 환경은 더욱 열악하다. 노인 자살률이 10만 명당 53명으로 OECD 평균보다 3배 이상 높은 이유 중에는 이러한 열악한 주거 환경이 미치는 영향도 크다. 정신적으로 건강하지 못한 노후를 보내고 있는 것이다. 노인의 건강과 주거 환경에 관한 연구에 따르면 주거 환경의 만족도와 우울증 사이에 큰 상관성이 있는 것으로 나타나고 있다. 만족도가 크면 클수록 우울증이 적어진다는 결과다. 노년기 주거 환경에 대한 정서적, 사회적, 경제적 만족감이 크면 다양한 형태의 사회 참여로 이어지고, 활발한 사회 참여는 노인들의 고독감을 낮추는 것으로 나타났다.[7] 이러한 연구 결과를 볼 때 노년기에 거주지의 의미는 단순한 물리적 거주 공간을 넘어 사회와 연결되는 수단이 되기도 하며 이러한 사회적 연결이 고독감을 덜어 주는 역할을 한다고 생각해 볼 수 있다. 대중교통, 생활용품점, 의료 서비스 시설이 쉽게 걸어갈 수 있는 가까운 위치에 있으면 주변 지역 사람들과 사회적 네트워크를 보다 많이 가질 수 있고 우울증 또한 적어지는 것으로 알려졌다.

---

7   Baik Ok Mi, 〈The Effects of Residence Satisfaction on Social Network and Loneliness of the Elderly: Multi-Group Analysis by Residence Type〉, Health and Social welfare review [Internet], 2018; 38(4): 16495

포용 도시는 공간적으로 배제된 취약한 사람들에 대한 고려, 즉 "도시가 사회적 약자들을 어떻게 포용해야 하는가?"라는 질문에서 나온 개념이다. 사회적 약자들이 도시에서 계속해서 밀려나는 현상에 대한 반성에서 나왔다고 할 수 있다. 포용 도시의 규범적 정의는 모든 주민이 사회 구성원으로서 기본적인 생활을 누릴 수 있고, 정치, 경제, 사회 그리고 문화와 같은 모든 삶의 영역에서 교류하며, 의사결정 과정에서 배제되지 않고, 시민 사회의 다양한 활동에 참여할 수 있으며, 누구에게나 공간적으로 개방된 도시라고 정의할 수 있다.

앙리 르페브르Henri Lefebvre가 제안한 '도시에 대한 권리Right to the City'도 같은 아이디어를 내포하고 있다. 이 개념은 도시에 사는 사람이 시민이 될 권리, 즉 도시의 생산에 참여하기 위해 도시에서 역할을 맡을 권리라고 할 수 있다. 후속 학자들은 이러한 개념을 발전시켜 도시 공공 자원의 접근성을 높이는 것뿐만 아니라 의사결정에 참여할 수 있는 권리여야 한다고 주장했다. 오늘날의 도시들은 밀도가 높아지고 젠트리피케이션을 유발하면서 오래 살던 주민을 도시의 중심에서 쫓아내고 물리적인 접근의 불평등을 초래하고 있다. 이러한 변화가 도시에 거주하는 다양한 그룹 사이에 긴장을 만들어 내고 있기 때문에 토지의 소유권과 이용권을 도시에 대한 권리의 측면에서 새롭게 인식할 필요가 있다. 열악한 조건의 주거 환경에서 사는 사람들에게 집을 지어 주는 국제기구인 해비타트Habitat는 도시에 대한 권리를 통하여 도시 거주자의 참여를 크게 늘릴 필요성이 있다고 판단하고, 2016년에 신도시 의제를 채택하여 '모두를 위한 도시Cities for All' 개념을 발표하였다. 도시는 삶의 질을 확보하기 위한 필수적인 공유지가 되어야 함을 선언한 것이다.[8]

이러한 포용적 도시 계획과 관련하여 싱가포르의 사례를 살펴볼 필요가 있다. 전체 인구의 80% 이상이 공공주택에 거주하고 있는 싱가포르는 토지를 국가가 소유하고 개인은 건물만을 소유하는 형태를 취하면서, 모든 사람이 집을 가질 수 있어야 한다는 취지로 주거 문제를 해결하고 있다. 또한 다민족 국가로서 서로 다른 민족이 잘 융합될 수 있도록 아파트 단지별로 다양한 민족이 거주할 수 있는 인구 혼합 정책도 펼치고 있다. 한국의 대표적 포용 도시 실험의 사례는 주택을 지을 때 일정 비율을 $60m^2$ 이하의 작은 주택을 짓게 함으로써 저소득층도 거주할 수 있게 하는 소형주택 의무비율제도나, 주민들의 참여와 상호 의존성을 높이기 위한 마을 공동체 지원 사업 등이 있다.

그러나 포용 도시로 좀 더 나아가기 위해서는 강제적인 인구 혼합 정책보다는 먼저 서로 만나고 어울릴 수 있는 정책이 우선되어야 한다. 또한 거주지와 상가 등 용도 측면에서의 혼합과 물리적 접근성을 용이

8   IISD, 〈The "Right to the City" and the New Urban Agenda〉, 2016 https://sdg.iisd.org/commentary/policy-briefs/the-right-to-the-city-and-the-new-urban-agenda/

하게 하는 정책만으로는 포용 도시가 되기 어렵다. 여러 계층의 사람들이 하나의 커뮤니티 안에서 자연스럽게 어울리면서 다양한 서비스를 누리며 살 수 있어야 하는데, 무리하게 혼합을 유도하면 주거 단지 내 주민들이 서로 간에 위화감을 느끼게 되는 부작용도 생길 수 있다. 따라서 사회적 혼합 정책을 억지로 추진하는 대신, 커뮤니티 안에서 네트워크를 생성하고 위화감을 줄이는 일부터 시작하는 것이 바람직하다. 예를 들어, 공원이나 학교 등의 개방적 공간을 다양한 사람들이 함께 이용하면서 다양함을 받아들일 수 있도록 자연스러운 융화를 유도하는 정책이 우선되어야 한다. 또한 대중교통 중심의 혼합 용도의 도시 인프라를 개발하고, 자전거 도로를 도시 곳곳에 만드는 정책과 같이 저소득층과 빈곤층이 소외되지 않고 다양한 활동에 참여할 수 있도록 도시를 새롭게 만드는 적극적인 실천이 필요하다.

4

커뮤니티 공유지

네트워크 환경에서는 직접적인 원인과 결과라는 관계성을 거의 확인할 수 없다. 일이 복잡하게 얽혀 있을 뿐 아니라, 불규칙하거나 불확실하고, 한편으로는 예상할 수 없는 방식으로 발생하기 때문이다. 프랑스의 철학자 르네 데카르트René Descartes가 생각했던 질서 정연하고, 시간을 초월하며, 보편적이고 안정적인 현상은 네트워크 세계에 존재하지 않는다. 대신 무수한 노드Node를 통해 영향을 주고받는 미세하게 상호 연결된 네트워크상에서 끊임없이 작용하면서 동적이고 미로 같은 새로운 세계를 만들어 낸다. 여기에서 노드와 네트워크는 마치 살아 있는 생명체와 같이 생성과 소멸을 거치는 역동적인 환경을 만들어 내기도 한다.

변화무쌍한 네트워크 환경은 틀 안에 갇히지 않고 다양한 상호작용 속에서 새로운 관계와 가치를 창출할 수 있다. 현재의 커뮤니티와 도시가 안고 있는 문제도 새로운 틀과 시각으로 바라보고 해결 방안을 마련해야 한다. 최근에 공동체 주거 환경의 중요성에 대한 인식이 높아지면서 사람들 간 더 많은 네트워킹의 필요성이 강조되고 있고 커뮤니티를 공유지로 보는 시각이 대두되고 있다. 커뮤니티 공유지의 개념은 거주자들과의 관계를 개선하고 또 새로운 사람들을 만날 수 있는 충분한 기회를 주는 커뮤니티를 만들어 시민들의 고립과 소외의 문제를 해결하자는 개념으로 실제 거주 공간을 공유적으로 활용하려는 시도를 포함한다. 예를 들어 거주자들은 욕실이 딸린 개인 방이 있지만 주방, 옥상 정원 등 사람들과 교류할 수 있는 공용 공간을 이용할 수 있다.

사이버상에서 사람들이 더 많이 연결될수록 현실 세계에서의 소통과 관계성은 더 단절되는 경향을 보인다. 온라인에서 많은 사람과 관계를 맺는다고 해서 인간의 사회성을 만족시킬 수는 없고 사회적 존재로서의 '나'를 충분히 지지하고 강화해 나갈 수 없다. 따라서 커뮤니티 자체를 공유지의 개념으로 만들고 현실 세계에서 사람들이 함께 생활할 수 있도록 계획해야 한다. 다른 세대와 연결되고 각자 다른 경험, 지식을 나눌 수 있을 때, 이를 바탕으로 협력적 관계를 만들어 갈 때 사회적 존재로서 소외되지 않고 자기 실현을 할 수 있기 때문이다.

이런 측면에서 공동 주거는 기존과 다른 새로운 삶의 방식을 찾는 사람들에게 대안이 될 수 있다. 식사, 청소, 친목뿐 아니라 일하는 여건도 같이 만들 수 있다. 하지만 공동 생활 프로젝트는 잘 계획하고 실천하지 않으면 이웃이 누구인지도 모른 채 그저 함께 생활하는 공간이 될 수도 있다. 형태상으로는 라운지 공간, 피트니스 룸 등 공용 공간을 갖추고 있지만 실제로 공동 생활의 사회성을 갖추지 못하게 되는 것이다. 특히 커뮤니티 입구에서 출입하는 사람들을 확인하고 지나치게 제한하는 경우 사람들 사이의 교류를 증진시키는 것이 아니라 이웃과의 사이에 장벽을 설치해서 오히려 거리를 두게 될 수 있다.

공유지로서의 커뮤니티는 주거와 상가, 공공 시설과 장소가 혼합되어 시민들을 실제 지역 사회로 모이게 하는 장소여야 한다. 커뮤니티에서는 이동의 자유뿐만 아니라, 이동 수단을 공유적으로 사용하는 것이 바람직하다. 커뮤니티 안에서는 가능한 걷기와 자전거 타기로 대부분의 이동이 이루어지는 것이 좋다. 물론 먼 거리를 가는 경우 버스나 기차를 탈 수 있도록 교통 인프라를 갖추어야 한다. 자동차 이용 또한 가능해야 하며, 공유가 가능하도록 설계하는 것이 바람직하다.

다른 조건이 동일하다면 일상 활동의 일부로 하루에 만보를 걸을 수 있는 곳이 덜 걷는 곳보다 더 건강에 좋은 커뮤니티다. 도보 이동이 가능한 곳에 살면서 거의 매일 걷거나 자전거를 타고 이동할 수 있다면 이 조건만으로도 건강을 유지할 수 있기 때문이다. 여건이 안 되는 경우에도 규칙적으로 달릴 수 있거나, 집 밖으로 나와 쾌적한 환경에서 조깅하는 것만으로도 건강에 도움이 된다. 그런데 체육관에 가야 하거나 공원을 달리기 위해 운전해야 한다면 효과는 크게 떨어질 것이다. 커뮤니티 내에서 걷거나 자전거를 타고 이동하면 화석 연료 대신 몸 안에 있는 지방을 태우기 때문에 우리를 더 건강하게 유지할 뿐 아니라 공기 역시 더 깨끗해지는 효과가 있다. 또한 커뮤니티의 공기가 오염되지 않으면 사람들은 자주 환기할 수 있고, 실내 공기 순환이 잘 되면 건강에 선순환이 가능하다.

커뮤니티에서 장소를 구역화하고, 건물들을 분리된 용도로 지을수록 커뮤니티의 특성은 사라진다. 주거와 상가, 공공시설들이 복합적으로 구성되어야 건물을 효율적으로 만들 수 있고 커뮤니티의 특성이 살아난다. 이렇게 되면 사람들은 새로운 경험을 즐기고 서로 만나기 위해 커뮤니티에 모인다. 인류는 새로운 생각과 기술을 만들어 문명을 이루고 혁신을 하면서 살아왔다. 따라서 커뮤니티는 다양한 구성원들이 소통하고 교류하는 공동체적 터전이 되어야 한다. 그런데 20세기 초부터 시작하여 지금까지의 기간 동안 우리 사회는 물리적으로 분할된 구획과 상업 지구를 만들어 사람들을 구역화하는 데 역점을 두어 왔다. 지난 한 세기 동안의 도시 계획 역사는 오랜 시간 시행착오를 거치면서 살아 온 생활의 기본 형태를 버리고 효율성만을 내세운 사회 공학적 결정이었다. 이제는 안전과 건강, 그리고 웰빙에 초점을 둔 도시를 만들어야 한다.

5

도시 설계의 중요성

커뮤니티 설계에 여러 사람이 참여해야 하는 이유는 도시 디자인이 커뮤니티에 사는 모든 구성원들의 다양한 삶의 목표를 달성할 수 있는 방향으로 진행돼야 하기 때문이다. 때때로 구성원들의 서로 다른 이해관계를 조정해야 하는 노력이 필요하지만 도시 디자인이 가진 이점 중 하나는 여러 가지 다른 문제를 해결할 수 있는 토탈 솔루션을 제공할 수 있다는 점이다. 사람들은 커뮤니티의 모습과 느낌, 그리고 거주 생활의 여러 측면에 관심을 갖고 있기 때문에, 도시 계획은 이러한 구성원들의 요구에 맞추어 문제를 해결하기 위한 방향으로 설계되어야 한다.

이를 달성하기 위해서는 도시가 갖는 물리적 환경과 구성원들의 문화적 선호도, 경제적 요인과 활동 등에 의해서 인간의 인식과 행동이 어떻게 영향을 받는지에 대해 잘 알아야 한다. 도시 구성원들이 디자인 프로세스에 의미 있게 참여할 수 있도록 여러 형태의 여건을 만들어 참여를 장려하는 것이 바람직하다. 참여하는 사람들에게 커뮤니티에 가장 어울리는 건물 유형이나 공원의 모습 또는 주변 환경의 개선 등에 대한 의견을 받아서 커뮤니티 디자인에 반영하는 것이 좋다. 메타버스 커뮤니티를 만들어 참여자들이 직접 도시의 요소들을 설계하면서 만들어 나가는 방식도 가능할 것이다.

세계보건기구의 건강 개념처럼 신체적, 정신적, 사회적 건강은 도시 정책의 중심 의제여야 한다. 따라서 도시를 계획할 때 의료 체계뿐 아니라 건축, 교통, 환경 등 다른 부문과의 협력적 접근 방식을 통해 건강을 증진시키는 방안을 포함해야 한다. 특히 도시를 설계할 때 건강 문제를 사전에 방지하겠다는 사전 예방적 접근을 취하는 것이 중요하다. 세계보건기구에 따르면 우리가 살고 있는 환경이 건강 상태의 약 25%를 결정한다. 도시화는 세계적으로 빠르게 진행 중인 과정이며 현재 예측에 따르면 향후 15년에서 20년 이내에 세계 인구의 70%가 도시 지역에 살게 될 것이다. 따라서 앞으로는 도시 환경 자체가 인류의 건강에 매우 중요한 영향을 미치게 될 것이다.

도시 환경에서 살고 있는 사람들은 신체 활동이 적고 녹지와 같은 자연과의 접촉이 적다. 따라서 도시 공유지를 어떻게 활용하느냐에 따라 도시 거주민의 건강이 크게 영향을 받는다. 예를 들어, 공유지의 상당 부분을 자동차와 주차장에 할당하게 되면 건강에는 나쁜 영향을 미친다. 건강한 도시 환경을 만드는 데 관심이 많은 스페인에서도 도시의 도로 공간 중 약 85%가 자동차, 버스, 택시, 자전거와 같은 이동 수단에 할당되며 보행자가 우선시되는 지역은 15% 미만이다.[9] 대부분의 도시에서는 이보다 적게 보행자에게 거리를 할당한다고 볼 수 있는데 이러한 분배는 환경과 건강 측면에서 볼 때 바람직하지 않은 것이다.

도시 공유지를 잘 설계하고 관리하면 건강과 웰빙뿐만 아니라, 사회적 결속과 지역 사회 내 형평성 문제도 개선될 수 있다. 따라서 도시 공유지는 신체 활동과 놀이를 촉진하며 스트레스를 줄이고 건강을 회복시키는 자연 친화적이고 평화로운 공간이 되어야 한다. 주민들의 편의성을 높이려는 목적과 공유지의 활용을 통해 건강을 증진시키려는 목적 사이의 균형을 달성하기 위한 노력도 중요하다. 결국 도시 계획의 목표는 시민들이 안전하고 즐겁게 생활하며, 시간과 에너지를 절약할 수 있는 이동 수단을 이용할 수 있고, 동시에 사회적 결속과 경제 개발을 강화하고, 환경을 보호하는 것이다. 목표를 달성하고자 계획한 도시의 모델로는 발렌시아나 빌바오에서 고려 중인 15분 도시가 있다. 이 도시들

9   Mònica Ubalde, 〈How Does Urban Planning Affect Human Health? Our Health and the Health of Our Planet Depend on the Design of Our Cities〉, ISGlobal Barcelona Institute for Global Health, 2021

은 주거, 직장, 의료, 교육, 쇼핑 등의 기본 서비스가 모두 도보나 자전거로 15분 이내 거리에 있는 도시로 계획되고 있다. 계획이 실현되면 도시 오염의 주요 원인인 차량 이동을 줄임으로써 주민의 건강과 삶의 질을 크게 향상시킬 뿐 아니라, 신체 활동 수준이 증가하고 또한 사회적 상호 작용을 촉진함으로써 이웃과의 결속도 개선할 수 있을 것이다.

자연과의 접촉은 인간의 심리 발달에 필수적이다. 수백만 년에 걸쳐 형성된 인간과 환경 사이의 긴밀한 관계는 우리에게 식물이나 동물 등 다른 생명체와 가까이 지내고자 하는 내재적인 욕구를 갖게 한다. 도시의 녹색 공간인 도시 녹지는 공공 또는 개인 소유의 여러 식물로 덮인 공원이나 정원 같은 도시 지역이다. 파란색 공간으로 대변되는 수변 공간은 호수나 바다, 인공적인 연못 등 물로 이루어진 공간이다. 최근 도시 녹지와 수변 공간이 주는 건강 및 웰빙에 대한 이점에 대해 여러 과학적 증거들이 나오고 있다. 이 연구 결과를 보면 녹지 공간이든 수변 환경이든 자연환경과의 접촉은 성인과 어린이 모두의 신체적, 정신적 건강에 긍정적인 영향을 미친다. 접촉의 기회가 많으면 스트레스가 감소되고 사망률, 특히 심혈관질환으로 인한 사망이 감소하는 것으로 관찰되었다.[10] 녹지 공간은 또한 호흡기 건강을 개선하고 대사증후군이나 비만을 감소시키

---

10 Mireia Gascon, Margarita Triguero-Mas, David Martínez, Payam Dadvand, David Rojas-Rueda, Antoni Plasència, Mark J. Nieuwenhuijsen, 〈Residential green spaces and mortality: A systematic review〉, Environment International, 2016; 86; 60-67

는 것으로 나타났다. 건강상의 이점은 공기 질 개선, 건축물들로 인한 열섬 효과 감소, 신체 활동 증가, 그리고 사회적 상호작용 증가로 인한 심리 회복과 같은 여러 요인에 의한 것으로 설명할 수 있을 것이다.

도시의 녹지와 수변 공간은 직접적이거나 즉각적인 건강과 웰빙 혜택 외에도 기후 적응과 대기오염 감소와 같이 생태계와 관련된 다른 혜택도 가져올 수 있다. 이러한 공간이 주는 유익하고 건강을 회복시키는 영향을 이해하고 정책을 만든다면 신체와 정신 건강에 큰 도움이 될 뿐만 아니라 의료 비용을 줄이는 데에도 중요한 역할을 할 수 있다. 어떠한 형태의 녹지 공간이나 수변 공간이 가장 좋은지를 알기 위해 여러 가지 유형을 비교한 결과 일관성이 있다고 볼 수 없는 혼합된 결과가 나타나기도 한다. 이는 언제 어디서나 또 모든 도시에서 잘 작동하는 특정한 유형이나 특성이 있는 것은 아니고 그 도시에 가장 잘 맞는 공간을 만들어가야 한다는 것을 나타낸다.[11] 결국, 우리의 건강은 우리가 사는 도시의 디자인에 달려 있는 것이다.

---

11   WHO Regional Office for Europe, 〈Green and Blue Spaces and Mental Health〉

6

새로운 도시 계획

최근 도시가 직면한 주요 과제 중 하나가 기후 변화의 영향에 대응하는 것이라는 사실을 깨닫게 됨에 따라 더 푸르고 자연적인 환경을 조성하기 위한 도시 계획 프로그램이 늘어나고 있다. 그러나 도시의 자연 공간을 설계하고 구현할 때 간과해서는 안 되는 중요한 측면은 누가 새로운 도시 계획의 혜택을 받느냐는 것이다. 녹지 공간은 도시의 공유지로서 주민들의 건강한 생활을 촉진하고 도시 전체에 공평하게 분배되어야 한다. 즉 배제되는 사람 없이 전체 도시 인구가 쉽게 접근할 수 있도록 하는 것이 중요하다.

그런데 도시 지역의 자연 생태 환경을 개선하는 재개발 프로젝트가 진행되면서 해당 지역에 거주하던 사회적으로 취약한 인구 집단이 다른 지역으로 이동하고, 그 지역 인구는 더 건강하고 높은 소득 수준의 인구로 대체되는 경향이 있다. 소위 '그린 젠트리피케이션Green gentrification'이 일어나고 있는 것이다. 이러한 현상은 사회적 가치가 높은 자연 공간과 자원의 불평등한 분배를 특징으로 하면서 기존의 불평등한 도시 패턴을 강화시키는 역할을 한다. 특히 도시화가 진행되면서 녹지 공간을 포함한 생태학적 구성 요소가 줄어드는 도시에서 이러한 문제가 심각해질 수 있다. 따라서 도시 녹지와 같은 도시 공유지의 공간 조성을 할 때 건강한 도시가 갖추어야 하는 사회적이고 생태학적인 의미를 다양한 측면에서 검토하고 계획하여야 한다.

도시에 사는 사람들의 삶의 질은 건축물이나 녹지 공간과 같은 생활 공간과 교통 체계 같은 일반적인 도시 구성 요소 뿐만 아니라 숨쉬는 공기, 마시는 물, 영양가 있는 음식, 의료 서비스, 교육, 그리고 고용에 대한 접근성에도 영향을 받는다. 또한 도시는 물리적으로 환경과 분리되어 있지 않고 생태계와도 연결되어 있어서 도시는 사람의 건강뿐 아니라 생태계의 건강에도 영향을 미친다. 따라서 이제는 도시를 계획할 때 생산적 요소나 기능적 요소만이 아니라, 건강과 웰빙 그리고 생태계의 건강을 주요 결정 요인으로 고려해야 한다. 특히 건강과 웰빙을 공간 계획과 통합하는 것은 매우 중요한데 통합적 접근을 하게 되면 주택, 교통, 에너지, 물과 같은 도시의 인프라 부문에 대한 계획이

상당히 바뀌어야 할 것이다.[12]

인구의 고령화가 진행됨에 따라 도시의 커뮤니티를 잘 설계하는 것은 증가하는 노인과 취약계층을 돌보는 데 중요한 역할을 한다. 특히, 동네의 중심부에 지어진 커뮤니티 센터는 노인과 취약계층의 고립 문제를 해결하는 데 도움이 될 수 있다. 커뮤니티에 세워진 건물들은 천편일률적인 모습을 하는 것보다 다양함을 갖추어서 시각적 자극을 주는 것이 좋다. 건물의 높이 또한 다양할 수 있도록 권장하여 바람이 도시를 가로지를 때 바람 경로가 잘 만들어질 수 있게 해야 대기가 정체되는 현상을 막을 수 있다. 이렇게 바람길이 잘 형성되면 대기오염을 줄일 수 있고 실내 공기 또한 개선된다. 그리고 운동 공간과 문화 건물이 주거와 상업적 건축물들과 같이 섞여 있어야 신체적, 정신적 웰빙을 증진할 수 있다.

질병의 복잡한 원인을 해결하고 건강한 도시를 만들기 위해서는 연구에서 실천까지 포괄하고, 여러 부문 전반에 걸친 다수의 이해 관계자가 서로 협력하는 '시스템 접근systems approach' 방식이 필요하다. 이를 위해서는 보건의료 전문가가 건강의 사회적 결정 요인을 개선하기 위한 도시 계획을 수립하고 정책을 수행하는 데 영향력을 가질 필요가

---

12 UN—Habitat and World Health Organization, 〈Integrating health in urban and territorial planning〉, 2020 file:///C:/Users/ychon/Downloads/9789240003170—eng.pdf

있다. 도시민의 건강과 관련된 지표를 설정하고, 지표가 개선되기 위한 도시 계획과 정책을 통해 건강이 개선되는 것을 확인하는 실증적인 접근을 해야 시민과 도시 정책을 입안하는 사람들이 건강한 도시를 만들려는 노력을 기울일 것이다.

이러한 노력 중의 하나가 1980년대 초 미국에서 시작되어 도시 계획에서 영향력을 발휘했던 '뉴어바니즘New Urbanism', 즉 새로운 도시주의 운동이다. 뉴어바니즘 운동은 도시의 물리적 환경이 행복하고 건강하며 풍요로운 삶을 촉진하는 데 직접적인 영향을 미친다는 믿음으로 시작되었다. 이 운동은 도시 개발과 관련하여 잘 계획된 커뮤니티를 사회의 핵심적인 동력으로 제시하면서 커뮤니티 회복을 위해 노력하고 지속 가능성을 추구하였다. 뉴어바니즘 운동이 구체적으로 추구했던 도시 계획으로 보행자 친화적인 도시가 있다. 도시의 구조가 보행을 촉진하도록 설계하는데, 최적의 계획은 개인이 필요한 일을 하기 위해서 목적지까지 가는데 도보로 10분 이내가 걸리게 하는 것이다. 교통수단을 이용하는 경우에도 대중교통의 네트워크를 이용하거나 자전거와 같은 지속 가능한 개인 교통수단의 사용을 권장하는 건강 친화적 설계를 강조했다. 또한 상점, 사무실, 아파트와 주택이 혼합되도록 만들어 복합 용도의 다양성을 즐길 수 있게 했다. 이렇게 하면 결국 상업, 사무실, 주거용 건물이 보행이 용이하고 서비스와 자원을 효율적으로 사용할 수 있도록 서로 가까이에 있게 된다. 뉴어바니즘이 추구했던 또 다른 측면은 이러한 건물을 지을 때 도시 디자인의 개념을 넣어서 아름다움과 편안함을 느낄 수 있도록 하는 것이었다.

전 세계의 거의 모든 지역에서 노령화 현상이 나타나면서 나이, 소득 또는 능력 수준에 관계없이 자신의 집과 지역 사회에서 안전하고 독립적이며 편안하게 살 수 있는 여건을 갖추는 것 또한 건강한 도시의 중요한 기준이 되고 있다. 이러한 기준을 충족시키기 위해서는 커뮤니티 수준에서 광범위한 개선이 이루어져야 한다. 노령화에 대한 대부분의 사회 전략은 요양원이나 생활 지원 시설에 노인들을 수용하는 방안이었다. 그러나 노령 인구의 급속한 성장은 이러한 솔루션이 더 이상 사회의 지속 가능한 전략이 될 수 없다는 것을 나타낸다. 뉴질랜드의 한 연구에서는 사람들이 어느 장소에서 노화의 과정을 보내기를 원하는지를 밝히기 위해 두 개의 커뮤니티에서 56~92세 사이의 사람들 121명을 인터뷰했다. 연구 결과에 따르면 고령자들은 대부분 자신의 집이나 마을과 같은 커뮤니티에서 계속해서 살기를 원했다. 자신의 커뮤니티에서 노화 과정을 겪을 때 사회적 연결, 소속감, 안전감, 친숙함과 함께 독립성과 자율성을 느낄 수 있고, 돌봄을 주고받는 관계와 역할을 통해 지역 사회의 적극적인 일원이라는 정체성을 가질 수 있기 때문이다.[13]

---

13   Wiles J.L, Leibing A, Guberman N, Reeve J, Allen R.E, 〈The meaning of "aging in place" to older people〉, Gerontologist, 2012; 52(3): 357-66

새로운 도시화 움직임은 전통적인 의료 접근 방식에 대한 변화도 요구한다. 새로운 라이프 스타일은 더 건강하게 살고 더 오래 활동적인 상태를 유지하려는 욕구와 관련이 있다. 점차 병원 중심의 의료에서 지역 사회와 집을 중심으로 의료 서비스가 제공되는 방식으로 변화되고, 질병의 치료보다 질병을 예방하고 건강을 증진시키는 웰빙 서비스를 중심으로 초점이 바뀌어 갈 것이다. 이러한 건강과 의료 서비스에 대한 인식과 태도의 변화는 걷기 쉽고 접근 가능한 지역 사회, 그리고 복합 용도의 커뮤니티를 만들려는 노력으로 연결된다. 이와 같이 지속 가능성을 염두에 둔 도시의 개발은 의료 서비스에 대한 접근을 쉽게 할 수 있고, 질병에 영향을 미치는 건강의 사회적 결정인자들을 개인 차원이 아니라 커뮤니티 차원에서 개선하는 도시를 만들려는 노력을 의미한다. 이러한 노력과 동시에 주민들의 건강을 모니터링하면서 관리하는 새로운 보건의료 서비스를 도시의 인프라로 만들어 가야 한다. 도시 전체가 건강을 모니터링하고 관리를 해 주는 의료 캠퍼스와 같은 개념으로 발전해 가면 이를 통해 주민들은 보다 높은 수준의 건강과 웰빙을 누릴 수 있다. 이로 인해 도시 자체가 건강한 공동체 공유지가 되는 것이다.

미래의 공동체 사회

공유지는 사회 공동체가 같이 소유하고 경영하는 토지, 산, 강, 바다와 같은 자연뿐 아니라 사회적 지식, 기술, 그리고 산물 등이라고 할 수 있다. 인류가 살고 있는 지구의 생태계, 그리고 지금까지 쌓아 온 업적은 상당 부분이 공유지의 영역에 있다. 그런데 이러한 공유지의 대부분은 현재의 공동체 구성원이 합의에 의해 공동 소유지로 결정한 것이라고 할 수는 없다. 그보다는 대부분 과거의 세대로부터 물려받은 자산으로 봐야 하고, 따라서 현재의 구성원들이 사용하고 미래 세대에게 다시 물려주어야 하는 대상인 것이다. 즉 현재의 공동체 구성원인 우리는 공유지의 소유자가 아니라 관리자로서의 역할을 해야 한다.

신자유주의의 바람이 분 이후 사회의 많은 부문이 공적 소유에서 사적 소유로 전환되었고 이제는 공유화할 공간이나 영역 자체가 부족하게 되었다. 그리고 이러한 공유지 사유화의 결과로 삶이 피폐해지고 가난해진 공동체의 하층민은 낙오자가 되어 양극화의 희생양이 되어 가는 현상이 가속화되고 있다. 이러한 변화는 공동체의 공동성을 훼손함으로써 공동체의 해체로 이어질 수 있고, 양극화 과정에서 승리한 것처럼 보이는 상류계층 역시 안전하지 않다. 따라서 공유지의 회복을 위해서는 공동체 구성원들이 동등한 시민으로서 지위를 갖고 상당한 노력을 해야 한다. 이를 위해서는 시민 참여의 공유지 광장, 즉 아테네의 아고라와 같은 장소에서 공감을 바탕으로 공유와 공생 그리고 공존의 가치를 들고 새로운 공동체 사회를 만들어 가야 한다.

현대 사회의 공유지는 토지에 국한된 개념을 넘어서 자연, 사회, 문화, 지식 자원의 공유와 공동 경영에 관한 것이어야 한다. 능력주의를 내세운 무한 경쟁의 신자유주의에 기반을 둔 현재의 시장 자본주의를 넘고, 한편으로는 중앙 정부의 독재적 권력에 기반하면서 소수 권력자를 위한 체제가 되어 버린 현재의 사회주의 모습이 아닌 새로운 사회, 즉 자유와 공정 그리고 지속 가능성을 담보할 수 있는 새로운 사회 모델을 만들어 가야 한다. 이를 추진하기 위해서는 지역 사회 기반의 새로운 사회를 만들어 갈 역량 있는 시민과 민주적 거버넌스가 필요하다.

기후 변화와 팬데믹과 같은 전 지구적 문제의 출현과 함께 문명이 새로운 단계로 들어서면서 지금까지 문명을 이끌어왔던 지배적인 생각이 더 이상 옳지 않을지 모른다는 지적 불안이 세계관의 균열을 일으키고 있다. 현재 문명이 맞닥뜨린 현실의 문제를 실천적으로 해결할 수 있는 세계관의 부재는 전쟁과 환경 파괴, 사회 양극화와 같은 체제의 위기와 전통적 가치관과 도덕의 몰락으로 이어지고 이는 현재를 살아가는 개인과 공동체에 커다란 위협을 주고 있을 뿐만 아니라, 호모 사피엔스 종과 지구의 생태계를 포함한 생물권 전체를 파괴할 위험이 있다.

기후 변화는 선진국과 후진국을 가리지 않고 태풍, 가뭄, 홍수를 통해서 직접적인 파괴를 일으킨다. 또 한편으로는 식량 부족, 전염병 전파, 경제적 불안정 등을 간접적으로 초래하며 공동체의 안전과 건강에 상당한 영향을 미치고 있다. 기후 변화가 초래한 재해적 영향에 더하여, 개발이라는 명목으로 환경이 파괴되면서 과거에는 사람과의 접촉이 많지 않았던 박쥐와 같은 생물종과 밀접한 상호작용이 일어났다. 이로 인해 에볼라, 사스, 메르스, 그리고 코로나19와 같은 바이러스 감염병이 전례 없는 속도로 출현하는 시대가 열렸다. 더욱이 하루에 8백만 명이 넘는 사람들이 항공 여행을 할 정도의 세계화로 인해 감염병이 한번 발생하면 빠르게 전파되어 발병 지역을 훨씬 넘어서는 팬데믹 현상이 어느덧 익숙한 현상이 되었다.

이러한 문제를 해결하려면 인간과 환경의 복잡하게 얽힌 시스템을 이해하고 문제를 해결하기 위한 대응을 만들어 나가야 한다. 즉 자연환경과 인류의 건강을 상호연결된 문제로 이해하고 공존을 위한 지속 가능한 솔루션을 마련해야 한다.

지속 가능한 해결 방안을 마련하기 위해서는 자연과 사회의 공진화 발전을 위한 성공적인 전략을 만들 새로운 철학이 필요하다. 생태계와 인류의 지속 가능한 공존을 실현하기 위해 이론적 토대, 즉 철학과 생태학이 통합된 생태 철학이 필요하다. 생태 철학은 인간-사회-자연의 연결성을 시스템 사고로 바라보면서 인간과 사회, 자연의 공진화 과정을 이해하고 인류의 문제점을 해결하는 것을 목표로 한다. 이를 위해서는 지역 사회에서 생태학적 환경을 회복하고 활성화하는 계획과 거시적인 생태계와 함께 미시적인 생태계의 다양성을 지키기 위한 노력, 그리고 이를 수행할 수 있는 역량을 갖추기 위한 새로운 시민 교육이 필요하다. 동시에 건강을 증진시키기 위한 새로운 의료 시스템과 공동체의 안전을 지키기 위한 '건강 도시 계획'이 필요하다. 이러한 노력은 지역 사회를 넘어 국제적으로 확산되어야 하며 인종, 종교, 지리적 위치를 넘어 포괄적이어야 한다.

이 책을 쓰면서 강조하고 싶었던 것은 오늘날의 인간, 즉 호모 사피엔스는 오랜 시간 동안 자연선택 과정을 거친 후손이라는 점과 자연선택 과정에서 공감 능력과 도덕 전략이 공동체 번성의 기반으로 인간 사회에 자리 잡았다는 점이다. 공감 능력에 기반한 인간의 도덕 전략이 장기적으로 사회적 관계의 저변을 넓혀 가고, 개체를 넘어 공동체의 생존 능력을 높이는 방향으로 작용하게 되었다. 공감 능력은 사람 간의 관계를 넘어 생태계와의 관계까지 확장되어 공생과 공존의 전략으로 발전해 나갔다. 이를 통해 생태계와의 조화를 얻게 되면 이는 다시 인류의 안전과 건강을 지켜 후세까지 이어질 수 있다. 정직한 도덕 전략을 쓰게 되면 장기적으로 개체나 집단의 생존 능력을 높이므로 공동체 번성을 위한 전략이 된다. 확장된 공감 능력과 공동체 사회의 도덕 전략이 진정으로 지속 가능한 발전을 담보하는 방법이자 공유지를 만들고 지키는 기반인 것이다.

호모 커먼스

초판 1쇄 발행 2022년 9월 21일

지은이 홍윤철
펴낸이 박영미
펴낸곳 포르체

편 집 임혜원, 이태은
마케팅 이광연, 김태희

출판신고 2020년 7월 20일 제2020-000103호
전 화 02-6083-0128 | **팩 스** 02-6008-0126
이메일 porchetogo@gmail.com
포스트 m.post.naver.com/porche_book
인스타그램 www.instagram.com/porche_book

ISBN 979-11-91393-97-2 03300

• 이 도서는 한국출판문화산업진흥원의 '2022년 중소출판사 출판콘텐츠 창작 지원 사업'의 일환으로
  국민체육진흥기금을 지원받아 제작되었습니다.

여러분의 소중한 원고를 보내주세요.
porchetogo@gmail.com